먹을 때마다 나는 우울해진다

Eating in the Light of the Moon
by Dr. Anita Johnston

식욕 뒤에 감춰진
여성의 상처와 욕망

먹을 때마다
나는 우울해진다

애니타 존스턴 지음 | 노진선 옮김

심플라이프

: 서문 :

음식 앞에서 더는 불안과 죄책감을
느끼지 않기 위하여

내가 섭식 장애에 관심을 갖게 된 계기는 현대 사회에서 여성으로 살아가며 어려움을 겪는 이들과 상담하면서였다. 섭식 장애는 여성들에게 매우 보편적인 증상이다. 섭식 장애에 시달리는 여성들을 만나며 난 점점 그들에게 매료되었다. 동료들이나 의학 자료에서 영향받은 내 선입견과는 달리 그들은 엄청나게 까다롭지도, 반항적이지도 않았기 때문이다. 그중 몇 명은 그때껏 내가 만나본 누구보다 똑똑하고 재능 있고 창의적이었다. 하지만 안타깝게도 그 여성들은 나와 생각이 달라서, 자신을 무능력하고 초라하며 재미없는 사람이라고 여겼다. 나와 그들의 견해가 서로 그토록 다르다는 사실에 호기심을 느낀 나는 그들의 이야기에 더욱 귀를 기울였다.

섭식 장애 여성들은 살아온 이야기를 내게 상세히 들려주며 어떤 단서를 찾으려 했다. 평생 동안 자신을 따라다닌 수수께끼 같은 집착의 근원 말이다. 어떤 여성은 아버지에게 학대받았고, 어떤 여성은 아버지에게 격려를 받고 무언가 이뤄낼 때마다 칭찬을 들었다. 어머니가 알코올 중독에다 먹고살기 급급해 딸인 자신에게 무관심했던 경우가 있는가 하면, 과잉보호하는 어머니 밑에서 애정을 듬뿍 받으며 자란 경우도 있다. 부모가 일찍 죽었거나 이혼하는 바람에 부모 없이 자란 여성이 있는 반면, 내내 사이좋은 부모 아래서 자란 여성도 있었다. 가난하거나 불행하게 살아온 사람도, 별다른 어려움 없이 순탄하게 살아온 사람도 있었다.

그들의 세세한 이야기에 특정한 패턴은 없었지만, 나는 그들의 다양한 경험에 빠짐없이 등장하는 근원적인 주제와 특정한 맛을 포착할 수 있었다. 그 공통분모는 환경에 제대로 적응하지 못한 채 매사를 타인과 다른 방식으로 보는 '부적응자'로 살아간다는 것이다.

나는 이 여성들이 어릴 때 매우 똑똑하고 재능이 있었으며 특히 미묘한 현실을 감지하는 능력이 뛰어났다는 사실을 알게 되었다. 섭식 장애로 고생하는 여성들 대다수는 어린 시절, 겉으로 드러나지 않는 것들까지 느끼고 눈치가 빨라서 일이 잘못되어가는 것을 잘 감지했다. 그들은 사람들의 말과 행동이 다르다는 사실을 눈치챘고, 일정한 행동 패턴을 파악해 다음에 무슨 일이 일어날지 짐작할 수 있었다. 뿐만 아니라 사람들이 마음에 없는 소리를 하거나 거짓말을 할 때도 알아차렸다.

가족들은 여러 이유로 그들의 이런 재능을 달가워하지 않았다. 가족들은 자기 행동에 모순이 있다는 사실을 직면하고 싶지 않았고, 그들의 남다른 걱정이나 특이한 생각에 대응하기도 싫었다. 또 그 여성들의 감정 밑바닥에 흐르는 극도의 예민함을 상대하고 싶지 않았고, 가끔씩 그들의 조숙함에 위협받기도 했다. 이 여성들이 진실을 말하거나 무슨 일이 생긴 건지 물을 때마다 돌아오는 메시지는 아주 분명했다. 그렇게 거침없이 캐묻는 태도는 바람직하지 않으며, 심지어 가정의 평화를 위협하기까지 한다는 것이었다.

아이로서는 가정에 적응해야만 살아남을 수 있었기에 어떻게든 자기 빛을 흐릿하게 만들어야 했다. 부모가 중압감을 느끼지 않게, 형제자매가 자신을 질투해 따돌리지 않게, 집안에 존재하는 심각한 문제들이 겉으로 드러나 풍파를 일으키지 않게 말이다. 그래서 다른 식구들과 합세해 자기 생각이 잘못되었고 자신에게 문제가 있다는 입장을 취했다. 어쨌든 식구들 중에서 자신처럼 세상을 보는 사람은 한 명도 없었으니까.

여기서 생겨난 불편함을 외면하기 위해 그리고 자신의 지각 능력을 약화시키기 위해 그들은 처음으로 음식에 집착하게 된다.

한 소녀의 경우에는 엄마의 행동을 통해 부모가 사랑 없는 결혼 생활을 하고 있음을 직감적으로 알아차린다. 소녀는 그 사실에 너무 놀란 나머지 가정을 파탄 낼지도 모르는 이 진실을 쑤셔 넣으려고 강박적으로 음식을 먹는다. 학교에서 뚱뚱하다고 놀리는 아이들 때문에 괴롭기는 해도 최소한 그 진실이 매일 의식 속에 떠오르는 것을 막고, 나아가 다른 식구에게 알려지는 것도 막을 수 있기 때문이다.

또 다른 소녀는 야심만만하고 일중독자인 계부의 마음에 들려면 자신의 타고난 예술적 성향을 억눌러야 한다는 걸 깨닫는다. 자신의 창조 욕구 내지 갈망을 드러내면 계부와 갈등이 생기고 계부가 가치 있게 여기는 목표를 달성하기 어렵다는 사실을 알고, 그런 갈망을 잊기 위해서는 자신이 늘 허기진 상태여야 한다는 사실을 직감한다. 비록 결과적으로는 소녀의 거식증 때문에 집안에 걱정과 고민거리가 늘어나긴 했지만, 소녀는 계부에게는 물론 자기 자신에게까지 그런 '이질성'을 숨김으로써 계부와 그토록 바라던 친밀감을 유지할 수 있다.

예쁘고 똑똑하고 친구도 많은 소녀인데 아이들과 신나게 어울릴 때마다 미혼모인 엄마가 자신을 미워한다거나, 성적이 잘 나올 때마다 언니가 화를 낸다는 사실을 감지하는 경우도 있다. 결국 음식과 관련한 '문제'가 있어야만 그들의 질투를 막을 수 있었다. 그래야 소녀의 '완벽함'이 더는 그들을 위협하지 않기 때문이다. 소녀로서는 문제가 있어야만 '사는 건 정말 힘들다'는 그들의 푸념에 동조할 수 있었고, 따돌림당할 가능성도 줄어들었다.

이 소녀들에게 음식과 몸무게에 대한 집착은 삶의 새 초점이 되었다. 이제는 자신의 뿌리 깊은 고통과 두려움을 느끼기보다 칼로리를 계산하고 음식 한 스푼을 먹느냐 마느냐를 두고 고민했다. 몸과 씨름하면 할수록 자신이 남과 다르다는 두려움이나 대상을 다른 식으로 파악한다는 두려움, 세상에 제대로 적응하지 못하는 데서 오는 외로움은 약해지기 마련이다.

몸무게와 음식에 대해 고민하는 일은 분명 아주 괴롭지만 인생의 다른 고민에 비하면 해결책이 간단한 편이다. 그저 죽도록 다이어트에 매달리면 되니까. 마른 몸매에 집착하는 우리 문화 속 영상 매체들도 이런 믿음을 지지한다.

그러나 음식과 몸무게, 다이어트와의 투쟁에 깊이 빠져들수록 이 '간단한 해결책'은 점점 더 손에 잡히지 않는 신기루가 되어버린다. 이 소녀들은 자신이 무엇을 원하는지(체중 줄이기) 알지만, 그걸 얻을 방법은 알지 못한다. 그리하여 자신이 결점투성이에 무능력하고 무기력한 사람이라는 자아상이 만들어진다. 그리고 그들이 속한 사회는 그런 생각, 즉 '내 몸을 통제할 수 있는 의지가 부족하기 때문에 나는 어쩔 수 없는 사회 부적응자'라는 생각을 강화한다. 결국 이 소녀들의 재능은 겹겹이 쌓인 회의심과 자기혐오 아래 묻히고 만다.

어른이 되면서 그들은 자신에게 남다른 능력이 있음을 발견한다. 일이 잘못된 방향으로 흘러가는 것을 감지하고, 대화 중에 흐르는 미묘한 분위기나 관계 속 긴장을 눈치채고, 행동의 일정한 패턴이나 말과 행동이 다른 모순을 알아채는 능력 말이다. 하지만 자기 회의와 낮은 자긍심 때문에 자신이 감지한 것을 그대로 받아들이지 못하고 왜곡한다. '다 너 잘되라고 하는 소리'인 친구의 비난에서 적의가 흐르는 것을 감지하면 내가 너무 예민한가 하고 생각한다. 남편이 통 말이 없거나 안색이 어두우면 내게 화가 났다고, 더는 내게 아무 매력도 못 느낀다고 여긴다. 나를 조종하려는 엄마의 행동에 화가 치밀어 오르면 과민 반응일 거라고 추측한다.

그러고는 음식에 대한 생각으로 감정적인 고민을 진압한다.

그러다 식생활이 통제 불능이 되고, 자긍심이 산산조각 난 뒤에야 그들은 전문가를 찾는다. 내가 동료들과 함께 하와이에 설립한 거식증 및 폭식증 센터 같은 곳 말이다. 그렇게 치료를 받기 시작하면서 회복의 미궁에 들어선다.

미궁labyrinth은 고대의 신비한 원형으로, 하나의 길이 빙빙 돌며 중심부를 향했다가 다시 바깥쪽으로 풀려나가는 형태를 띤다. 미로maze와 달리 미궁에는 장벽이나 잘못된 길, 막다른 길이 없다. 고대의 많은 종교적 전통에서 미궁은 삶과 죽음 그리고 부활로 이어지는 여정의 강력한 상징이었다. 또한 사람을 자신의 중심부로 이끌었다가 세상으로 복귀시키는 명상 도구로 쓰였다.

섭식 장애에서 벗어나려고 우리 센터를 찾은 여성들은 자신의 중심부로 향하는 구불구불하고 뱅글뱅글한 길을 따라가며 여행을 시작한다. 그 길을 따라가려면 다른 사람을 통해 받아들였던 자신에 대한 낡은 인식을 버리고, 자신만의 내적 권위를 되찾아야 한다. 나의 진정한 생각, 감정, 욕구를 찾아야 하기에 나를 안내하고 지지하는 내면의 목소리에 귀를 기울인다. 그 과정에서 오로지 전진해야만 한다는 의무감과 기대를 놓아버리고, 이성적인 마음에서 해방되며, 감정과 직관의 힘을 껴안게 된다.

신화와 동화 그리고 민담에 귀 기울임으로써 그들은 은유의 언어를 배운다. 그 언어야말로 내면의 진실을 이해하고 흡수하기 위해, 자신만의 신화적 진실을 찾기 위해, 과거가 주는 교훈을 더 잘 이해하기 위해 꼭 필요한 도구다.

미궁을 걷다 보면 가끔씩 덫에 걸린 듯한 기분이 들고 당황스럽고 지루하고 어리둥절하고 분노에 휩싸이고 불안해지기도 한다. 하지만 그들은 한 발 한 발 내디디며 계속 걸어나간다. 자신의 중심, 여성으로서 자신의 정수를 발견하는 것이 이 여정의 끝은 아니다. 미궁에서 빠져나와 자신의 새 비전을 세상에 존재하는 새 방식과 통합시켜야 비로소 끝이 난다.

이 책은 자신의 섭식 장애를 과감히 다른 시각에서 봄으로써 비전과 힘을 되찾고 싶어 하는 여성들을 위한 것이다. 내가 치료에 활용했던 옛 신화와 전설, 동화도 실려 있는데, 여러 세대에 걸친 많은 여성이 이 이야기를 통해 내면의 진실을 발견했다.

과감히 잠재력을 펼치고 내면에 있는 현명한 존재의 말에 귀 기울이는 여성들에게, 진실을 소리 내어 말하고 이 세상이 치유되도록 힘쓰는 용감한 여성들에게 이 책을 바친다.

1

여성의 몸으로
산다는 것

: 우리는 여전히 남성적·직선적·이성적·합리적인 것이 여성적·
순환적·직관적·감정적인 것보다 높이 대접받는 사회에 살고 있
다. 현대 여성은 이 사회에서 살아남기 위해 네모난 구멍에 필사
적으로 몸을 끼워 넣으려고 애쓰는 둥근 못과도 같다.

요즘은 과거 어느 때보다도 많은 여성이 몸무게와 씨름하고 있다. 체중 감량을 다룬 다이어트 책과 프로그램은 황금 알을 낳는 사업이 되었고, 거식증과 폭식증 같은 섭식 장애는 전염병처럼 번지고 있다. 미국에서는 수백만 명의 여성이 거식증과 폭식증으로 고생하고 있으며, 그 가운데 수천 명이 섭식 장애에 기인한 합병증으로 사망한다. 통계에 따르면 섭식 장애 진단을 받은 사람들의 95퍼센트가 여성이라고 한다.

몸매에 대한 집착, 끊임없는 다이어트 그리고 과도한 운동은 여성들 사이에 너무도 만연해서 이제는 극히 정상으로 여겨질 정도다. 사춘기 이전의 소년 같은 밋밋한 몸에 성형 수술로 가슴만 불룩해진 몸이 이상적인 여성의 몸이 돼버렸다. 모델이나 배우들의 평균 몸매가 일반 대중의 95퍼센트보다 말랐기 때문에 대부분의 여성은 그 이상형을 만족시키지 못한 채 좌절하며 살아간다.

현대 사회에서 여성으로 산다는 일이 과연 무엇인지 질문하지 않고서 섭식 장애의 근본을 논하기란 불가능하다. 대체 무슨 일이 벌어지고 있는 것일까? 연구 결과에 따르면 미국 여성들은 날씬한 몸매를 직업적 성공이나 사랑보다 더 가치 있게 여기며, 대부분의 소녀들은 열세 살 때부터 자신의 몸에 불만을 갖는다고 한다. 왜 그토록 많은 여성이 자신의 몸을 불만스러워할까? 여성의 타고난 몸매와 거리가 먼, 마르고 각진 몸을 선호하기 때문은 아닐까?

만일 그렇다면 어째서 선천적인 남성의 몸매(넓은 어깨, 좁은 엉덩이, 가느다란 허벅지, 납작한 아랫배)가 이상적인 여성의 몸매가 됐을까? 왜 내면의 여성적 힘과 가장 밀접하게 연결된 신체 부위들(생명을 탄생시키고 유지하는 기능을 가진 아랫배와 엉덩이, 허벅지 등)은 우리 사회가 요구하는 아름다운 여성상에서 누락되었을까?

그 해답은 어린 시절 우리가 배운 것보다 한층 넓은 시각으로 역사를 조망해보면 찾을 수 있다. 학교에서 우리가 배운 역사는 가부장제의 역사였다. 권력과 지배를 두고 투쟁을 벌이는 역사였다. 우리의 역사책은 대규모 전쟁의 승자와 패자 그리고 그 전쟁에 참가했던 남자들의 이름으로 가득 차 있다.

그러나 가부장제의 역사는 불과 지난 5천 년에 한정될 뿐이다. 새로운 고고학 자료와 연구를 통해 훨씬 더 다양한 사실이 밝혀지고 있다. 멀린 스톤, 마리야 김부타스, 라이아네 아이슬러 같은 사학자들은 문명을 세기의 관점으로 보지 않고 유대교와 기독교, 그리스의 고전 시대가 도래하기 전인 3만 년 전까지 거슬러 올라가 문명의 발달 과정을 연구하고 있다.

이 사학자들에 따르면 아주 오래전, 지구에서 여성으로 산다는 것은 지금과 매우 달랐다. 그리고 그런 현상은 수천 년간 지속되었다. 당시에는 여성 그리고 여성과 관련된 모든 것이 존경받고 숭배되었다. 여신으로 표현되는 신의 여성적 측면 역시 추앙받았다. 여성성의 정신은 지구의 창조적인 생명력으로 인식되었다.

여성성의 상징은 끝도 시작도 없는 원이었으며 지구의 모양이나 알, 선천적으로 곡선 형태를 띤 여성의 몸처럼 둥글고 구부러진 것을 아름답다고 생각했다. 또한 순환되는 것이 지혜의 근원으로 추앙받았다. 계절, 달의 주기, 밀물과 썰물, 삶과 죽음 그리고 부활로 이어지는 자연의 주기는 삶의 미스터리를 푸는 열쇠로 간주되었다.

월경 주기를 통해 선천적으로 자연의 섭리와 연결되는 데서 비롯한 여성의 지혜는 존경의 대상이었다. 여성의 직관력과 지구의 섭리에 대한 이해 역시 존경받았다. 이러한 지혜는 한 여성에서 다른 여성으로, 어머니에게서 딸로 수천 년간 전해 내려왔다.

시간이 흘렀고, 세상은 바뀌었다.

어느덧 세상을 보는 새로운 방식이 생겨났다. 직선이 원보다 우월하게 여겨졌고, 계급 제도가 발전했다. 인간이 만든 것이 자연의 산물보다 우월하게 여겨졌다.

원은 숭배의 자리에서 쫓겨나고 직선이 그 자리를 대신했다. 직선에는 끝과 시작이 있으며, 상하가 있고, 우월한 위치와 열등한 위치가 있다. 위에 있는 사람은 아래에 있는 사람보다 더 큰 권력을 가진다.

여신은 축출되고 오로지 신의 남성적 측면만 숭배되었다. 지구 역시 더는 모든 창조력의 신성한 근원으로 간주되지 않았다. 그저 가장 큰 권력을 소유하고 휘두르는 사람들에 의해 여러 조각으로 나뉘는 땅덩어리에 불과했다. 여성이 몸을 통해 지구의 지혜와 연결된 존재라는 사실과 자연의 순환 주기는 하찮게 취급되었다. 또한 여성의 직관력과 감정은 조롱받았다.

원의 섭리를 가르친 여성, 지구와 연결된 힘을 이용해 사람을 치유한 여성, 여성성을 찬양한 여성들은 모두 감옥에 갇히거나 살해되었다. 여성성의 힘을 찬양하고 받아들인 죄로 어머니와 누이들이 화형당하는 일이 수 세대에 걸쳐 되풀이되었다.

그 후로 많은 시간이 흘렀으나 달라진 것은 별로 없다.

우리는 여전히 남성적·직선적·이성적·합리적인 것이 여성적·순환적·직관적·감정적인 것보다 우대받는 사회에 살고 있다. 현대 여성은 이 사회에서 살아남아 번영을 누리기 위해 네모난 구멍에 필사적으로 몸을 끼워 넣으려고 애쓰는 둥근 못과 같다.

이를테면 자신의 몸을 좀 더 각지고 남성적인 형태로, 가장자리에 지방이라곤 한 점도 붙어 있지 않은 몸매로 만들려고 안간힘을 쓰면서. 수치심에 월경(한때는 여성을 자연의 섭리와 밀접하게 연결해주었던 수단) 따위는 하지 않는 척하면서. 자신의 가장 강력한 감정을 부인하고, 직관의 목소리에 귀를 틀어막으면서.

여성성을 몰아낸 대가로 여자들은 끊임없이 정신적 허기를 느긴다. 굶주린 영혼은 자양분을 갈망한다. 그러나 여신의 자양분, 여성성의 자양분은 어디에서도 찾을 수 없다. 가진 것이라고는 신체의 자양분뿐이다.

여성이 허기를 과잉 보상하는 건 너무 당연하다. 분노에 사로잡힌 나머지 파업을 일으켜 더는 먹지 않는 것도 너무 당연하다. 여성의 몸이 음식과 몸무게 사이에서 벌어지는 전투의 격전지가 된 것도 너무 당연하다.

2

여성성을
감추는 과정

: 남성성이 여성성을 지배하면 무의미한 행동이 늘어난다. 자신의 몸 상태에 주의를 기울이거나 내면의 안내를 따르지 않고 강박적으로 먹거나 칼로리 계산에 집착한다. 내면의 욕구와 식욕을 존중하기보다는 통제하려고 안간힘을 쓰는 다이어트를 끝없이 반복한다.

다음은 '매장된 달'이라는 설화다. 이 이야기는 달로 상징되는 여성성의 본질을 다루고 있다. 달빛은 부드럽고 오묘하다. 달빛은 숨겨진 것들을 부드럽게 비추며 우리가 무의식의 어두운 모퉁이에서 빠져나오도록 이끌어준다.

◦◦◦◦◦◦◦◦◦ 옛날 옛날 한 옛날에 사람들이 서로를 아끼고 사랑하며, 자연의 모든 것이 숭배와 존경을 받는 경이로운 나라가 있었다. 그러나 이 나라는 늪과 습지에 둘러싸여 있었다. 사람들은 시커먼 물이 고인 늪과 밟을 때마다 징그러운 초록색 물이 찍찍 나오는 질척한 이끼들로 뒤덮인 습지를 두려워했다.

이 나라에도 지금처럼 밝은 달님이 있었기에 사람들은 달빛에 의지해 늪과 습지 사이를 안전하게 오갈 수 있었다. 그러나 달빛이 없을 때는 어둠 속에 사는 사악하고 비열한 괴물들이 활개를 치며 나쁜 짓을 일삼고 다녔다.

달님은 자신이 없을 때 끔찍한 일이 벌어진다는 소문을 듣고 크게 슬퍼하며 소문이 사실인지 직접 알아보기로 했다. 어둠이 내리자 달님은 후드가 달린 검은 망토로 몸을 감싸고, 반짝이는 금빛 머리칼을 후드 안으로 집어넣었다. 그러고는 곧장 늪지대로 향했다.

그곳은 칠흑처럼 어두웠다. 연못에 비친 희미한 별빛과 검은 망토 아래로 살짝 나오는 달님의 하얀 발을 제외하고는 사방에 어둠만 흘렀다. 달님은 무서워서 몸을 떨며 탐욕스러운 검은 물이 콸콸 솟아나는 웅덩이를 피해 잔디밭을 사뿐사뿐 뛰어다녔다. 그러다가 검은 웅덩이 근처에서 그만 발이 미끄러지고 말았다. 달님은 황급히 근처의 나뭇가지를 붙잡았다. 그 덕택에 웅덩이에 빠지지는 않았지만, 달님의 손길이 닿자마자 나뭇가지는 그녀의 허리와 팔을 칭칭 휘감으며 조여왔다.

달님이 자신의 운명을 걱정하고 있을 때 멀리서 도움을 청하는 희미한 흐느낌이 들려왔다. 이윽고 발소리가 들리더니 어둠 너머로 겁에 질려 눈을 부릅뜬 얼굴이 보였다. 그것은 늪지대에서 길을 잃은 나그네였다. 공포에 질린 나그네는 깜박이는 불빛이 자신을 안전한 곳으로 인도해주는 줄만 알고 무작정 따라가고 있었다. 정작 자신이 길에서 벗어나 검은 웅덩이로 향하고 있다는 사실은 모른 채.

어떻게든 나그네에게 경고를 해주려고 달님은 미친 듯이 몸부림을 쳤다. 그러자 완전히 풀려나지는 못했어도 망토의 후드가 벗겨지며 금빛으로 빛나는 머리카락이 모습을 드러냈다. 머리카락에서 나오는 아름다운 빛이 어둠을 몰아내자 사악한 괴물들은 어둠 속으로 사라졌고, 늪지에서 나가는 길이 드러났다. 가엾은 나그네는 안도의 숨을 내쉬며 집을 향해 발걸음을 재촉했다.

길 잃은 영혼이 제 갈 길을 찾아가는 것을 보고 달님은 행복했다. 그러나 그녀 역시 이 늪에서 빠져나가고 싶었으므로 나뭇가지와 싸우며 있는 힘껏 몸을 잡아 뺐다. 마침내 달님은 온몸에서 힘이 빠졌고, 앞으로 쓰러지면서 검은 후드가 그녀의 머리카락을 덮어버렸다.

축복의 달빛이 사라지자 어둠이 짙어지며 온갖 사악한 괴물이 다시 기어 나왔다. 분노와 원한에 찬 괴물들은 달님을 공격했고, 그녀를 진흙 속으로 깊이 처넣어버렸다. 먼동이 터오자 사악한 괴물들은 달님의 머리 위에 커다란 둥근 돌을 올려놓고는 허둥지둥 도망쳤다.

여러 날이 흘렀지만 하늘에는 더 이상 달이 뜨지 않았다. 달빛이 없으니 이제 밤은 안전하지 않았다. 어둠 속에서 나그네들은 길을 잃고, 물건을 도둑맞았으며, 사악한 괴물들이 나라 전체를 공포에 몰아넣었다. 많은 사람이 고통받았다. 다들 밤이면 이 나라를 몽땅 삼켜버리는 듯한 어둠을 무서워하게 되었다.

사람들은 오래된 물레방앗간에 사는 현명한 여인을 찾아가 도움을 청했다. 그녀는 잃어버린 달을 찾을 수 있는 방법을 알려주었다. 사람들은 돌멩이와 개암나무 가지로 무장하고 두려움에 떨며 늪지대를 수색했다. 마침내 달님이 묻혀 있는 웅덩이가 나타났다. 사람들은 둥근 돌 주위로 가느다란 빛줄기가 새어 나오는 것을 발견하고 커다란 돌을 들어냈다.

아주 짧은 순간, 검은 물속에서 신비롭고 아름다운 얼굴이 환하게 웃으며 그들을 올려다보았고 사악한 괴물들이 도망치며 사납게 울부짖는 소리가 들렸다. 이내 달님은 하늘로 올라가 예전처럼 아름답게 빛났고, 다시 늪지와 오솔길을 안전하게 비춰주었다.

고대 이래로 달은 여성성의 상징이었다. 달은 똑같은 주기로 순환하며 신비롭게도 늘 변화한다. 흔히 남성성의 상징으로 인식되는 햇빛이 화창하고 대담하고 초점이 분명한 것과 달리, 달빛은 차갑고 사색적이며 널리 퍼진다.

우리 문화는 달빛, 밤, 겨울보다는 햇빛, 낮, 여름을 더 가치 있게 여긴다. 우리는 해가 떴는지 졌는지, 날씨가 화창한지 흐린지는 알면서도 달과 달의 주기에는 거의 신경 쓰지 않는다. 그와 마찬가지로 여성주의적인 원칙들은 무시하고 오로지 남성주의적인 원칙들만 가치 있게 여긴다. 이를테면 직접적인 행동이나 한 가지 목표에만 집중하는 마음가짐, 이성적인 사고방식, 목표 지향적이고 경쟁적인 행동, 직선 구조, 생산성, 성취와 같은 것들. 반면 고요함, 모호함, 감정 같은 여성성의 특질은 불편해한다. 협동과 관계 지향적인 태도에는 조바심을 내고 미학, 직관, 보살핌, 자연의 섭리는 하찮게 여긴다.

많은 전통 문화는 삶에서 남성적인 면과 여성적인 면이 모두 필요하다는 것을 인식하고 있다. '매장된 달'의 이야기는 한때 달빛이 매우 중시되던 시절, 여성적 특질이 인정받고 가치 있게 여겨지던 시절이 있었음을 떠올리게 한다. 감정이 사고만큼 중시되고, 직관이 논리만큼 대접받으며, '존재'가 '행동'만큼 가치 있고, 여정 자체가 목적지만큼이나 중요했던 그 시절을.

동양 철학에 따르면 우주의 모든 사물은 음陰(여성성/수동적)과 양陽(남성성/능동적)의 양극성에 기초한다. 음은 열려 있고 유연하며 연결되어 있다. 직관, 감정, 내면에서 나오는 깊은 지혜가 구체화된 것이다. 음은 미묘하면서도 겉으로 드러나지 않는 힘이며 자연의 리듬과 연결된 여성성의 힘이다. 음은 모든 관계의 조화를 중시한다. 시작도 끝도 없는 원, 나선형, 미로가 음의 상징이라 할 수 있다.

반면 양은 적극적이고 독립적이며 직접적이다. 정보와 통제력을 추구하는 합리적이고 지적인 에너지이다. 양의 힘은 행동하고 고치는 데서 나온다. 양은 분리, 주체성, 자율, 개성과 관련된다. 위를 향해 그리고 밖을 향해 뻗어나가는 뾰족한 각이 달린 화살표가 양의 상징이다.

'매장된 달'의 이야기는 남성성과 여성성이 조화를 이루지 못할 때, 여성성이 매장되고 남성성의 특질이 더 중시될 때의 위험을 우리 사회에 경고한다. 과학 기술은 크게 진보했을지라도 감정과 인간관계, 조화를 중시하는 여성성이 무시당하면 크나큰 폭력과 고통이 뒤따르게 된다.

많은 전설이나 설화와 마찬가지로 이 이야기도 사회에만 적용되는 것은 아니다. 우리 각자의 영혼에게 내면의 여성성이 무시될 때의 위험을 경고한다. 남자건 여자건 사람은 누구나 내면에 남성적 기질과 여성적 기질을 모두 지니고 있으며, 두 특질을 고루 개발해 조화를 이루기란 매우 힘들다. 둘 중 하나만 옳고 다른 하나는 그르거나, 어느 한쪽이 다른 쪽보다 우월하고 가치 있는 것은 아니다. 둘 사이에 불균형이 초래되어 어느 한쪽에만 가치를 둘 때 또는 하나가 다른 하나를 지배할 때 문제가 발생한다.

우리 내면의 여성적 기질은 상대를 배려하고 지지하는 인간관계를 촉구하는 반면, 남성적 기질은 자율, 분리, 개성을 촉구한다. 만일 여성적 측면만 발전시킨다면 우리는 끝없이 타인을 보살피는 데만 중점을 둔 인간관계에 사로잡혀 자신을 잃어버리고 말 것이다. 반대로 남성적 측면만 발전시킨다면 경쟁이 치열한 권력 다툼에 빠져서 타인과 진정한 관계를 맺지 못하고, 그로 인한 소외감을 뼈저리게 느낄 것이다. 그런 인생은 경주와 다를 바 없다. 나무가 아닌 숲을 보고 자기 내면의 안내를 따르지만 아무런 행동도 취하지 않는 사람은 자기 내면의 인도와 인생의 의미도 모른 채 오로지 충동적으로 행동하는 사람과 마찬가지로 어려움을 겪게 된다.

우리 내면의 여성성은 진실을 감지하는 현명하고 직관적인 목소리다. 내면과 외부, 양쪽 모두에서 정보를 받아들이는 개방적인 측면과 그것을 마음 깊이 간직하는 수용적인 측면을 동시에 지니고 있다. 여성성의 임무는 우리의 진실과 비전, 정수를 담는 그릇이 되는 것이다.

반면 우리 내면의 남성성은 행동을 취하는 부분이다. 남성성에는 강력한 의지가 있으며 초점과 목표가 잡혀 있다. 또한 우리의 사고와 생각을 논리적으로 설명하고 조직화하는 지적이고 이성적인 측면을 가지고 있다. 남성성의 임무는 우리의 진실을 명확하고도 솔직한 방식으로 대담하게 이 세상에 알리는 수단이 되는 것이다.

이 두 가지 면이 균형을 이루고 함께 작용할 때 이른바 신성한 결혼이 이뤄져 남성성이 여성성을 존중하고 지지하며, 아울러 여성성이 세상에 발휘되도록 보호해준다. 다음은 그런 이상적인 상황이다.

- ○ 여성성은 "난 외로워"라고 말한다. 남성성은 책상 앞에 앉아 친구에게 편지를 쓴다.
- ○ 여성성은 꿈을 꾼다. 남성성은 꿈을 해석하고 체계화한다.
- ○ 친구 때문에 마음이 상했을 때 여성성은 분노를 느낀다. 남성성은 이런 감정을 말로 옮기고, 상대의 행동에 왜 상처받았는지 설명한다.
- ○ 여성성은 "난 배고파"라고 말한다. 남성성은 음식을 준비하거나 먹는다. 혹은 "이것이 신체적 허기일까 아니면 감정적 허기일까?"라고 자문한다.

우리는 여성성과 남성성이 불균형을 이루는 사회에 살고 있다. 남성주의적인 원칙은 지나치게 격려되는 반면, 여성주의적인 원칙은 억압받는다. 목표 지향적인 행동, 업적, 생산성이 강조되고, 행동이 존재보다 중요시된다. 방법이나 의도보다 결과가 중요하며, 머리로 고민하는 문제가 마음으로 고민하는 문제보다 우선시된다. 돈을 많이 버는 것이 대인 관계가 좋은 것보다 더 존경받고, 기술적 진보가 내면의 지혜보다 더 가치 있게 평가된다. 한마디로 우리의 문명은 '달을 잃어버렸다'. 현 상태는 재앙이 터지기 직전이다. 적극적이고 공격적이고 외부 지향적인 에너지가 생명을 지탱하고 만물과 조화로운 관계를 지지하는, 내적이고 깊은 보살핌의 힘과 조화를 이루지 못하기 때문이다.

이런 불균형은 우리의 영혼 안에도 체득되어 있다. 그런 문화 속에서 살아온 결과, 우리는 우리의 남성적 측면으로 여성적 본질을 지배하고 통제하고 판단하라는 부추김을 받는다. 감정을 느끼고 표현하기보다는 그것이 비이성적이라는 이유로 거부하고 통제하도록 배운다. 꿈과 직관을 존중하는 게 아니라 논리적이지 않다는 이유로 무시하고 조롱한다. 영양분이나 운동이 필요한 때를 알려주는 몸의 신호를 신뢰하기보다 복잡한 다이어트 계획과 엄격한 운동 계획표를 따른다. 자신의 주장을 뒷받침할 때 사실과 수치에만 의존하고 육감은 무시한다. 결과적으로는 이렇게 된다.

○ 내면의 여성성이 "난 외로워"라고 말할 때 남성성은 그렇게 느낄 이유가 없다고 우긴다.

○ 의미심장한 꿈을 꿨을 때 남성성은 그냥 웃어넘기거나 '개꿈'이라고 치부해버린다.

○ 친구의 행동에 화가 났을 때 그냥 내가 너무 민감해서 그렇다고 생각한다.

○ 배가 고프면 너무 많이 먹는다고 자책한다.

여성들 사이에 급속도로 번지는 섭식 장애는 분명 우리 사회와 내면에서 여성성과 남성성이 불균형을 이룬 결과다. 많은 여성이 이 세상에 존재하는 여성성을 억압할 뿐 아니라 자기 내면의 여성성을 거부하면서 절망과 소외감을 경험하고 있다. 반복적으로 여성성의 목소리를 무시할 때 우리는 여성성을 잃어버리거나 아니면 진흙 속에 묻어버릴 위험이 있다. 앞에 나온 설화 속 사람들처럼. 더는 감정과 직관의 소리를 듣지 않을 때 우리의 영혼은 끔찍한 어둠 속으로 빠져버릴 수 있다. 그 어둠 속에서는 감정과 허기, 욕구가 모호해지고 파괴적인 힘을 휘두르며 우리의 몸과 마음을 황폐하게 만든다.

섭식 장애에 시달리는 여성들은 대개 내면의 남성적 측면이 지나치게 두드러져 여성성을 끊임없이 통제하려고 애쓰는 경우가 많다. 그들의 남성적 측면은 여성적 측면을 무자비하게 비판하고 심지어 적대시하기까지 한다. 결과적으로 그들의 삶은 사회 활동과 집안일, 반드시 끝내야 하는 일들의 끝없는 목록으로 가득 차 있다. 백일몽에 잠긴다거나 긴장을 푼다거나 조용히 휴식하는 것은 '시간 낭비'라는 비난을 받거나 생략된다. 왜냐하면 그런 시간에는 감정이나 욕구가 표면화되어 쓸데없는 질문을 던지거나, 어떤 식으로든 야망과 목표가 달성되는 것을 방해하기 때문이다. 특히 밤이 위험하다. 여기저기 쑤시고 다니며 이것저것 분주하게 일하던 시간이 끝나면 먹고 싶은 충동이 생기면서 비어 있거나 고요한 채로 남아 있는 공간들을 채우기 시작한다.

남성성이 여성성을 지배하면 무의미한 행동이 늘어난다. 자신의 몸 상태에 주의를 기울이거나(그러면 배고플 때 먹고 배부를 때 그만 먹을 수 있다), 내면의 인도를 따르지(그러면 배가 안 고픈데도 왜 먹고 싶은지 알 수 있다) 않고, 강박적으로 먹거나 칼로리 계산에 집착한다. 오늘 하루를 얼마나 성공적으로 보냈는지 알아보기 위해 음식의 양과 칼로리를 계산하는 외부 지향적인 숫자 놀음을 한다. 내면의 욕구와 식욕을 존중하기보다는 통제하려고 안간힘을 쓰는 다이어트를 끝없이 반복한다. 여자들은 둥글고 풍만한 몸을 거부하고 좀 더 직선적이고 각진 몸으로 만들려고 한다. 또한 단호한 인내만이 만사를 해결한다고 믿고 '의지'(이는 체중 감량으로 증명된다)가 강하다는 말을 최고의 찬사로 여긴다. 음식 섭취량을 제한해 감정과 본능을 제한하려고 한다(배가 고프면 다른 감정에 신경 쓸 겨를이 없다). 그리고 내면의 여성성이 반란이라도 일으키면, 비이성적이고 너무 예민하며 통제 불능에 의지박약이라고 자책한다.

섭식 장애에서 벗어나려면 자신의 여성적인 측면을 되찾아 남성적인 측면과 다시 균형을 이루도록 하겠다는 신중하고도 의식적인 노력이 필요하다. 앞의 설화 속 사람들처럼 우리는 내면에 숨어있는 현명한 여인에게 어떻게 해야 달을 되찾을 수 있을지 물어야 한다.

3

자아를 보는
시각 바꾸기

: 무엇보다 자신의 명석하고 직관적인 성격이 축복임을 깨달아야
한다. 설령 그 성격을 거북해하는 타인들 때문에 악전고투하며 마
음의 상처를 입었다 할지라도. 자신은 물론 주위 세상을 향해 나
는 결함 있는 존재가 아니라고 표현해야 한다.

⠀⠀⠀⠀⠀⠀⠀⠀ 한스 크리스티안 안데르센의 이 동화는 한 허영덩어리 임금님에 관한 이야기이다. 이 임금님은 나라를 통치하는 데는 별 뜻이 없고, 주로 좋은 보석과 멋진 옷에만 관심이 있었다. 하루는 그 나라에 사기꾼 두 명이 나타나 자신들이 세상에서 가장 아름다운 옷을 만든다고 주장했다. 다만 그 옷은 너무 아름다워서 자기 지위에 걸맞은 사람의 눈에만 보일 뿐, 멍청하고 무식한 사람에게는 보이지 않는다고 말했다. 임금님은 사기꾼들의 말에 넘어가 그들에게 새 옷을 만들라고 명령했다. 두 사기꾼은 베틀로 천을 짜 옷감을 꿰매는 척했다. 임금님을 섬기는 신하들은 옷감의 무늬와 색깔이 너무 아름답다고 떠들어댔다. 혹시라도 지위에 걸맞지 않은 사람이라는 말을 들을까 봐 두려웠기 때문이다. 임금님도 옷에 대단히 만족해서(역시 자신이 어리석다는 사실을 들키고 싶지 않았으므로) 새 옷을 입고 마을을 행진하기로 했다. 임금님이 거리를 행진하자 사람들은 다들 멍청이로 취급받고 싶지 않아 탄성을 질

러댔다. 오로지 한 아이만 엄마를 돌아보며 큰 소리로 말했다. "하지만 임금님은 벌거벗고 있잖아요!" 이 말에 군중이 웅성거렸고, 결국 사람들은 진실을 있는 그대로 보게 되었다.

섭식 장애에 시달리는 여성과 이 이야기는 상당한 연관성이 있다. 그녀는 어린 시절에(아마도 네 살 무렵) 이 동화 속 아이와 같았을 것이다. 사물의 진실을 볼 수 있었고, 사람들이 말하는 현실에 속아 넘어가지 않았다. 사람들의 말과 행동이 일치하지 않는 모순을 알아차렸고, 주위 사람들이 아무 문제 없다고 말할 때도 뭔가가 잘못되었음을 눈치챘다.

그러나 동화 속 아이와 달리, 그녀가 진실을 말하거나 어떤 일이 겉보기와 다르다는 사실을 폭로했을 때 그 진실은 제대로 받아들여지지 않았다. 소녀의 발언은 무시되거나 가족 구성원 혹은 권위자들의 두려움과 적대감에 부딪혔다. 소녀는 진실을 보는 자신의 능력과 다른 사람은 알아차리지 못하는 것까지 감지하는 자신의 예민한 성격이 위험하다는 메시지, 또한 그로 인해 조롱받고 거부당하고 학대받고 심지어 가정 파탄(네 살 소녀의 관점에서 볼 때는 매우 무서운 결과)까지 초래할 수 있다는 메시지를 (대개는 비언어적 수단을 통해) 받는다.

이로 인해 소녀는 대단히 불편한 상황에 처한다. 살아남으려면 진정한 자신을 감추고, 눈에 보이지 않는 것까지 볼 수 있는 능력을 약화시키고, 진실을 말하는 자기 내면의 목소리를 잠재워야 했다.

다른 사람뿐 아니라 자기 자신에게까지 육감과 여성적 직관을 숨겨야만 했다. 자신이 남과 다르다는 사실을 (남몰래 자기 자신에게만이라도) 인정했다가는 도저히 견딜 수 없는 극도의 감정적 고뇌(어디에도 소속되지 못하는 기분)에 빠지게 된다. 이렇게 내면의 현명한 여성과 의절하는 과정이 시작되는 것이다.

그래서 그녀는 어떻게 했을까? 현실에 대한 타인의 인식을 받아들이고, 자신의 인식은 거부했다. 자신의 인식이 오감이나 논리에 의해 증명되지 않은 상태에서 주위 사람들이 계속 그들의 관점만 옳다고 주장하면 쉽게 그렇게 되고 만다. 그녀는 자신을 인도해주는 내면의 목소리를 외면한 채 타인의 법칙을 따르기 시작했다. 자신의 가장 간절한 바람을 부인한 채 '해야 할 일'과 '하면 안 되는 일'의 기나긴 목록으로 그 자리를 채웠다. 자기 존재의 감정적이고 정신적인 측면은 전혀 고려하지 않고 철저하게 이성적인 인간이 되려고 안간힘을 썼다. 식욕과 욕망을 사악하다고 보기 때문에 자신의 몸과 몸의 여성적 징후들이 지혜의 위대한 근원과 물리적으로 연결되었음을 깨닫지 못하고 오히려 적대시했다.

그러고는 평생 자신이 뭔가 단단히 잘못되었다고 생각한다. 어쨌든 매사를 다른 사람과 다르게 본다면 뭔가 잘못된 것이 틀림없다. 음식과 씨름한다는 사실만 해도 그 증거가 아닌가. 그녀는 이런 생각에 초점을 맞추고 음식에 집착한다. 만약 음식 문제만 해결된다면 모든 게 해결될 거라고 생각하면서.

섭식 장애에서 벗어나려는 여성이 제일 먼저 거쳐야 하는 과정은 진정한 자아상을 재정립하는 것이다. 무엇보다 자신의 명석하고 직관적인 성격이 축복임을 깨달아야 한다. 설령 그 성격을 거북해 하는 타인들 때문에 악전고투하며 마음의 상처를 입었다 할지라도. 자신은 물론 주위 세상을 향해 나는 결함 있는 존재가 아니라고 표현해야 한다. 나는 아무런 문제도 없고, 비록 상처가 있기는 해도 불량품이 아니라는 사실을 이해하면서 인생을 재조명하고 다시 써야 한다. 섭식 장애는 그 사람이 어딘가 고쳐야 할 불완전한 인간이라는 증거가 아니다.

회복기에 접어든 여성은 음식과 몸무게에 대한 집착이 자신의 정체성이 아니라는 사실을 깨달아야 한다. 이런 집착을 끔찍한 성격적 결함으로 보던 시각에서 벗어나 그것이 지금까지 살아오며 자신이 선택했던, 단순하면서도 꼭 필요한 방어기제였다고 생각할 수 있어야 한다. 그저 남과 다르다는 감정적 고뇌 혹은 오해받고 거부당하며 압도되는 감정을 조절하려고 섭식 장애를 이용했을 뿐이다. 힘들었던 시절이나 인생의 위기가 닥쳤을 때 자신이 가지고 있던 선택권, 자원, 대응 기술이 얼마나 한정적이었는지 생각해본다면 섭식 장애 습관을 발전시킨 것이 꼭 형편없는 선택만은 아니었을 수도 있다. 그런 가능성도 고려해볼 필요가 있는 것이다.

비를 맞으며 물살이 사납게 흐르는 강둑에 서 있다고 상상해보자. 갑자기 불어난 물에 강둑이 터져버린다. 당신은 물에 빠지고 급류에 휘말린다. 수면 위에 계속 떠 있으려고 발버둥 치지만 점점 물속으로 가라앉을 뿐이다. 우연히 큼직한 통나무가 떠내려오자 그것을 꼭 붙잡는다. 통나무 덕분에 머리를 물 밖으로 내놓을 수 있고 목숨도 건졌다. 통나무에 매달린 채 하류로 떠내려가 마침내 물살이 잔잔한 곳에 도달한다. 저 멀리 뭍이 보이자 당신은 그쪽으로 헤엄쳐 가려 한다. 그러나 헤엄을 칠 수가 없다. 한쪽 팔을 뻗는 동안 다른 쪽 팔이 큼직한 통나무를 계속 붙잡고 있기 때문이다. 이 얼마나 아이러니한가. 당신의 생명을 구했던 그 통나무가 이제는 원하는 곳으로 가는 데 걸림돌이 되고 만다. 물가에 있던 사람들은 발버둥치는 당신을 보고 통나무를 놓아버리라고 소리친다. 하지만 당신은 그럴 수가 없다. 물가까지 헤엄쳐 갈 자신이 없기 때문이다.

이 이야기는 자신에게 섭식 장애가 있다는 사실을 처음 알았을 때 사람들이 느끼는 자신의 처지와 비슷하다. 그들은 인생에서 원하는 것을 이루는 데 방해가 되는 행동을 스스로 계속한다는 사실에 바보가 된 기분이고 심하면 굴욕감까지 느낀다. 이런 수치심 때문에 한때 섭식 장애가 자신의 생존에 기여했다는 사실, 즉 갈등, 감정, 어려운 상황을 처리하는 수단이 돼주어 힘겨운 시기에 수면 밖으로 계속 머리를 내놓을 수 있었다는 사실은 금세 잊어버린다. 그리고 그저 이런 '파괴적인' 행동을 계속한다는 이유로 자신이 분명 어딘가 잘못되었다는 성급한 결론을 내린다. 게다가 그들을 도와주려는 주변의 친구와 가족, 전문가는 이런 견해를 더욱 강화한다. 그들은 이렇게 말한다. 이제 그만해, 더는 굶지 마, 폭식하고 토하는 일은 그만둬, 강박적으로 먹는 짓은 그만둬, 살 좀 그만 찌워.

사실 그냥 통나무를 놓아버리는 것이 꼭 최상의 행동 방침이라고 할 수는 없다. 만약 통나무를 놓아버리고 물가를 향해 헤엄치기 시작했는데 절반도 못 가서 더 이상 헤엄칠 힘이 없다면 어떻게 되겠는가? 이 말은 곧 통나무로 되돌아갈 힘도 없다는 뜻이다. 많은 사람이 통나무를 계속 붙잡고 있는 그들을 한심하게 여기며 주변의 친구, 가족, 심지어는 건강 전문가까지도 통나무를 놓지 않으려는 그들의 '반항'에 화를 낸다. 그들은 섭식 장애에 매달리는 자신의 성향을 아직 더 많은 준비가 필요하다는 내면의 신호로 보지 않고 인격적 결함으로 본다.

섭식 장애에서 벗어나려면 그런 반항을 비난하기보다는 존중해야 한다. 회복을 향한 여정에서 마주치는, 느리고 시간이 걸리며 방해가 되는 행동마다 나름대로 귀중하고 심지어는 꼭 필요하기까지 한 의미와 목적이 있다는 사실을 깨달아야 한다.

회복을 원하는 여성이라면 섭식 장애가 한때 자신에게 어떤 식으로 도움이 되었는지 분명히 이해하고, 더는 섭식 장애를 행복으로 가는 걸림돌로 보지 말아야 한다. 그래야만 폭식과 다이어트, 음식에 대한 집착에서 완전히 벗어난 삶을 살기 위해 정확히 어떤 기술을 개발해야 할지 알 수 있다.

뚱뚱한 몸매가 남자들의 원치 않는 성적 접근을 거부하기 위한 수단이었을 수도 있다. 그런 경우에는 몸무게 '문제'에서 벗어나기 위해 자신의 의사를 분명히 표현하는 기술을 개발해야 한다. 또는 폭식하고 몽땅 토하는 일이 갈등을 마주했을 때 발생하는 내적 긴장감을 해소하기 위한 수단이었을 수도 있다. 그럴 경우에 폭식증을 해소하려면 갈등을 해결하는 기술을 익혀야 한다. 툭하면 간섭하는 알코올 중독자 엄마를 참고 견디는 도피 수단으로 다이어트에 집착하는 경우도 있다. 그럴 때는 관계 안에서 경계를 설정하는 법을 배워야 진정한 회복에 이를 수 있다.

섭식 장애에서 벗어나려면 통나무 역할을 대신할 만한 다른 기술을 개발해야 한다. 일단 그 기술을 익히고 나면 그것이 섭식 장애 행동보다 훨씬 효과적이라는 사실을 깨달을 것이다. 그리하여 살면서 스트레스가 생길 때마다 섭식 장애 대신 새로 익힌 기술을 선택하게 된다. 그럴 때 비로소 통나무를 놓아버리고 새 기술에 의지해 머리를 수면 위로 내놓은 채 물가로 헤엄쳐 갈 힘을 얻게 되는 것이다.

그러므로 매우 천천히 그러면서도 조심스럽게 통나무에서 손을 떼고 물에 떠 있는 연습을 한다. 가라앉으면 다시 통나무를 붙잡는다. 그리고 또 통나무에서 손을 떼고 물속에서 걸어 다니는 연습을 한다. 피곤해지면 다시 통나무에 의지한다. 물가까지 헤엄쳐 갈 힘과 자신감이 생길 때까지 스무 번이고, 백 번이고 연습한다. 그런 힘과 자신감이 길러졌을 때에야 통나무를 완전히 떠나보낸다.

섭식 장애에서 벗어나려면 그것이 한때는 내가 살아남는 데 큰 도움이 되었다는 사실을 먼저 이해해야 한다. 그런 후에야 단순히 살아남는 것만이 아닌, 인생에서 내가 원하는 것을 얻고 나아가 더 큰 번영을 누리게 해주는 새로운 기술을 개발하게 된다. 이제는 생존이 인생의 유일한 목표가 아니다. 풍요롭고 보람찬 인생을 사는 것도 포함되어야 한다.

'내게는 분명 문제가 있어'라는 판단에서 벗어나 인생의 중요한 기술을 습득하고, 내가 언제 준비가 되는지 알려주는 내면의 목소리를 신뢰하는 법을 배워나가자. 점진적으로, 한 단계씩.

4

진짜 문제는
음식이 아니다

: 바로 이 대목에서 음식이 등장한다. 자신을 굶기면 머릿속에는 오로지 음식 생각밖에 없다. 강박적으로 먹다 보면 음식, 음식, 음식에만 초점을 맞춘다. 그래서 집과 학교, 직장, 대인 관계에서 생기는 문제는 마술처럼 사라져버린다.

섭식 장애에 시달리다 보면 우리를 그토록 슬프게 하는 문제가 음식이 아니라는 사실을 믿기 힘들 때가 많다. 분명 무엇을 먹느냐(강박적으로 먹기, 먹고 토하기) 혹은 먹지 않느냐(굶기)가 쟁점으로 보인다. 다이어트를 하든, 미친 듯이 폭식을 하든 머릿속에는 오로지 음식 생각밖에 없다.

거식증에 걸린 사람은 허기를 부인하고 음식을 입에 대지 않지만 사실은 음식과 몸무게에 집착하고 있다. 칼로리를 계산하고, 몸무게를 재고, 과격하게 운동하고, 다른 사람을 위해 음식을 준비하고, 자신이 못 먹는 음식들을 생각하며 대부분의 시간을 보낸다. 강박적으로 먹는 사람들은 먹으면 안 되는 음식을 생각하거나, 너무 많이 먹었다고 혹은 뚱뚱해 보인다고 자책한다. 폭식증으로 폭식과 구토를 반복하는 사람들은 폭식할 음식을 생각하고 준비하며, 어떻게 하면 남몰래 토할 수 있을까 고민하는 데 엄청나게 많은 시간을 보낸다. 옆에서 근심 어린 마음으로 이를 지켜보는 가족과 친구들에게는 섭식 장애의 원인이 음식으로만 보인다. 그러나 진짜 문제는 음식이 아니다. 음식은 연막에 불과하다. 영어에서는 이를 '레드 헤링red herring'이라고 한다.

레드 헤링은 사람을 혼란스럽게 하거나 다른 대상으로 주의를 돌리는 장치를 말한다. 추리 소설을 읽고 있다고 가정해보자. 문제는 '누가 늙은 노부인을 살해했을까? 하녀인가 집사인가 아니면 운전사인가?'이다. 소설을 읽다 보면 하녀가 노부인 곁에 가장 오래 있었고, 수상쩍게 행동했기 때문에 다들 그녀를 주시한다. 그러나 막판에 가면 반전과 함께 하녀가 범인이 아니었음이 밝혀진다. 그동안 하녀를 조사하느라 한 번도 의심해보지 않았던 집사가 진짜 범인인 것이다. 하녀는 레드 헤링이었다. 우리의 주의를 돌리기 위한 장치인 셈이다.

섭식 장애의 경우에도 음식은 레드 헤링일 뿐이다. 그것은 섭식 장애에 시달리는 본인은 물론 걱정하는 가족과 친구, 심지어는 도움을 주려는 전문가까지 혼동하게 만든다. 섭식 태도에만 중점을 두면 진범이 누구인지 볼 수 없고, 환영에 사로잡혀 회복의 여정에서 벗어나 헤매게 된다. 전혀 엉뚱한 곳에서 해결책을 찾으려고 노력하기 때문이다.

⁓⁓⁓⁓⁓ 이번에 소개할 오래된 영국 동화는 밤하늘에 뜬 별을 잡고 싶어 하는 소녀의 이야기이다.

소녀는 매일 밤 잠들기 전에 침대에 누워 침실 창문 너머로 별들을 바라보았다. 날씨가 맑은 밤에는 반짝반짝 빛나는 별들을 볼 수 있어 기뻤지만, 대개는 별들이 구름 사이로 숨바꼭질만 할 뿐이었다. 비바람이 부는 밤이면 별들은 절대 얼굴을 내밀지 않았다. 그러나 소녀는 구름 뒤에 여전히 별이 숨어 있다는 것을 알고 있었다.

둥근 달이 뜬 어느 따뜻한 여름밤, 소녀는 소원대로 별을 찾아 떠나기로 결심했다. 오랫동안 걸어간 끝에 마침내 수면이 유리처럼 맑고 잔잔한 연못가에 도착했다. 소녀는 연못에게 물었다.

"안녕? 난 하늘의 별을 찾아가는 중이야. 어디에 가야 별을 찾을 수 있는지 아니?"

"별은 바로 내 얼굴에 있어. 이 안으로 들어와서 가지고 가렴." 연못이 대답했다.

소녀는 수면에서 반짝이는 별들을 보고 연못으로 뛰어들었다. 그리고는 별을 잡기 위해 손을 둥글게 모아 쥐었다. 하지만 하나도 잡을 수 없었다.

소녀는 다시 길을 떠나 거품이 이는 시냇가에 도착했다.

"안녕? 난 하늘의 별을 찾아가는 중이야. 날 도와줄 수 있니?" 소녀가 물었다.

"물론이지. 별은 언제나 여기에 있어. 돌 사이로 흐르는 시냇물 속에서 춤을 추는걸. 이리 와서 가지고 가렴." 시냇물이 대답했다.

소녀는 별을 잡기 위해 다시 손을 모아 쥐고 시냇물 속을 걸어 다녔다. 하지만 별은 하나도 잡을 수 없었다.

"여기 있는 건 진짜 별이 아닌 것 같아!" 소녀가 절망하며 외쳤다.

"그럴 리가. 여기 있는 것 같던데. 하늘에 뜬 별과 똑같잖아."

"아냐, 그렇지 않아." 소녀가 대답했다.

그러고는 다시 길을 떠나 언덕에서 춤추는 요정 무리를 만났다.

"안녕?" 소녀는 꼬마 요정들에게 다가가 말을 걸었다. "난 하늘의 별을 찾아가는 중인데 날 좀 도와줄래?"

"별은 바로 여기에 있어. 우리가 춤추는 풀밭에 맺히는 이슬방울 속에. 이리 와서 우리랑 함께 춤추자. 그럼 별을 잡을 수 있어."

그리하여 소녀는 요정들과 함께 춤을 추고 또 추었다. 별을 잡으려고 손을 둥그렇게 모아 쥔 채. 그러나 별은 하나도 잡을 수 없었다. 소녀는 절망감에 사로잡혀 이끼가 긴 그루터기에 주저앉았다. 그러고는 빙글빙글 돌며 춤추는 요정들에게 말했다.

"난 지금까지 계속 별을 찾아 헤맸지만 하나도 찾지 못했어. 날 좀 도와줘."

한 요정이 소녀의 주위를 돌며 춤을 추기 시작하더니 높고 고운 목소리로 말했다.

"그렇게까지 별을 잡고 싶다면 내가 방법을 알려줄게. 돌아갈 생각이 없으면 곧장 앞으로 가. 네가 올바른 길로 가고 있다는 확신을 갖고. 네 발 달린 짐승을 만나면 발 없는 짐승에게 데려다 달라고 해. 그럼 발 없는 짐승이 계단 없는 계단으로 데려다줄 거야. 그 계단을 오르기만 하면 별을 잡을 수 있어."

소녀는 얼른 자리에서 일어나 앞으로 걸어갔다. 자신이 올바른 길로 가고 있다고 확신하며. 그러다가 나무 아래서 풀을 뜯고 있는 말을 보았다.

"안녕. 난 하늘의 별을 찾아가는 중이야. 날 그곳으로 데려다줄 수 있니?" 소녀가 물었다.

"난 하늘의 별이 어디에 있는지 몰라. 내 임무는 요정을 보필하는 거야." 말이 무심하게 대답했다.

"난 방금 요정들과 춤추다 왔는데 요정들이 네발 달린 짐승을 만나면 발 없는 짐승에게 데려다 달라고 부탁하랬어."

"음, 네발 달린 짐승은 나야. 만약 요정들이 그렇게 말했다면 내 등에 올라타. 내가 데려다주지."

말을 타고 한참을 달린 끝에 소녀는 세상의 끝에 도착했다. 그들 앞으로 바다가 수평선 끝까지 펼쳐졌고, 먼 하늘에 오색 빛깔 무지개가 걸려 있었다.

소녀는 말에서 내려 물가로 걸어갔다. 거대한 물고기 한 마리가 소녀에게 다가왔다. 소녀가 말했다.

"안녕? 난 계단 없는 계단을 찾고 있어. 네가 날 그곳으로 데려다줄래?"

"난 아무 부탁이나 들어주지 않아. 오로지 요정들의 명령만 따르지." 물고기가 대답했다.

"난 요정들과 춤추다 왔어. 요정들이 내게 네발 달린 짐승을 만나 발 없는 짐승에게 데려다 달라고 하면, 발 없는 짐승이 다시 계단 없는 계단으로 데려다줄 거라고 했어."

"그렇다면 내 등에 올라타. 내가 발 없는 짐승이야. 내가 널 계단 없는 계단으로 데려다주지."

소녀가 물고기의 등을 꼭 쥐자 물고기는 출발했다. 그들은 오색 빛깔 무지개가 하늘 높이 걸린 수평선에 도착했다.

"다 왔어. 올라갈 때 조심해. 오르기가 쉽지 않거든." 물고기가 말했다.

소녀는 물고기의 등에서 내려와 오색 빛깔 무지개를 오르기 시작했다. 물고기의 말대로 오르기가 쉽지 않았다. 하지만 소녀는 보폭을 줄이며 천천히 그리고 조심스럽게 올라갔다. 기운이 빠져서 가끔씩 손을 놓치고 미끄러지기도 했다. 날씨는 춥고 사방이 어두웠지만 소녀는 발걸음을 재촉해 마침내 무지개 꼭대기에 도달했다. 환한 빛이 소녀를 감쌌다. 드디어 도착했다! 하늘의 별이 바로 그곳에 있었다! 소녀는 반짝이는 별을 잡으려고 손을 뻗었다. 그러나 손을 좀 더 뻗는 순간, 갑자기 균형을 잃고 말았다. 후회와 만족이 뒤섞인 한숨을 내쉬며 소녀는 굴러떨어졌고, 발아래 펼쳐진 어둠 속으로 점점 빠르게 빨려 들어갔다.

눈을 떴을 때는 아침이었고, 소녀는 침대에 누워 있었다.

"내가 별을 잡았던 걸까? 아니면 그냥 꿈이었을까?"

소녀는 알 수가 없었다.

그러고는 그때까지 꼭 쥐고 있던 주먹을 바라보았다. 천천히 손바닥을 펴자 그 안에서 별 가루가 빛나고 있었다.

음식과 몸무게, 다이어트와의 전쟁에서 완전히 벗어나기란 하늘의 별을 잡는 일만큼이나 불가능하게 느껴진다. 이 이야기는 꿈을 이루고 싶다면 환영을 좇는 데 시간을 허비하지 말라고 가르친다. 처음에는 소녀도 연못, 시냇물, 이슬 위로 비치는 별들의 환영에 속았지만 이내 그것이 진짜 별과 다르다는 사실을 깨닫는다. 음식 문제는 우리가 씨름하고 있는 진짜 문제의 반영에 불과하다. 그러므로 음식 자체가 문제가 아님을 깨달아야 한다.

음식, 몸무게, 다이어트에 집착하는 사람은 섭식 장애를 핑계 삼아 자신이 고심하는 인생의 진짜 문제들을 외면한다. 살찌는 게 끔찍하면 끔찍할수록, 그리고 살찐 몸과 씨름하는 것이 고통스러울수록 뚱뚱한 몸에 초점을 맞추면 문제가 구체화되고, 해답이 없어 보이는 혼란스러운 감정이 정의되는 듯하다. 말 그대로나 비유적으로나 문제의 근원을 정확히 짚어내는 방법으로 보이는 것이다. 그러나 연못에 비친 별처럼 그것은 환영일 뿐이다.

갑자기 뚱뚱해진 느낌이 들었던 때를 생각해보자. 섭식 장애에 시달리는 사람은 이런 증상에 익숙하다. 마치 하룻밤 사이에 10킬로그램이 불어난 것처럼 불현듯 자신이 엄청난 뚱보로 느껴진다. 이성적으로는 그런 일이 불가능하다는 것을 알고 있는데도 꼭 그런 기분이 든다. 어제만 해도 그렇게 끔찍한 기분은 아니었는데 오늘은 엄청난 뚱보가 된 것 같다. 대체 어찌 된 영문일까?

이런 기분은 당신의 신경에 거슬리는 다른 일이 진행 중이라는 신호다. 아마도 당신은 엄마가 한 말에 화가 났거나, 곧 다가올 데이트 때문에 불안하거나, 직장 상사의 말을 듣고 절망했거나, 친구에게 무심코 내뱉은 말에 죄책감을 느끼고 있을 것이다. 이런 감정을 능숙히 다루지 못할 때 우리는 몸무게에 초점을 맞추게 되고, 그러면 원래 문제는 후방으로 물러나버린다. 자신이 뚱뚱하다는 사실이 기분 나쁠수록 최소한 해결책은 분명해진다. 살을 빼기만 하면 되는 것이다.

이런 증상은 몸무게에 대한 일반적인 불만과 달리 비교적 갑작스럽게 그리고 매우 강렬하게 다가온다. 또한 꼭 진짜처럼 느껴지는 감정을 동반할지라도 현실에 바탕을 두지는 않는다. 뚱뚱한 몸이 불행의 근원처럼 느껴지지만, 이슬에 비치는 별빛처럼 이는 나를 괴롭히는 다른 문제의 반영일 뿐이다.

만일 당신의 진짜 문제가 엄마와의 끔찍한 관계라거나 도저히 참을 수 없는 결혼 생활, 직업에 대한 큰 불만, 또는 사람들로 북적거리는 곳에서도 외로움을 느끼는 것이라면 어떻게 할까? 이런 문제는 훨씬 중대하고 복잡해서 종종 감당하기가 힘들다.

바로 이 대목에서 음식이 등장한다. 자신을 굶기면 우리의 머릿속에는 오로지 음식 생각밖에 없다. 폭식과 구토를 반복하면 폭식을 계획하고 구토할 시간과 장소를 찾는 데 많은 시간을 보낸다. 강박적으로 먹다 보면 음식, 음식, 음식에만 초점을 맞춘다. 그리하여 집과 학교, 직장, 대인 관계에서 생기는 문제는 마술처럼 사라져버린다.

'진짜 문제'와 대면하려면 자신에게 없는 기술을 개발해야 한다. 진짜 문제를 해결하기란 무지개를 오르는 일만큼이나 어렵고 불가능해 보인다. 그러나 진짜 문제의 환영에 휘둘리지 않고 배후에 감춰진 갈등이나 감정을 파헤치며 해결 과정에 착수한다면, 섭식 장애의 기능과 목적에 대해 중요한 사실을 깨닫게 될 것이다. 당신은 감당하기 힘들고, 아직은 효과적으로 해결하지 못한 인생의 문제를 외면하려고 섭식 장애를 이용했을 수 있다. 아울러 문제를 직면해야 하는 두려움, 과거의 상처가 주는 고통에서 도피하는 데 섭식 장애가 매우 효과적이었다는 사실도 알게 될 것이다. 섭식 장애에 중독되는 것은 당연하다.

그러나 섭식 장애에서 얻는 위안은 일시적이다. 섭식 장애는 당신이 겪는 감정적 스트레스를 아주 잠깐만 외면하게 해줄 뿐 스트레스 자체는 조금도 해소하지 못한다. 음식에 매달리면 슬픔, 분노, 두려움을 잊을지는 몰라도 문제 자체를 해결하지는 못한다. 오히려 문제가 악화될 뿐이다. 내면의 스트레스는 심해지고, 섭식 장애 행동은 잦아진다. 진짜 문제는 결코 해결되지 않는 것이다.

섭식 장애에서 벗어나고 싶다는 소망을 이루려면 별을 따겠다는 열망만으로는 부족하다. 올바른 길로 계속 나아가겠다는 마음가짐, 날씬한 몸매가 행복을 가져다준다는 환상에 속지 않겠다는 마음가짐이 필요하다. 아울러 다이어트 계획을 철저히 지키겠다는 의지만이 중요하고, 칼로리를 계산하는 것만이 해결책이며, 음식이 문제라고 믿는 샛길로 빠지지 않겠다는 각오도 필요하다.

5

'물질' 중독이 아닌
'과정' 중독

: 섭식 장애에서 벗어나려면 자신이 굶주려 있다는 사실을 깨달아야 한다. 자신이 원하는 음식이 물질적 음식이 아니라는 사실을 이해해야 한다. 허기의 정체를 파악해서 그것의 상징적 본질을 알아내야 한다. 그래야만 제대로 된 영양분을 공급할 수 있다.

많은 여성이 섭식 장애의 고통에 빠져 날씬해야 한다는 강박관념에 무참히 휘둘리고, 결코 충족되지 않는 식욕에 시달린 후에야 비로소 섭식 장애가 일종의 중독임을 깨닫는다. 그들은 완벽한 몸매에 조금만 못 미쳐도 거부하는 타인의 비위를 맞추려 애쓰면서 한편으로는 '좀 더 먹어, 좀 더 좀 더!'라고 외쳐대는 내면의 폭군을 잠재우지 못한다.

이런 중독에서 벗어나고픈 간절한 마음에 그들은 탐욕스러운 허기를 무시하며 불완전한 몸매를 혐오한다. 허기를 신체적 현상으로 오인하기 때문에 몸무게와 벌이는 전쟁에서 음식은 적이요, 몸은 배신자가 되고 만다. 모든 중독에 존재하는 부정denial 현상에 사로잡혀 영혼이 굶주려 있다는 사실을 알아차리지 못한다. 마음속 허전함을 보지 못한다. 실제와 상징을 구별하지 못하는 기본적인 실수를 저지르며 실질적인 대상, 즉 음식 자체에 집착한다. 중독되어 있는 대상이 훨씬 더 큰 문제의 반영일 뿐이며 자신이 진정으로 바라는 것의 상징일 뿐이라는 사실을 보지 못한다. 자신이 느끼는 끔찍한 공허감이 신체적 차원이 아닌, 정신적 혹은 감정적 허전함 이라는 사실을 이해하지 못하는 것이다.

중독의 대상은 때때로 바뀐다. 여성들은 종종 한 가지 중독에서 벗어나 다른 중독에 빠진다. 알코올이나 마약 중독에서 회복된 사 람이 어느새 먹는 데 중독된다. 섭식 중독을 운동 중독으로 대체하 거나, 폭식 중독이 쇼핑 중독으로 이어지기도 한다. 진짜 허기, 진짜 갈망의 정체를 밝혀내지 않는 한 중독에서 벗어나지 못한 채 또 다 른 중독으로 이동할 뿐이다.

우리는 중독을 통해 견디기 힘든 현실에서 멀어진다. 중독은 도 무지 풀리지 않는 갈등과 문제에서 벗어날 수 있는 도피처를 제공 한다. 인간으로서 느끼는 고통과 경이로움의 원천인 몸 그리고 있 는 그대로의 자기 모습을 받아들이지 못할 때 우리는 쉽게 중독에 빠지며, 일종의 의식 불명 상태가 된다. 그 상태에서는 아무것도 느 끼지 못한다. 고통, 갈등, 노력, 그 어떤 것도 알아차리지 못한다. 폭 식을 경험해본 사람이라면 폭식이 가져다주는 황홀경 같은 상태를 알 것이다. 최소한 폭식 상태가 유지되는 동안에는 다른 모든 현실 이 후방으로 물러난다. 일부러 굶어본 사람이라면 거부하기가 점점 더 힘들어지는, 그 중독성 강한 '무아지경' 상태를 알 것이다. 달리 기에 중독된 사람들도 달리기가 주는 황홀감에 익숙해져 있다.

섭식이나 다이어트에 중독된 여성들은 자기 몸을 두려워한다.

자기 몸을 사랑하지 않으며 방치하려고 애쓴다. 자신의 감정이 담겨 있는 곳이 바로 몸이기 때문이다. 따라서 몸과 접촉한다는 것은 감정과 접촉한다는 뜻이고, 이는 혼란스러우면서도 고통스럽다. 감정은 생각과 달리 쉽게 정리하거나 이해할 수 없다. 그리고 행동과 달리 통제하기 불가능하다.

모든 중독 과정은 감정을 통제하려는 노력을 상징한다. 더 나아가 인생 자체의 흐름까지 통제하려는 노력을 상징한다. 무언가에 중독된 사람은 매사를 있는 그대로 두지 못하고, 자연스럽게 흘러가도록 내버려 두지 못한다. 언제나 올바른 길, 더 나은 길, 가능한 한 보다 완벽한 길이 있어야 한다고 생각한다.

중독에 빠지면 자기 자신이나 자신의 감정에도, 친구와 연인에게도 혹은 관심을 끄는 어떤 사람이나 사물과 함께하는 순간에도 완전히 몰입하지 못한다. 대신 오늘 하루 얼마나 많은 칼로리를 섭취했는지 고민한다. 삶에 뛰어들기보다 뒤로 한 발 물러서서 폭식과 다이어트에 대한 강박관념에 빠져든다. 또 언제 폭식할지 생각하거나, 내일부터 실행할 다이어트 계획을 짜는 일에 에너지를 소모한다. 그래서 현재에 있지 못하고, 의식을 미래로 밀어 넣는다. 그렇게 눈앞에 펼쳐지는 인생을 놓쳐버린다.

그러나 모순되게도 우리는 지금 이 순간에 존재할 때만 진정으로 충만해지며 삶의 자양분을 받아들일 수 있다. 삶은 오로지 현재에만 존재한다. 지나간 일이나 미래를 계획하는 데 집착하면 우리를 살찌울 수 있는 눈앞의 것, 이를테면 어린아이의 미소나 친구의 칭찬, 장미 향기, 감미로운 멜로디, 아름다운 석양을 받아들이지 못한다. 그리하여 허기는 계속되고, 허전한 마음은 커져만 간다.

비록 같은 중독이라고는 해도 알코올 중독이나 마약 중독과 달리 섭식 장애는 일종의 '과정' 중독임을 깨닫는 것이 중요하다. 섭식 장애에 걸린 여성은 음식 자체가 아니라 먹는 행동에 중독되어 있다.

알코올 중독과 같은 물질 중독은 중독되어 있는 물질(알코올)을 그 사람의 인생에서 제거해야 중독에서 벗어날 수 있다. 알코올 중독자들이 중독된 대상은 알코올이지, 술을 마시는 행동 자체가 아니기 때문이다. 알코올은 음식과 달리 생존의 필수 요소가 아니다. 우리는 알코올 없이도 살 수 있지만, 음식 없이는 살 수 없다.

어떤 사람들은 섭식 장애를 마치 알코올 중독이나 마약 중독처럼 다루려고 한다. 그래서 계속 금식하거나 식단 계획표를 짜려고 노력하지만, 그런 식의 접근은 종종 실패로 이어진다. 중독의 대상인 섭식 장애 행동을 고치려 하지 않고, 음식 자체에만 중점을 두기 때문이다. 체중 감량을 목적으로 다이어트를 할 때도 똑같은 문제가 발생한다. 우리는 음식을 제한하고, 칼로리를 계산하고, 허브로 만든 대체 식품을 먹고, 식단을 짠다. 오로지 음식에만 집중한다. 마치 음식이 문제인 것처럼.

그러나 음식에는 아무 문제도 없다.

섭식 장애에서 벗어나려면 반드시 음식 자체를 넘어서야 한다. 강박적으로 먹게 만드는 충동 이면에 존재하는 진짜 허기의 정체를 찾아내야 한다. 섭식 장애는 우리의 진정한 욕구와 간절한 바람을 단지 그것의 상징인 식탐으로 가려버린다. 먹는 데 중독되는 때야 말로 우리가 진정 무엇에 허기를 느끼고 있는지 생각해봐야 할 때다. 진정한 허기가 상징적인 형태로 우리에게 모습을 드러내는 순간이기 때문이다. 단순히 어떤 음식을 끊어버리거나 먹지 못하도록 굶기만 해서는 상징 뒤에 숨은 진정한 의미를 배울 기회를 스스로에게서 박탈하는 셈이 된다.

먹는 데 중독된 사람은 사실 감정과 영혼의 허기를 느끼는 사람이다. 식탐은 감정적, 정신적 자양분에 대한 갈망이다. 그것은 우리를 보살펴주고, 달래주고, 사랑하고, 있는 그대로 받아들여주는 이상적인 어머니, 전형적인 선한 어머니상에 대한 갈망이기도 하다. 종종 냉장고 앞에 서서 우리가 찾는 것은 바로 그것이다. 장을 보러 갔을 때 정말로 사고 싶은 것도 바로 그것이다. 아이스크림을 아무리 많이 먹어도, 쿠키와 머핀을 아무리 게걸스럽게 밀어 넣어도 이 허기는 만족시킬 수 없다. 영혼도, 마음도 아닌 위장만 채우고 있기 때문이다.

섭식 장애에서 벗어나려면 자신이 굶주려 있다는 사실을 깨달아야 한다. 자신이 원하는 음식이 물질적 음식이 아니라는 사실을 이해해야 한다. 허기의 정체를 파악해서 그것의 상징적 본질을 알아내야 한다. 그래야만 제대로 된 영양분을 공급할 수 있다.

°°°°°°°°°°°° 이 이야기는 아프리카 대기근을 배경으로 한 반투족의 오래된 민담이다.

대지는 가뭄으로 메마른 채 버려지고, 동물들도 음식을 구하기가 힘들어졌다. 어느 날 모든 동물은 정글을 떠나 음식을 구해오고, 정글의 왕사자만 홀로 남아 왕국을 다스리기로 했다. 그리하여 코끼리, 기린, 토끼, 거북이, 원숭이, 가젤은 다 함께 음식을 찾아 떠났다. 그들은 거대한 강을 건너 며칠 동안 평지를 걷고 또 걸었다. 자신들도 어디로 가는지 알지 못했다.

시간이 흘러 평원의 가장자리에 가까워지고 있을 때 높다란 나무가 동물들의 눈에 들어왔다. 주위에 보이는 것이라곤 오로지 그 나무뿐이었다. 가까이 다가가니 나무에는 지금까지 본 것 중에서 가장 탐스러운 열매가 가득 열려 있었다. 석류처럼 빨갛고, 망고처럼 오렌지색을 띠었는가 하면, 바나나처럼 노랗기도 하고, 자두처럼 자줏빛에 세상 모든 과일을 합쳐놓은 듯 향기로웠다.

그러나 동물들은 그 아름답고 향기로운 과일을 바라보며 분노와 좌절로 울부짖을 수밖에 없었다. 나무가 너무 높은 데다 가지가 땅에서 멀리 떨어져 있어서 키가 큰 기린조차 가장 낮은 곳에 열린 열매에도 닿지 못했기 때문이다. 게다가 나무의 줄기는 너무 미끄러워서 민첩한 원숭이도 오르지 못할 정도였다.

굶주림에 지친 동물들은 다들 나무 아래에 주저앉아 탄식했다. "우린 이제 어떻게 하지?" 그러자 늙은 거북이가 입을 열었다.

"우리 할머니의 할머니께서 옛날에 이렇게 아름답고 맛있는 열매가 열리는 나무에 대해 말씀해주신 적이 있는데 이 나무의 이름을 알아야만 열매를 따 먹을 수 있다고 하셨지."

"그럼 어떻게 이 나무의 이름을 알아내죠?"

동물들이 이구동성으로 물었다.

"아마 사자 임금님이라면 아실 거야. 누군가 정글로 돌아가 임금님께 물어보고 와야 해." 늙은 거북이가 대답했다.

동물들은 무리 중에서 가장 빠른 가젤을 보내기로 결정했다. 가젤은 자신의 민첩함을 뽐내며 정글을 향해 달렸고, 마침내 강 근처에 있는 사자의 처소에 도착했다.

"무슨 일이냐?" 가젤을 보고 사자가 물었다.

"폐하, 모든 동물이 굶어 죽을 지경입니다. 저희들은 음식을 구하려고 며칠간 헤매고 다닌 끝에 드디어 화려한 빛깔의 신비로운 열매가 가득 열린, 세상에서 가장 아름다운 나무를 발견했습니다. 하지만 나무의 이름을 알기 전까지는 그 열매를 따 먹을 수 없습니다. 동물들은 계속 굶주릴 것입니다."

사자는 잠시 조용히 생각하더니 이내 입을 열었다.

"네가 알고 싶어 하는 것을 말해주겠다. 더 이상 내 왕국의 동물들이 고통받는 것을 보고 싶지 않구나. 하지만 딱 한 번만 말하겠노라. 그 이름을 반복하기도 싫고, 또 다른 짐승에게 이 특별한 이름을 말하고 싶지도 않기 때문이다. 넌 잘 듣고 기억해야 한다. 나무의 이름은 웅갈리이니라."

"웅·갈리."

가젤은 그 이름을 반복했다. 그러고는 사자에게 감사 인사를 한 후, 다시 정글을 지나고 평지를 가로질러 달렸다. 그동안 가젤의 머릿속에는 여러 생각이 뭉게뭉게 피어올랐다. 다른 동물들이 자신처럼 민첩한 동물을 보낸 것이 얼마나 현명한 선택이었는지, 그리고 돌아가서 나무의 이름을 말해주면 다들 얼마나 행복하고 고마워할지 등등. 이런저런 생각에 정신이 팔린 나머지 가젤은 동물들이 기다리는 곳 근처에 있던 토끼 굴을 보지 못했다. 가젤은 토끼 굴에 발이 걸려 넘어지면서 공중으로 붕 떠올랐다가 쿵 소리와 함께 나무 발치에 떨어졌다.

동물들이 가젤 주위로 몰려들었다.

"나무의 이름이 뭐래?" 그들은 희망과 기대에 차서 외쳤다.

그러나 가젤은 멍한 표정으로 물끄러미 동물들을 바라볼 뿐이었다.

"나무의 이름이 뭐냐고?" 다급해진 동물들이 다그쳐 물었다.

"기억이 안 나." 가젤은 조그맣게 웅얼거렸다. "기억이 안 나."

동물들은 탄식했다. "선택의 여지가 없군. 다른 동물을 보내야겠어. 무슨 일이 있어도 나무의 이름을 기억할 동물을."

그리하여 기억력이 좋기로 유명한 코끼리가 뽑혔다. 코끼리는 자신의 훌륭한 기억력을 자랑스러워하며 평지와 황량한 평야를 성큼성큼 걸어갔다. 마침내 강 근처에 있는 사자의 처소에 도착했다. 사자가 으르렁거리며 물었다. "무슨 일이냐?"

"오, 폐하. 동물들이 모두 굶어 죽을 지경입니다. 그래서 제가……,"

"알았다, 알았어." 사자가 성급하게 대답했다.

"맛있는 열매가 달린 나무의 이름을 말해주마. 하지만 절대 잊지 말아라. 더는 어느 누구에게도 말하지 않을 테니까. 나무의 이름은 웅갈리이니라."

"절대 잊지 않겠습니다. 전 잊어버리는 법이 없습니다."

코끼리가 거만하게 대답했다. 그러고는 정글을 빠져나와 평야를 가로지르며 생각했다. '어떻게 그 이름을 잊겠어! 난 이 정글에 있는 나무의 이름을 모조리 기억하는데.' 그러면서 나무의 이름을 읊어댔다. 자신의 기억력에 감탄한 코끼리는 이제 아프리카에 있는 모든 나무의 이름을 읊기 시작했고, 나중에는 이 세상 모든 나무의 이름을 읊었다. 거기에 정신이 팔린 나머지 바로 어제 가젤의 임무를 망쳤던 그 토끼 굴 위로 무심코 지나가버렸다. 그러나 가젤과 달리 코끼리의 발은 컸기 때문에 구멍에 꼭 끼어버렸고, 좀처럼 빠지지 않았다. 코끼리는 발을 잡아당겨 보았지만 꿈쩍도 하지 않았다.

아직 기운이 남아 있던 동물들은 코끼리에게 달려가 소리쳤다. "나무의 이름이 뭐래?"

화가 난 코끼리가 발을 재차 잡아당기자 마침내 구멍에서 발이 빠졌다. "나무의 이름이 뭐야?" 동물들이 다시 외쳤다.

"기억이 안 나. 발이 아파 죽겠는데 그깟 이름이 무슨 상관이야." 코끼리는 아픈 발을 문지르며 퉁명스럽게 대꾸했다.

동물들은 너무 지치고 배고파서 불평할 기운도 없었다. 훌쩍훌쩍 우는 동물도 있었다. 그들은 이제 어떻게 해야 할지 몰랐다.

그때 조그만 꼬마 거북이가 나섰다. "제가 가서 나무의 이름을 알아 올게요."

"넌 너무 어리고, 너무 작고, 너무 느려." 다른 동물들이 말했다.

"그건 그래요. 하지만 이 나무에 대해 알고 있는 우리 할머니의 할머니

의 할머니가 나무의 이름을 기억하는 법을 가르쳐주셨어요."

다른 동물의 대답도 기다리지 않은 채 꼬마 거북이는 천천히 거대한 평야를 가로질러 갔다. 한 발짝 한 발짝 나아가던 거북이는 마침내 정글 속 강 근처에 있는 사자의 처소에 도착했다.

거북이를 보자 사자는 언짢아하며 포효했다.

"나무의 이름을 알고 싶어서 왔다면 단념해라. 난 이미 두 번이나 말해주었다. 게다가 가젤과 코끼리에게 나무의 이름이 웅갈리라는 사실을 더는 말해주지 않겠노라고 경고했다. 그러니 네게도 말하지 않을 것이다."

꼬마 거북이는 사자에게 시간을 내주어서 고맙다고 공손히 말했다. 정글을 빠져나오며 거북이는 그 이름을 반복하고 또 반복했다.

"웅갈리, 웅갈리, 나무 이름은 웅갈리." 거북이는 거대한 평야를 건너면서도 계속 되뇌었다. "웅갈리, 웅갈리, 나무 이름은 웅갈리. 웅갈리, 웅갈리, 나무 이름은 웅갈리." 지치고 목이 마를 때도 꼬마 거북이는 쉬지 않고 말했다. "웅갈리, 웅갈리, 나무 이름은 웅갈리." 할머니의 할머니의 할머니가 나무의 이름을 외우려면 그렇게 해야 한다고 말해주었기 때문이다. 가젤이 고꾸라지고, 코끼리의 발이 끼었던 바로 그 토끼 굴에 떨어졌을 때도 꼬마 거북이는 "웅갈리, 웅갈리, 나무 이름은 웅갈리"라고 말하며 기어 나왔다.

다른 동물들은 꼬마 거북이가 다가오는 것을 전혀 눈치채지 못한 채 자기들의 크나큰 불운을 생각하며 나무 아래에 누워 있었다. 그때 꼬마 거북이가 그들에게 다가가 큰 소리로 외쳤다.

"웅갈리, 나무의 이름은 웅갈리예요."

동물들은 깜짝 놀라 위를 올려다보았다. 그러자 석류처럼 붉고, 바나나처럼 노랗고, 망고처럼 오렌지빛이 돌고, 자두처럼 자줏빛에 세상의 모든 과일을 합친 듯이 향기로운 과일이 열린 나뭇가지가 따 먹기에 알맞은 높이로 내려왔다.

동물들은 배가 부를 때까지 열매를 실컷 먹었다. 그러고는 기쁨과 흥에 겨워 꼬마 거북이를 하늘 높이 들어 올린 채 계속해서 "웅갈리, 웅갈리, 나무 이름은 웅갈리"라고 노래하고 중얼거리며 나무 주위를 돌고 또 돌았다. 그 이름을 잊고 싶지 않았기 때문이다. 그리하여 그들은 나무의 이름을 절대 잊어버리지 않았다고 한다.

이 이야기에 나오는 동물들처럼 내면의 기근을 끝내고 싶은 여성이라면 자신이 느끼는 허기의 이름을 알아내야 한다. 허기의 올바른 이름을 알아야만 제대로 영양 공급을 할 수 있기 때문이다. 이 이야기에는 신비한 마법의 나무가 나온다. 거기에는 지금까지 누구도 본 적 없는 열매, 세상 모든 과일의 빛깔과 향기가 합쳐진 열매가 열린다. 감정적으로나 정신적으로 굶주린 여성들도 그런 생명의 나무에서만 영양분을 얻을 수 있다. 그들이 찾고 있는 영양분은 지금까지 봤던 음식에서는 얻을 수 없다. 물질적 차원의 허기가 아니기 때문이다.

허기의 이름을 알려면 자신이 온 곳으로 돌아가야 한다. 지금까지 살았던 광활하고 헐벗은 평야를 가로질러 마음속 정글 깊숙한 곳을 지나 감정의 강가 근처에 있는, 내면의 권위가 지배하는 곳으로 가서 이렇게 물어야 한다. "제 허기의 이름은 무엇입니까?"

그러나 허기의 이름을 아는 것만으로는 부족하다. 허기를 채우려면 반드시 그 이름을 기억해야 한다. 섭식 장애에서 벗어나는 순간마다 그 이름을 염두에 두어야 한다. 다시 중독으로 미끄러지거나 굴러떨어져 진정한 허기를 채워주지 못하는 음식을 향해 손을 뻗을 때마다 자신이 진정으로 무엇에 굶주려 있는지 기억해내야 한다. 상처받은 마음이나 부서진 영혼을 달래기 위해 음식을 이용하는 중독의 덫에 걸릴 때마다 그 사실을 기억해야 한다. 이렇게 환기해야 한다. '내가 정말로 원하는 것은 음식이 아니야. 내가 정말로 원하는 것은 사랑이야. 내가 갈구하는 것은 관심과 인정이야. 내가 갈망하는 것은 창조적인 표현이야. 내가 열망하는 것은 정신적 친밀함이야.'

자신이 무엇에 굶주려 있는지 흔들림 없이 거듭 환기할 때, 허기를 계속 의식하며 참을성 있게 한 발씩 앞으로 나아갈 때 우리는 그 사실을 잊지 않을 수 있다. 그럼으로써 삶이 제공하는 진정한 영양분을 받아들일 수 있다.

내 경험에 의하면 물질에 중독되는 경우와 달리 섭식 장애는 완치가 가능하다. 알코올 중독자는 술을 단 한 모금이라도 입에 댔다가는 지금까지 지켜온 금주가 흔들릴 수 있다. 회복된 지 몇 년이 지나도 마찬가지다. 그러나 섭식 장애의 경우에는 꼭 그렇지 않다. 일단 회복되면 남은 인생 내내 음식이나 몸무게, 다이어트와 씨름하지 않고 지낼 수 있다.

배고프지 않은데도 먹고 싶은 충동이 생길 때 그것이 우리가 해결해야 할 다른 허기의 신호임을 깨달아야 자신에게 진정으로 필요한 영양 공급의 방법을 찾아낼 수 있다.

6

은유 :

몸의 언어를 배우는 시간

: 당신의 무의식 속 어두운 틈에 꼭꼭 숨어 있는 괴물은 무엇인가? 섭식 중독? 외로움? 거부에 대한 두려움? 재정적 불안? 자기혐오? 완벽주의? 더 마르고 싶은 욕망? 당신을 끊임없이 쫓아다니며 괴롭히고, 당신을 인질로 삼아 더 먹여달라고 조르는 것은 무엇인가?

대부분의 사람들에게 먹는 일은 단순히 물리적인 영양 섭취 이상의 의미를 지닌다. 사랑받지 못한다고 느낄 때에는 사랑의 대용품이 될 수 있으며 일종의 위안과 따뜻함, 심지어는 안도감까지 제공한다.

어린 시절의 경험을 생각해보면 그 이유를 쉽게 이해할 수 있다. 우리가 최초로 경험하는 사랑받는 기분은 주로 엄마 품에 안겨 젖을 먹던 일과 관련된다. 이는 특히 나이를 먹어서 완전히 사랑받거나 있는 그대로 받아들여지는 경험이 부족하다고 느낄 때 매우 강력한 연상 작용을 일으킬 수 있다. 감정적으로 충만했던 어린 시절의 경험을 되살리고픈 마음에 우리는 자신에게 음식을 먹여서 그 감정을 재현하려고 한다. 자신이 정말로 굶주려 있는 것은 사랑이라는 사실을 모르고서 말이다.

먹는 일은 슬픔이나 괴로움을 느낄 때 위안과 지지를 제공하는 수단으로 사용될 수도 있다. 이는 많은 가족 그리고 우리의 문화권 내에서 통용되는 현상이다. 우리는 고통이란 가능한 한 빨리 제거되어야 하는 나쁜 경험이라고 배운다. 따라서 아이들은 병원에 가서 주사를 맞고 상으로 사탕을 받는다. 혹은 사랑하는 사람이 슬퍼하고 있으면 음식을 만들어서 기운을 북돋워주려고 한다.

마약이나 알코올과 마찬가지로 먹는 일 역시 불편한 감정에서 도피하는 데 이용될 수 있다. 혼란스럽거나 갈등을 일으키는 감정을 다루기가 어려울 때 굶어버리면 몸의 감각과 단절되고 따라서 내면의 감정도 느낄 수 없게 된다. 혹은 그런 감정이 표면화될 때마다 엄청난 양의 음식을 먹어치우거나 조금씩 끊임없이 먹어댈 수도 있다. 배가 너무 부르면 숨쉬기가 힘들고, 숨쉬기가 힘들면 어떤 감정도 느낄 수 없다.

최근에 과식했던 때를 생각해보자. 죄책감이 자리 잡기 전에 어떤 감정에 빠져 있었는가? 의식에서 모든 감정이 차단되었던 무감각한 상태가 기억날 것이다. 최소한 그 순간만큼은 내일 봐야 할 시험이나 남편과 한바탕 벌였던 말다툼, 선뜻 맡기가 두려운 업무 등을 잊을 수 있다.

외로움과 공허감에 몸부림치는 사람에게도 음식은 영원한 친구 역할을 할 수 있다. 먹으면 뭔가 할 일이 생기고, 위장이 가득 차는 느낌이 들면서 인생의 허무한 구석들이 채워지는 듯하다. 외로움을 느끼지 않으려고 일부러 굶는 사람도 있다. 그렇게 함으로써 새로운 사람을 만나거나 자신을 거부할지도 모를 타인과 지나치게 가까워지는 위험을 피할 수 있다.

많은 사람에게 음식은 그들이 직접 전하지 못하는 생각과 감정을 전달하는 수단이기도 하다. 늘 다이어트를 하는 부모가 자신을 지나치게 통제한다고 느낀 아이는 "날 부모님과 같은 사람으로 만들지 마세요. 난 독립적인 인간이에요"라고 말하기 위한 방편으로 자꾸만 살을 찌울 수 있다. 또는 부모에게 자기 인생의 진짜 주인이 누구인지 '보여주려고' 거식증에 걸릴 수도 있다.

정도의 차이만 있을 뿐 우리 모두 음식을 신체적인 영양 섭취 이상의 수단으로 이용한다. 문제는 위기 상황을 극복할 수단이 음식밖에 없는 경우다. 그렇게 되면 '보여줄 재주가 하나뿐인 조랑말'처럼 사랑받고 싶을 때도, 감정적 스트레스를 해소하려 할 때도, 분노와 대화하려 할 때도, 슬픔을 견뎌내려 할 때도 오로지 한 가지 방법만 반복해서 쓰게 된다. 이런 주기에 사로잡힌 여성은 허기를 느끼게 되는데 그걸 그저 음식에 대한 허기로 잘못 해석한다.

그것은 음식 이상을 원하는 허기일 수 있다. 안락함을 느끼고, 보살핌을 받고, 자신을 표현하고, 성취감을 느끼고 싶은 허기일 수 있다. 이런 욕구가 충족되지 못하면 우리는 마음이 허전해진다. 그러나 모든 허기를 무조건 음식에 대한 허기로 해석하면 다른 욕구들은 점점 더 깊숙이 묻힌 채 우리의 관심에서 멀어진다.

음식과의 씨름에서 완전히 벗어나려면 은유의 언어를 배워야 한다. 은유의 언어를 적용하면 허기는 여러 가지 다양한 감정, 필요, 욕구를 대변한다. 우리의 몸이 은유적으로 말하는 예는 매우 많다.

'목의 가시'는 살면서 우리가 해결해야 할 골칫거리나 성가신 상황을 나타낸다. 우리는 가끔 '가슴이 철렁 내려앉는' 순간을 경험하기도 하고, '애간장을 녹이는' 느낌과 '속이 시커멓게 타는' 느낌이 무엇인지도 안다.

섭식 장애에서 벗어나려면 자신이 느끼는 허기의 더 깊은 의미를 발견해야 한다. 그리하여 강박적으로 먹고 싶은 욕구가 실은 아직 이뤄지지 못한, 마음속 가장 큰 소망을 대변하고 있음을 깨달아야 한다.

배가 터지도록 먹는 성향은 스스로 받아들이지 못하거나 문제가 있는 감정들을 음식물로 눌러버리려는 시도일 수 있다. 끊임없이 먹고 싶은 욕구는 살면서 지속적으로 느끼는 공허감의 반영일 수 있으며, 군살 없는 몸매에 대한 집착은 곡선적인 여성성을 감추고 싶은 욕망이 드러난 것일 수 있다.

〰〰〰〰〰〰 옛날 일본에 아주 명랑한 할머니가 언덕 허리에 있는 작은 집에서 혼자 살았다. 할머니가 가진 재산이라고는 달걀을 낳아주는 닭 서너 마리뿐이어서 늘 음식이 부족했고, 배가 고픈 날이 허다했다.

어느 날 할머니가 떡 두 개로 저녁을 대신하려는데 그만 밥상에 있던 떡이 바닥으로 떨어지고 말았다. 그러더니 문턱을 넘어 언덕 아래로 계속 굴러갔다. 배가 고팠던 할머니는 떡을 쫓아갔다.

떡은 점점 더 가속도가 붙어 빠르게 굴러가더니 마침내 바위에 부딪히며 멈췄다. 숨을 헐떡이며 실소를 터뜨린 할머니가 막 떡을 집으려는 순간, 바위 뒤에서 갈고리처럼 생긴 기다란 손이 튀어나오는 것이 아닌가. 비늘로 뒤덮인 그 손은 잽싸게 할머니의 떡을 낚아챘다.

할머니가 바위 뒤를 살펴보니 마침 바위 사이의 좁은 틈새로 커다란 괴물이 재빨리 들어가고 있었다. "내 떡 내놔! 내 떡!" 할머니는 그렇게 소리치며 어둡고 좁은 굴속으로 달아나는 괴물을 급히 뒤쫓았다. 괴물은 계속 달리더니 이윽고 더 이상하게 생긴 괴물들이 우글대는 거대한 동굴로 들어갔다.

할머니는 달리기를 멈추고 괴상한 괴물들을 바라보았다. 그들은 머리에 뿔이 달렸으며, 커다란 입은 귀밑까지 찢어졌고, 빨간 눈동자 세 개로 할머니를 응시하고 있었다. 할머니는 그곳이 오니의 동굴이라는 것을 깨달았다. 오니는 땅 밑에 살면서 밤에만 돌아다니는 일본의 악귀였다.

그러나 할머니는 너무나 배가 고팠기 때문에 욕심꾸러기 오니가 자신의 소중한 떡을 먹는 것을 보자 두려움보다는 분노가 치밀었다. "그건 내 떡이야!" 할머니는 오니들을 향해 외쳤다. "네놈들이 내 저녁을 훔쳤어."

오니들은 갈고리처럼 생긴 손을 핥으며 할머니를 바라보았다. 그중 한 놈이 입을 열었다. "떡을 만들 줄 알아?"

"물론이지. 아주 맛있는 떡을 만들 때도 있어." 할머니는 자랑하지 않을 수 없었다.

"그럼 이리 와서 좀 더 만들어줘."

한 오니가 동굴 속으로 더 깊이 들어가며 말했다. 할머니는 오니를 따라갔다. 배가 너무 고파서 뭐라도 먹어야 했기 때문이다. 미로처럼 얽힌 터널을 지났더니 거대한 솥이 나왔다. 오니는 그 솥에 쌀 두세 톨을 떨어뜨리고 물을 부었다.

"떡을 만들려면 그 쌀로는 어림도 없어." 할머니가 빈정거렸다.

오니는 할머니에게 평평한 나무 주걱을 건네며 말했다. "이걸로 저어 봐."

할머니는 오니의 말대로 솥을 저었다. 그러자 놀랍게도 솥 전체가 금세 쌀로 가득 찼다. 할머니는 오니들이 먹을 떡을 잔뜩 만들었고, 그중 일부는 자기가 먹었다.

"이젠 집에 가야겠어. 가는 길을 좀 안내해주겠나?" 할머니가 물었다.

"안 될 말씀. 넌 여기 남아 계속 우릴 위해 떡을 만들어야 해."

오니가 으르렁거렸다.

할머니는 전혀 그러고 싶지 않았다. 그러나 지금은 오니들에게 포위되어 나가는 길을 몰랐으므로 그런 사실을 입 밖에 내지 않기로 했다.

할머니는 계속 오니들을 위해 떡을 만들면서 몰래 탈출 계획을 세웠다. 그러던 중 떡을 만들 때 쓰는 물을 길어 오는 개울이 근처에 있으며, 오니들이 물을 싫어한다는 사실을 알게 되었다. 그러니 배만 마련하면 탈출할 수 있을 터였다. 떡을 만드는 동안 할머니는 자기 몸집보다 약간 큰 솥을 발견했고, 그 정도면 탈출용 배로 이용하기에 안성맞춤이었다.

이튿날 오니들이 잠든 대낮에(그들은 야행성이다) 할머니는 빈 솥에 마법 주걱을 넣고 개울로 끌고 갔다. 솥에 올라탄 할머니는 주걱을 이용해 물살을 저어나갔다. 하지만 아까 할머니가 솥을 끌고 가던 소리에 잠에서 깬 몇몇 오니가 서둘러 개울로 달려와 성을 내며 고함쳤다.

오니들이 개울물을 빨아들이며 거대한 풍선처럼 부풀어 오르자 할머니는 더욱 빠르게 노를 저었다. 그러나 이내 개울은 말라버렸고, 솥은 개울 돌바닥에 닿으며 멈추고 말았다. 말라버린 바닥에서 물고기들이 몸을 뒤집으며 펄떡거렸다.

"자, 이 물고기나 먹지 그래!" 할머니는 물고기를 잡아 오니들에게 던졌다. 먹을 것이라면 사족을 못 쓰는 욕심쟁이 오니들은 갈고리 손으로 물고기를 움켜잡았다. 그러나 물고기를 먹으려고 입을 벌리는 순간, 그들이 들이마셨던 강물이 다시 쏟아져 나왔다. 덕분에 할머니가 탄 솥은 다시 수면 위로 떠올랐고, 할머니는 자신의 똑똑한 계략에 웃음을 참을 수 없었다.

마침내 거대한 솥은 할머니를 무사히 집까지 데려다주었다. 육지에 도착한 할머니는 솥은 버렸지만 마법 주걱은 잘 챙겨서 언덕에 있는 집으로 돌아갔다.

마법 주걱 덕분에 할머니는 두 번 다시 굶는 일이 없었고, 자신이 원하는 만큼 실컷 떡을 만들어 먹을 수 있었다. 그리고 남은 떡은 이웃과 나누어 먹었다고 한다.

이런 이야기는 우리를 은유의 세계로 안내해준다. 은유를 적용하면 배후의 숨은 의미를 발견할 수 있고, 우리를 음식에 대한 집착에서 벗어나게 해주는 단서들을 얻을 수 있다.

이야기 속 할머니는 대다수의 여성과 마찬가지로 허기에 이끌려 음식을 쫓아간다. 당신이 쫓고 있는 음식은 무엇인가? 그것이 상징하는 바는? 당신이 만족시키고자 하는 허기의 정체는 무엇인가? 음식을 쫓아가던 할머니는 땅속에 숨어 사는 굶주린 괴물과 만난다. 그 괴물은 당신이 마음속에서 격투를 벌이고 있는 괴물일 수 있다. 낮에는 모습을 드러내지 않다가 해가 진 후에야 스멀스멀 기어나오는 괴물 말이다. 그들은 무엇에 굶주려 있을까? 그들은 당신이 무엇을 먹여주기를 바랄까?

이 이야기나 당신의 사연을 글자 그대로만 받아들여서는 안 된다. 그러면 사건과 등장인물이 너무 허황돼서 아무 의미도 없어 보인다. 대신 이야기 속으로 좀 더 깊이 들어가 이리저리 방황하다 보면, 그 황당한 이야기에 담긴 진실을 발견하게 될 것이다. 당신의 개인적인 어려움을 반영한 그 진실은 당신이 처한 곤경에서 벗어날 수 있는 해결책을 알려줄 것이다.

이 이야기에서 지하 어둠에 사는 괴물은 오니다. 그렇다면 당신의 무의식 속 어두운 틈에 꼭꼭 숨어 있는 괴물은 무엇인가? 섭식중독? 외로움? 거부당하는 두려움? 재정적 불안? 자기혐오? 완벽주의? 더 마르고 싶은 욕망? 당신을 끊임없이 쫓아다니며 괴롭히고, 당신을 인질로 삼아 더 먹여달라고 조르는 것은 무엇인가?

당신에게 끊임없이 음식을 만들어내는 마법의 주걱이 있다고 가정해보자. 이 주걱을 이용해 괴물들을 무제한으로 먹일 수 있다면 그 음식은 무엇일까? 당신의 괴물이 먹고 싶어 하는 것은 무엇인가? 괴물은 당신이 무엇을 먹여주길 바라나? 관심? 사랑? 돈? 자기 수용? 분노?

정신적 허기를 몸의 허기로 해석하는 한, 우리는 음식만으로 그 허기를 채우려 할 것이고 그러면 영원히 굶주리게 된다. 하지만 허기의 정체를 밝혀내고 자기 안의 무엇이 굶주려 있는지 제대로 이해하면 적절한 영양분을 찾아낼 수 있다.

7

감정 :

마음이 주는 선물

: 감정에는 '좋고 나쁨'이 없다. 옳거나 그른 감정도 없다. 감정은 그냥 감정일 뿐이다. '부정적'인 감정이란 단지 우리 스스로 받아들일 수 없는 감정을 말한다.

많은 사람이 자신의 감정, 특히 부정적인 감정을 두려워한다. 고통을 조절하지 못했다가 그것에 완전히 압도될까 봐 두려워한다. 외로움을 느꼈다가 그 외로움이 평생 지속될까 봐 두려워하고, 분노를 온전히 느꼈다가 위험하고 파괴적인 짓을 저지르지는 않을까 두려워한다. 많은 이들이 두려움, 슬픔, 분노, 외로움 같은 '나쁜' 감정을 완전히 통제하거나 무시하려고 애쓴다.

섭식 장애에 시달리는 여성은 일반 사람들에 비해 감정을 더 두려워하는 경향이 있다. 그들은 몸을 불신하고, 몸의 가장 친밀한 커뮤니케이션 수단인 감정의 언어를 무시한다. 몸과 감정으로부터 안전거리를 유지하기 위해 온갖 활동과 음식을 끊임없이 생각하며 스스로를 산만하게 만든다. 그들은 '머리로만' 살면서 이성의 지배를 받고 감정을 멀리한다. 감정이 자기 인식과 회복에 가장 중대한 열쇠를 제공한다는 사실을 애석하게도 많은 이들이 깨닫지 못한다.

'신비한 진주'라는 제목의 베트남 민담에서 우리는 진정한 치유란 감정을 통제할 때가 아니라 탐색할 때 시작된다는 사실을 알 수 있다. 또한 감정 속으로 깊숙이 파고들어 갈 때 살면서 마주치는 모든 문제를 해결하도록 도와주는 놀라운 선물을 발견하게 된다는 사실을 배울 수 있다.

〰〰〰〰〰 아주 먼 옛날, 메콩강 강변에 와Wa라는 고아 소녀가 살았다. 와는 쌀이 든 바구니를 들고 다닐 수 있을 만큼 자랐을 때부터 마을의 지주 밑에서 일했다.

마을 사람들은 모두 하루 종일 열심히 일했다. 와도 열심히 일했지만 품삯으로 변변한 음식조차 받지 못했다. 다른 사람들도 사정은 마찬가지였다. 소녀는 높다란 나무들을 베고, 벼가 익으면 새벽부터 해가 질 때까지 벼의 껍질을 벗겨야 했다. 나무를 베다 생긴 상처들로 손에는 물집이 잡히고, 거친 벼의 껍질을 벗기느라 손바닥은 가렵고 쓰라렸다. 와는 밤마다 약초를 뜯어 거칠고 가려운 손에 붙였다. 덕분에 시간이 흐르면서 약초를 잘 알게 되었고, 마을 사람들도 소녀에게 상처를 치료받았다.

하루는 지주의 심부름꾼이 와서 와에게 논 옆에 있는 곡간을 지키라고 명령했다. 곡간에는 쌀이 가득 쌓여 있었다. 배고픈 소녀는 몰래 쌀을 먹고 싶은 마음이 간절했지만, 지주의 경고를 어길 수 없었다. 그의 경고는 이러했다. "내 쌀은 사악한 정령의 보호를 받고 있다. 그러니 한 톨이라도 먹었다는 그 정령이 네 몸으로 들어갈 것이고, 넌 죽어서 쌀 한 톨로 변하게 될 것이다."

지주의 말이 너무나 무서워서 불쌍한 와는 쌀을 먹을 수 없었다. 와의 꿈속에서 지주는 곡간의 쌀을 먹으며 나날이 뚱뚱하고 부유해지는 반면, 그를 위해 죽도록 일하는 마을 사람들은 나날이 마르고 병들어갔다. 어느 날 밤, 누군가 난폭하게 옆구리를 걷어차는 바람에 와는 소스라치게 놀라며 잠에서 깼다. 와를 깨운 사람은 지주의 아들이었다. 그는 "이 게으른 돼지 같으니! 내가 돌아올 때까지 이 물통에 물을 채워놔"라고 소리쳤다.

와는 물을 길러 황급히 강가로 갔다. 한숨을 내쉬며 물통에 물을 채우려고 몸을 숙이자 강물이 소녀의 발 위로 부드럽게 찰싹거렸다. 그러더니 갑자기 부글부글 거품이 일며 노랫소리가 들렸다. 와는 겁이 나서 육지 쪽으로 뒷걸음질했다.

달빛에 반짝이는 거품 사이로 긴 드레스를 입은 키 큰 여인이 나타났다. 여인은 와에게 다가가 떨고 있는 그녀의 손을 부드럽게 잡으며 말했다.

"물의 정령의 어린 딸이 병에 걸렸답니다. 우리 요정들 말로는 당신이 약초에 대해 잘 알고 있으니 그 애를 치료할 수 있을 거라더군요. 나와 함께 가서 그 애를 봐주세요."

"안 돼요. 그럴 수 없어요. 전 여기 남아서 곡간을 지켜야 해요. 제가 사라진 게 들통났다가는 주인어른이 절 죽일 거예요." 와가 외쳤다.

"와, 우리의 화를 사지 않는 게 좋아요. 물의 정령은 당신네 마을의 지주보다 훨씬 더 강력한 힘을 가지고 있어요. 만일 당신이 와주지 않으면 요정들에게 벌을 받을 겁니다."

와의 눈앞에서 강물이 갈라지고 길이 나타났다. 여인은 와를 물속 길로 안내했다. 이윽고 와는 물의 정령의 딸을 만났다. 그 딸은 물가에서 놀다가 전갈에게 물려 병에 걸렸다고 했다. 꼬박 석 달 동안 고열에 시달린 채 먹지도, 자지도 못했다는 것이다. 와는 딸의 상처를 만져본 다음 정령들에게 구해 와야 할 약초를 말해주었다. 약초로 치료한 지 사흘이 지나자 딸은 완치되었다.

물의 정령은 기뻐하며 와에게 보답으로 무엇을 원하는지 물었다. 와는 이렇게 대답했다.

"배고픈 우리 마을 사람들을 구해주면 좋겠어요. 그들을 돕고 싶어요."

물의 정령은 와에게 귀한 진주를 건네며 말했다.

"네 소원이 무엇이든지 이 진주가 들어줄 것이다."

와는 물의 정령에게 감사하다고 말한 뒤, 육지로 돌아갔다. 돌아온 와의 눈에 제일 먼저 띈 것은 자신이 버려두고 간 곡간 주위에 즐비하게 찍힌 새 발자국이었다. 와는 겁에 질렸다. 자신이 지키지 않은 사이에 새들이 곡간의 쌀을 절반이나 먹어치운 것이다!

그때 지나가던 노인이 와를 보고 물었다.

"대체 지난 석 달 동안 어딜 가 있었던 게냐? 저 새들이 지주님의 쌀을 훔쳐 먹었어. 나리는 지금 머리끝까지 화가 나서 널 찾아다니고 있다고."

와는 털썩 주저앉아 양손에 얼굴을 묻었다. 사흘만 자리를 비웠다고 생각했는데 석 달이라니! 와는 울기 시작했고, 입고 있던 얇은 옷이 눈물로 흠뻑 젖었다. 그제야 소녀는 귀한 진주를 생각해내고 진주를 꺼내어 말했다. "진주야, 신기한 진주야, 내게 먹을 쌀을 좀 다오."

그러자 와의 눈앞에 커다란 대나무 접시가 나타났다. 접시에는 다양한 맛과 빛깔의 음식이 가득 담겨 있었다. 그리고 와의 뒤로 지주의 곡간보다 세 배는 높은 곡간이 생겨났다.

와는 다시 진주를 보며 말했다. "진주야, 신기한 진주야, 내게 집과 소두 마리와 닭들도 좀 다오."

그 말이 끝나기가 무섭게 와 앞에는 대나무 지반 위에 세워진 고래 등 같은 집이 나타났다. 집 옆에서 닭들이 발로 땅을 긁고 있었고, 닭들 옆에는 튼튼한 황소 두 마리가 서 있었다.

이튿날 아침 와는 지주의 집으로 갔다. 와를 보자마자 지주는 호통을 쳤다.

"개똥만도 못한 계집애가 여기 나타났구나. 감히 내 쌀을 훔치다니. 네년을 언덕에 사는 호랑이들의 먹이로 던져줄 테다!"

"쌀이 사라진 것은 제 잘못이 아닙니다." 와는 당당하게 대답했다. "하지만 걱정 마세요. 어르신이 잃어버린 것을 모두 돌려드릴 테니까요. 쌀을 가져갈 사람이 필요하니 아드님이나 보내주세요."

지주의 아들이 으름장을 놓았다. "지금 당장 가자. 만일 한 톨이라도 모자라면 네년의 목을 쟁반에 받쳐 가지고 올 테니 그리 알아라."

거대한 곡간이 있는 와의 호사스러운 집 앞에 도착하자, 지주의 아들은 놀라서 입이 떡 벌어졌고, 눈이 튀어나올 지경이었다.

"원하는 만큼 가져가세요. 난 강에 낚시하러 갈 테니까요." 와가 말했다.

지주의 아들은 와가 가진 엄청난 재산에 감동받은 나머지 와가 전혀 다르게 보였다. "쌀은 필요 없다. 난 너와 결혼하고 싶구나." 그가 더듬거리며 말했다.

와는 코웃음을 쳤다. "어서 쌀이나 가지고 가세요. 당신은 꼴도 보기 싫으니까."

지주의 아들은 집으로 돌아가 아버지께 모든 사실을 보고했다. 아들의 말에 격노한 지주는 와의 재산을 차지하려고 부하들을 불러 와를 죽이라고 명령했다. 그러나 선량한 마을 사람들이 와에게 미리 그 사실을 알렸고, 와는 또다시 마법의 진주를 꺼내 말했다.

"진주야, 신기한 진주야, 나쁜 사람들에게서 날 보호해다오."

그러자 갑자기 지주의 집 주위로 높은 산이 연달아 솟아났다. 지주와 그 부하들은 산이 너무 높아 넘어가지 못했고, 다시는 불쌍한 마을 사람들을 괴롭히지 못했다.

현명한 와는 자신의 재산을 마을 사람들과 나누었으며 그들은 다시는 굶지 않았다. 그리고 와는 마법의 진주로 언제나 그들을 지켜주었다.

이야기 속 주인공 와처럼 섭식 장애에 시달리는 여성들은 업무와 책임, 궁핍으로 가득 찬 세상에서 산다. 그들은 늘 배가 고프다. 자신의 기분과 욕구를 알아차릴 여유가 없기 때문이다. 그들의 인생은 자기 내면에 사는 '지주'의 말에 지배당하는데 그 지주는 내면의 폭군으로 그들에게 늘 더 많은 일을 시키고, 힘든 노동에 대한 정당한 대가도 지불하지 않는다.

그들에게 적당한 영양분도 주지 않을뿐더러 음식을 지키게만 하고 배가 고파도 절대 못 먹게 하며, 한 톨이라도 먹었다가는 방종의 사악한 기운이 쓰일 거라고 겁주고, 그들을 '게으른 돼지'에 불과하다고 비난한다. 이 모두가 '지주'의 짓이다.

섭식 장애에서 벗어나고 싶은 여성은 평생 동안 흐르는 감정의 강가로 가야 한다. 감정의 강물에 거품이 일며 노랫소리가 들리면 무서울 수도 있다. 이야기 속 소녀처럼 처음에는 감정의 물속 깊은 곳으로 들어가기를 거부할 것이다(자신의 음식을 지켜야 한다고 주장하면서). 거부된 감정의 분노가 대단한 힘을 가졌다는 사실을 알기 전까지는 말이다.

이 이야기를 보면 비로소 와가 강물 속 깊이, 감정의 세계로 들어간 후에야 병든 요정을 치유하고 신기한 진주를 얻을 수 있었다. 그때가 되어서야 비로소 그 진주로 자신을 살찌우고, 풍요로워지고, 강해졌으며 해를 가하려는 사람들에게서 자신을 보호할 수 있게 되었다. 그와 마찬가지로 우리는 자신의 감정을 온전히 느낄 때만 감정이 주는 보물을 얻을 수 있다. 자기 감정과 친밀해져야만 각각의 감정이 내면의 지혜라는 귀중한 보석을 품고 있다는 사실을 알게 된다.

분노를 통해 우리는 명료한 깨달음과 힘을 얻는다. 분노가 발휘하는 힘을 그대로 느낄 때 놀라울 만큼 명료한 자각이 생긴다. '이게 날 짜증 나게 해. 내가 상황이 바뀌길 원하는 이유가 바로 이거야!' 이렇게 깨닫고 나면 안도감이 든다. 자신의 분노와 우호적인 관계를 맺으면 상황을 직면하겠다고 결심하게 되고 '내 주장을 고수할' 힘이 생긴다. 주변에 무엇이 괜찮고, 괜찮지 않은지 알릴 수 있는 에너지가 생겨서 거기에 집중할 수 있게 된다.

역설적이게도 두려움은 우리가 그것을 피하지 않고 받아들일 때 다른 것으로 바뀔 수 있다. 몸이 마비될 정도의 두려움이 앞으로 나아갈 수 있는 신뢰와 용기를 주는 원동력으로 변할 수 있다. 두려움을 부인하거나 두려움과 싸우면 패닉에 빠지거나 정체될 뿐이다. 오히려 두려움을 수용할 때 안도감을 느끼기 위해 정말로 필요한 것이 무엇인지 알 수 있게 된다.

한편 외로움은 자기 인식이라는 선물을 준다. 외롭다고 느낄 때 스스로를 바쁘게 만들어 외로움에서 달아나지 말고, 외로움과 함께하며 친해져보자. 그러면 자신이 왜 그리고 어떻게 사람들과 거리를 두는지 알게 될 것이다.

슬픔에 빠져서 울 때 우리는 치유와 정화의 선물을 얻는다. 또한 나 자신과 타인에 대한 연민을 배운다. 가끔씩 우리를 큰 슬픔에 빠뜨리는 상황들은 과거의 상처를 치유하고, '그 당시에는' 마음 놓고 울지 못했던 '어린 소녀'를 실컷 울게 해주는 기회가 된다.

또한 질투를 통해 진정으로 바라는 것이 무엇인지 알아차린다.

따라서 감정이 문을 두드리면 뒤로 숨어버리며 집에 아무도 없는 척하지 말자. 감정 앞에서 문을 쾅 닫아버리며 "썩 꺼져! 난 바쁘단 말이야. 방해받고 싶지 않아"라고 말하지 말자. 감정을 집 안으로 초대하고 무슨 일로 왔는지 물어보자. 이야기를 나누고 친해지자.

감정이 주는 선물에 고마워하자. 감정을 존중해주자. 감정이야말로 당신의 진정한 친구이며 당신을 도우려고 왔기 때문이다.

감정은 에너지의 유동 곡선과 같다. 바다의 파도처럼 감정도 밀려왔다가 솟구친 후 지나가고, 다시 밀려왔다가 솟구친 후 지나간다. 밀물과 썰물처럼, 달이 차고 기울듯이 감정에도 자연스러운 순환 리듬이 있다. 감정의 흐름은 생명의 흐름처럼 자연스럽다.

아이들은 감정의 흐름에 자신을 내맡기는 데 훨씬 능숙하다. 자지러지게 웃고, 눈물을 뚝뚝 흘리며 울고, 악을 쓰며 화내는 일이 아이들에게는 별로 어렵지 않다. 그들은 아직 자기 자신을 두려워하지 않고, 몸을 불신하지 않으며, 남에게 잘 보이려는 데 집착하지 않기 때문이다. 아이들은 순간의 감정에 충실하다. 그들의 감정은 전혀 방해받지 않는다. 한참 슬퍼하고 화를 내다가도 어느새 금방 행복감에 젖어 깔깔거리는 일이 다반사이다.

한번은 힘든 하루를 보내고 녹초가 된 적이 있다. 난 그날 하루에 너무나 많은 일을 하려 했다. 고객들을 만나고, 쇼핑하고, 요리하고, 아이들까지 돌보고 나니 그저 주변의 소리를 꺼버린 채 쉬고만 싶었다. 그때 다섯 살짜리 딸아이가 무슨 일로 화가 났는지 울어대기 시작했다. 나는 하던 일을 멈추고 아이를 달랬지만, 아이는 울음을 그치지 않았다. 결국 나는 이렇게 말했다. "계속 울고 싶으면 네 방에 가서 울어." 그러자 딸아이가 날 바라보며 훌쩍거렸다. "하지만 엄마, 난 그저 마지막 눈물 한 방울까지 짜내려고 했을 뿐이야." 딸아이가 내게 중요한 사실을 일깨워준 순간이었다.

감정에 대한 두려움을 다스리기 위해서 우리는 감정을 차단하는 법을 배운다. 자연스러운 감정의 흐름을 멈추게 하는 댐을 세운다. 감정을 외면하려고 강박적으로 음식에 매달린다. 감정에 주의를 기울이고 느끼려고 하기보다는 음식과 먹는 일, 혹은 운동이나 일을 생각한다. 몇 년 동안 그러고 나면 감정에 대한 인식은 강박관념의 커튼 뒤로 깊숙이 들어가버려 더는 손에 닿지 않는다. 이제 감정은 마치 우리를 어리둥절하게 하고 놀라게 하는 외계인처럼 느껴진다. 우리는 감정을 인식하지 못하고, 그것의 정체나 이름도 모른다. 소통할 수도 없고, 접촉할 수도 없고, 다룰 줄도 모른다. 감정이 너무나 강렬해 기력이 소진될 정도가 되어야 비로소 그것을 인식하게 된다. 그 단계에 이르면 고통은 참을 수 없이 괴롭고, 외로움은 영원히 계속될 것처럼 느껴지며, 분노는 파괴적이거나 폭력적인 행동을 하도록 몰아간다.

그렇게 오랫동안 감정을 가두고 살다 보면 우리 안에는 억압의 결과물이 쌓인다. 몸의 긴장, 신경쇠약, 정서불안, 소화불량, 두통, 이 모두가 몇 년간 감정을 억압해온 결과다. 당신은 이 결과물을 어떻게 처리했는가? 눈코 뜰 새 없이 바쁘게 생활하거나 칼로리와 몸무게를 계산하면서? 아니면 다이어트를 하거나 먹는 데 매달려서? 운동하거나 먹고 토하면서 현재에 조금이라도 느껴지는 긴장에서 벗어나려고 했는가?

폭식과 구토를 반복하고, 먹는 데 매달리고, 굶고, 음식과 몸무게에 집착하고 혹은 갑자기 뚱뚱해진 기분이 드는 원인은 감정 자체가 아니라는 사실을 이해해야 한다. 오히려 감정을 느끼지 않으려는 데 있다.

당신이 거대한 풀장 옆에 있다고 상상해보자. 누가 당신에게 커다란 비치볼을 주면서 이걸 가지고 수영장 끝까지 헤엄쳐 가라고 지시한다. 무슨 이유에서인지 당신은 비치볼을 수면 아래로 숨긴 상태에서 수영해야 한다고 생각한다.

그 일이 얼마나 어려울지 상상이 가는가? 당신은 그 비치볼이 수면 위로 떠오르지 않도록 하는 데 모든 관심과 에너지를 쏟을 것이다. 만약 볼이 손에서 미끄러지기라도 했다가는 십중팔구 통제에서 벗어나 수면 위로 떠오를 것이다. 그렇게 되면 훨씬 더 많은 에너지와 시간을 쏟으며 그 볼을 쫓아가야 한다. 그래서 수영장 끝에 도착했을 때는 녹초가 되어 있을 것이다.

이제 똑같은 풀장에, 똑같은 비치볼을 가지고, 똑같은 임무를 수행하는 당신의 모습을 그려보자. 하지만 이번에는 볼을 수면 위에 내놓은 채 풀장을 가로지르기로 한다. 헤엄치는 동안 한 손으로 공을 톡톡 치면서 말이다. 이건 누워서 떡 먹기다! 당신은 하늘을 바라보며 헤엄칠 수도 있고, 공중제비를 돌고, 껌을 씹고, 노래를 부르고, 주위 사람들과 이야기할 수도 있다. 게다가 첫 번째 경우보다 훨씬 적은 시간과 에너지로 수영장을 가로지를 수 있다.

내가 하고 싶은 말은 늘 감정을 억누르면서, 감정을 통제하지 못하면 어떡하나 노심초사하며 살 필요가 없다는 것이다. 감정을 억누르는 데는 많은 시간과 에너지가 필요하다. 차라리 그 시간과 에너지로 즐거운 시간을 보내고, 재미있는 일을 하고, 인간관계를 쌓아 가는 편이 낫다. 감정을 억누른 후 통제권을 잃을까 봐 노심초사하면 인생의 중심점이 삶의 즐거움이 아닌 음식으로 이동하게 된다.

섭식 장애에서 벗어나는 필수 단계는 감정을 판단하지 않고, 감정에는 '좋고 나쁨'이 없음을 이해하는 것이다. 옳은 감정이나 그른 감정은 없다. 감정은 그냥 감정일 뿐이다. '부정적'인 감정이란 단지 우리 스스로 받아들일 수 없는 감정을 말한다.

감정이 꼭 이성적으로 이해될 필요도 없다. 내가 왜 그런 기분이 드는지 이해가 될 때도 있지만, 그런 이해는 대부분 감정을 충분히 경험한 후에 찾아온다. 감정을 속속들이 느껴보기도 전에 감정의 '이치'를 따지려 들면 혼란이나 분노에 사로잡힌다.

나는 첫아이를 임신했을 때 갑자기 아주아주 슬펐던 적이 있다. 그토록 슬픈 이유를 도무지 알 수가 없었다. 계획한 임신이었고, 난 오랫동안 아기를 원했다. 그런데도 가슴에 사무치는 슬픔을 떨쳐낼 수가 없었다. 그래서 침실로 가서 무엇 때문에 슬픈지 알아낼 때까지 슬픔과 함께 있기로 마음먹었다. 그 일은 몇 시간이 걸렸다. 남편이 침실로 찾아와서 무슨 일이냐고 물었다. 나는 잘 모르겠지만 무슨 감정이든지 올라오는 대로 느껴보고, 그 정체를 알아낼 거라고 말했다. 눈물이 뺨을 타고 흘러내렸고 결국 나는 흐느끼기 시작했다. 어떤 비판이나 판단도 내리지 않은 채 마음속에 떠오르는 이미지에 주의를 기울였다. 한참 시간이 흐르자 어떤 생각이 반복해서 떠올랐고, 왜 슬픈지 알 수 있었다.

나는 그동안 소중히 여겨온 동시에 철저하게 즐겨왔던 자유로운 생활을 접어야 한다는 사실에 슬퍼하고 있었다. 엄마가 될 마음의 준비를 하고, 그 일을 몹시 고대하고 있었는데도 말이다. '자유인'으로서의 시절이 끝나고, '어머니'의 시기에 접어들면서 이제는 두 번 다시 그토록 자유분방하게, 어디에도 구속받지 않고 돌아다닐 수 없음을 깨달았다. 더는 자식을 고려하지 않은 채 인생의 결정을 내릴 수 없었다.

내 감정을 파고들면서 나는 그 자유로운 시기가 끝나는 것을 슬퍼할 필요가 있음을 알아차렸다. 그래야만 아무런 분노 없이 다음 단계로 완전히 진입할 수 있었다. 만일 내가 그 희미한 슬픔의 감정을 외면해버리거나, '뚜렷한 이유도 없이' 질질 짠다고 나 자신을 자책하거나, 그만하면 '충분히' 울었다고 독단적인 결정을 내리면서 울음을 그쳤다면 나는 절대 그와 같은 깨달음에 도달하지 못했을 것이다.

감정과 행동은 별개라는 사실을 깨닫는 것이 중요하다. 행동은 통제할 수 있지만 감정은 그렇지 못하다. 감정은 고유의 생명력을 가지고 있다. 감정을 다스리려고 하는 것은 헤엄을 쳐서 산을 오르려고 하는 것과 같다.

행동과 다르게 감정은 우리 자신이나 타인을 해치지 못한다. 감정은 불편하고 불쾌할 수 있으며 때로는 해로운 행동을 유발하기도 하지만, 그 자체만으로 나쁘거나 파괴적이지는 않다.

감정이 문제가 되는 경우는 감정을 인식하지 못하거나 받아들이지 못할 때뿐이다. 감정은 에너지의 파도다. 우리는 그 파도가 나를 휩쓸고 지나가도록 내버려 둘 수도 있고, 막을 수도 있다. 감정은 결코 그냥 사라지지 않는다. 만일 우리가 감정을 무시하거나 억누르면 감정은 자신만의 힘을 가지면서 어떻게든 왜곡되고 삐뚤어지게 표현된다.

그러나 우리가 감정을 외면하지 않고 온전히 그리고 철저히 느끼면 전혀 다른 일이 벌어진다. 자신의 감정에 푹 빠질 때 기적과도 같은 놀라운 일이 생긴다. 바로 감정이 지나가는 것이다. 감정은 우리를 통과해서 사라진다. 그리고 우리는 감정에 방해받거나 짓눌리지 않은 채 계속 전진하는 자유를 느끼게 된다. 그렇다고 해서 그 감정이 돌아오지 않는 것은 아니다. 그러나 일단 감정을 차단하는 대신 극복하는 데 익숙해지면 감정은 점점 더 빨리 그리고 점점 더 수월하게 지나갈 것이다.

더 이상 감정을 적으로 보지 않을 때, 또는 할 일에 방해가 되는 장애물로 보지 않을 때 우리는 감정과 색다른 관계를 맺을 수 있다. 감정과 친구가 되면서 감정이 인생이라는 여정에서 동지이자 안내자가 될 수 있음을 알게 된다. 감정은 내가 진정 누구인지 그리고 내가 진정으로 원하는 것이 무엇인지 깊이 이해할 수 있는 곳으로, 하마터면 그냥 지나칠 수도 있었을 곳으로 우리를 안내한다.

섭식 장애에서 벗어나려면 감정과 친근한 관계를 맺고, 판단이 아닌 호기심으로 감정에 반응하고, 감정이 주는 선물을 받아야 한다.

감정과의 관계를 변화시켜 섭식 장애에서 해방되고 싶은 여성은 첫째로 감정에 대한 인식력을 높여야 한다. 그리하여 자기 내면에서 느껴지는 감정이 무엇인지 감지할 수 있어야 한다. 자신이 경험하는 각기 다른 감정을 배우고, 몸의 어떤 부위에서 그 감정이 느껴지는지 주의를 기울여야 한다.

자신이 느끼는 감정을 뭉뚱그려 '좋다' '나쁘다' '화난다'와 같이 막연하게 표현하지 말고, 정확하고 구체적으로 표현하는 법을 배워야 한다. 예를 들어 분노의 감각을 인식할 수 있어야 하며, 나아가 그것이 격분이나 피로, 짜증의 감각과 어떻게 다른지 감지할 수 있어야 한다. 그리하여 마침내 각기 다른 감정마다 신체적 증상이 어떻게 다른지 훤히 알고 있어야 한다.

그런 연후에는 감정을 느끼는 데 옳고 그름이 없다는 점을 이해하고, 어떤 판단이나 차별 없이 감정을 받아들이는 법을 배워야 한다. 어떤 감정이 다른 감정보다 더 즐겁거나 사회적으로 더 쉽게 용인될 수는 있어도 감정에 우열은 없다. 우리는 서로 다른 감정을 통해 각기 다른 경험과 교훈을 얻는다.

마지막으로 감정을 명확하고 분명하게 표현해야 한다. 이 말은 곧 슬플 때는 울거나 일기를 쓰는 것이 슬픔을 표현하는 적절한 방법이라는 뜻이다. 화가 나면 친한 친구에게 혹은 자신을 화나게 한 사람에게 자신이 느끼는 분노를 말하거나, 샤워하면서 소리를 지르거나, 보내지 않을 심한 내용의 편지를 쓴다. 외로우면 친구에게 전화를 하거나 그리운 사람에게 편지를 쓰는 것이 가장 좋은 방법이다. 때로는 아무것도 할 필요 없이, 그저 그 감정이 지나갈 때까지 감정을 느끼기만 할 수도 있다. 여기서 중요한 점은 기분에 따라 대처하는 방법이 다르다는 것이다. 따라서 슬퍼도 먹고, 화가 나도 먹고, 외로워도 먹는 식으로 각기 다른 감정에 똑같이 행동하는 일은 없다.

섭식 장애에서 벗어나려면 자신의 감정을 인정하고, 각기 다른 감정을 구분할 줄 알아야 한다. 모든 감정을 좋고 나쁘다는 판단 없이 받아들여야 한다. 감정이 이치에 맞을 필요는 없으며, 자기 마음에 들어야 할 필요도 없고, 단지 받아들이기만 하면 된다는 사실을 이해해야 한다. 마지막으로 자신의 감정을 솔직히 표현하고, 정직하게 행동하겠다는 의지가 필요하다.

8

인간관계 :

진실을 이야기하기

: 가슴 깊은 곳에 있는 생각과 감정을 표현하는 것이야말로 한 여성이 부를 수 있는 가장 아름다운 노래이며 절대로 참아서는 안 될 노래이기도 하다.

다음은 한 소녀에 관한 아프리카 민담이다. 때는 매우 궁핍한 시절이었다. 농작물은 더 이상 자라지 않았고, 음식을 구하기란 하늘의 별 따기였다. 목숨을 부지하기 위해 마을 사람들은 어쩔 수 없이 덫을 놓아 새나 개, 심지어는 도마뱀과 쥐까지 잡아먹었다.

하루는 마을 사람들이 소녀에게 새덫을 살펴보고 오라고 했다. 소녀가 빈손으로 돌아오자 마을 사람들이 물었다.

"새는 어댔어? 우린 굶어 죽을 지경이라고!"

"덫에 걸린 새는 투투새 한 마리뿐이었어요. 그런데 그 새가 지금껏 제가 들어본 것 중에서 제일 아름다운 노래를 부르는 거예요. 제 몸을 기쁨으로 가득 채우는 노래를요. 그래서 놓아줄 수밖에 없었어요."

"새를 놓아줬다고?"

마을 사람들은 소녀의 행동에 어이가 없었다.

"너 같은 아이는 아무짝에도 필요 없어!"

성난 사람들이 소리쳤다. 그들은 머리끝까지 화가 나서 소녀를 숲으로 끌고 가 소녀 주위로 작은 헛간을 지었다. 날카로운 가시가 돋친 나뭇가지로 만든 헛간은 창문도, 문도 없었다. 그들은 소녀를 거기에 버려두고 떠났다.

겁에 질린 소녀는 앞날을 걱정하며 어두운 헛간에 홀로 앉아 울고 또 울었다. 더는 눈물이 나오지 않자 노래를 부르기 시작했다. 세상에서 가장 아름다운 노래이자 자신이 살려준 투투새의 감미로운 지저귐을 통탄하는 노래였다. 소녀는 그 노래를 부르고 또 불렀다.

그러다 마침내 노래를 멈추고, 가시 헛간의 칠흑 같은 어둠 속에 앉아 주위 소리에 귀를 기울였다. 멀리서 새 한 마리가 지저귀는 소리가 조그맣게 들려왔다. 이윽고 날개를 파닥이는 소리, 쥐가 부스럭대는 듯한 소리가 잇따라 들렸다. 소녀는 소리가 들리는 천장을 올려다보았다. 그곳에는 조그만 구멍이 뚫려 있었고, 그 틈으로 한 줄기 빛이 새어 들어왔다. 놀랍게도 그 작은 구멍으로 조그만 과일이 떨어지더니 소녀의 발치로 굴러왔다. 즙이 많고 달콤하며 맛 좋은 과일이었다.

사방은 다시 고요해졌고, 소녀는 칠흑 같은 어둠 속에서 기다렸다.

어느 정도 시간이 흐른 뒤 다시 소리가 들렸다. 그러더니 또 다른 과일이 소녀의 발치로 떨어졌다. 위를 올려다보자 구멍은 좀 더 커졌고, 그 너머로 주위를 맴도는 투투새가 보였다. 소녀는 새에게 고맙다고 거듭 말했다. 그러자 지붕에 앉아 있던 새가 아름다운 노래를 부르기 시작했다. 예전에 소녀가 듣고 놓아줄 수밖에 없었던 바로 그 노래였다.

그 후로 오랫동안 이와 같은 일이 되풀이되었다. 투투새가 즙이 많고 달콤한 과일을 소녀에게 떨어뜨려 주면 소녀는 새에게 감사의 노래를 불렀고, 새 역시 답례로 아름다운 노래를 불러주었다. 새가 노래할 때마다 구멍은 조금씩 커지며 헛간 안으로 점점 더 많은 빛이 새어 들어왔다.

마침내 소녀가 드나들 수 있을 만큼 구멍이 커지자, 소녀는 헛간을 빠져나와 자유의 몸이 되었다.

그 일을 축하하기 위해 숲의 모든 새가 투투새와 힘을 합쳐 맛있는 과일과 견과류를 모아 성대한 잔치를 열어주었다. 소녀에게 그토록 잔인했던 마을 사람들은 건강해 보이는 소녀를 보고 놀라지 않을 수 없었다. 자신들은 여전히 비쩍 마른 비참한 상태였기 때문이다. 마을 사람들은 새들을 찬양하며, 소녀에게 마을로 돌아오라고 두 팔 벌려 환영했다. 자기들도 소녀의 덕을 보려는 마음에서였다.

그러나 소녀는 그들과 말하지도, 함께 먹지도 않았다. 새들과 함께 숲으로 들어가버렸고 그 후로는 두 번 다시 나타나지 않았다.

여성에게 노래란 그녀의 진실이다. 가슴 깊은 곳에 있는 생각과 감정을 표현하는 것이야말로 한 여성이 부를 수 있는 가장 아름다운 노래이며 절대로 침묵해서는 안 될 노래이기도 하다. 그러나 안타깝게도 어떤 사람들은 이런 진실의 아름다움을 알아보지 못하거나 이 노래를 자유롭게 불러야 할 필요성을 모른다.

섭식 장애에 시달리는 많은 여성은 자신의 노래가 얼마나 아름다운지 알지 못한다. 다른 사람의 노래를 듣느라 너무 바쁘기 때문이다. 상대는 부모일 수도 있고, 연인이나 남편, 친구, 동료나 학우, 그들이 살고 있는 문화의 합창 소리일 수도 있다. 그들은 직접 자기 자신의 정수를 찾아내 그것을 자신만의 독창적인 목소리로 표현하기보다는 타인에게 의존한다. 자신이 어떤 사람이어야 하는지, 어떻게 보여야 하는지, 뭘 해야 하고 뭘 원해야 하는지까지 타인에게 결정하도록 한다. 자기 내면의 목소리를 들을 수 없기 때문에 늘 희미한 괴리감을 느끼는데 그것은 견디기 힘든 감정이다. 내면과의 친밀감을 갈망하고, 자신의 참자아와 분리되는 것을 참지 못한 나머지 그들은 음식에 대한 생각으로 머릿속을 채운다. 그러고는 자신이 진정으로 무엇을 원하는지 모른 채 최면에 빠진 사람처럼 필사적으로 먹는다.

그들은 자기 자신과 너무 단절되어 있기 때문에 스스로에게 주지 못하는 관심, 사랑, 지지를 타인에게서 얻고자 필사적으로 그 관계에 매달린다. 자신이 원하는 영양분을 제공해주는 타인과의 관계에 매달릴수록 그들은 관계 자체를 지나치게 보호하려 든다. 갈등을 일으킬 소지가 있는 것이라면 무조건 주의하다 보니, 갈등이 일어날 때마다 쉽게 자신의 생각과 가치를 내던진다. 그들은 자신만의 노래가 관계를 위협한다고 생각하며 따라서 마음속에서 반드시 몰아내야 하는 성가신 존재로 여긴다. 그래서 스스로 진실을 말하지 못하도록, 감히 큰 소리로 노래 부르지 못하도록 다시 한 번 음식으로 관심을 돌린다.

이 여성들은 주위 사람들 모르게 굶주려 있다. 자신의 요구를 존중하고 그에 대처하지 못하기 때문에 타인과의 관계에서 영양을 얻지 못하고 고갈된다. 타인의 요구, 소망, 가치에 귀 기울이는 데 너무도 익숙해진 나머지 자신의 요구, 소망, 가치는 까맣게 잊어버렸다. 지금은 사라지고 없지만 한때는 자신에게도 목소리가 있었음을, 너무도 감미로운 노래를 부르며 마음을 기쁨으로 가득 채워주었던 목소리가 있었음을 의식하지 못한 채 산다. 따라서 먹는 일이나 살을 빼는 데서 즐거움을 찾는다.

자기 내면의 목소리를 찾으려면 자기 보살핌이 필요하고, 한동안 조용히 명상에 잠길 시간이 필요하다는 것을 깨달아야 한다. 타인과의 소통을 잠시 멈추고 조용히 앉아 자기만의 생각과 감정을 반추해보는 법을 배워야만 자신을 보살필 수 있다. 그래야 자신의 감정, 가치, 리듬을 찾게 되고 아름다운 나만의 노래를 들을 수 있다.

자신을 고갈시키지 않고 살찌우는 인간관계를 맺으려면 내면의 목소리를 잃지 않은 채 타인의 말에 귀 기울일 줄 알아야 한다. 자기 자신과의 관계와 타인과의 관계 사이에서 균형 잡는 법을 배워야 한다.

바다에 사는 바닷가재와 뱀장어는 이웃사촌 간이다. 뱀장어는 모래톱에 깊은 구멍을 뚫어서 살고, 바닷가재는 그 구멍의 입구에서 산다. 구멍의 입구에 살며 침입자가 들어오지 못하게 해주는 바닷가재 덕분에 뱀장어는 아주 편안하게 살 수 있다. 그러나 바닷가재의 입장에서는 외부의 약탈자뿐 아니라 내부의 적에게도 신경을 써야만 한다. 왜냐하면 뱀장어가 바닷가재를 잡아먹을 수 있기 때문이다. 바닷가재는 한쪽 안테나를 밖으로 뻗으면서 동시에 다른 안테나는 안으로 향하고 있어야 한다.

그렇게 양쪽 모두를 의식하는 것이 바닷가재의 생존에 필수적이듯, 섭식 장애에서 해방되려면 타인과 관계를 맺고 싶은 욕구와 자기 자신에게 진실하려는 욕구 사이에서 균형을 잡아야 한다. 타인과 소통하는 동안에도 자기 내면의 생각과 감정을 의식하고 있어야 한다. 그러기 위해서는 자신에게 묻는 질문을 바꿔야 한다.

내가 이렇게 하면 친구가 어떻게 생각할까?

내가 저렇게 말하면 남편이 어떻게 반응할까?

내가 여기 온 걸 알면 저 사람들은 어떻게 생각할까?

↓

방금 친구가 한 말을 듣고 난 어떤 기분이 들지?

방금 남편이 한 행동에 난 어떻게 반응해야 할까?

여기에서 저들과 함께 있으면 내 기분이 어떨까?

이런 식으로 자신에 대한 감각을 잃지 않으면서, 즉 내가 누구이고 내가 소중하게 여기는 것이 무엇인지 잊지 않으면서도 계속 타인과 함께하고 그들에게 주의를 기울일 수 있다.

대부분의 여성은 조화와 관계를 중시하는 여성주의적 원칙에 크게 공감한다. 여성들은 친구, 연인, 동료, 자식들과 맺는 인간적인 연대감을 중요시한다. 공동체 의식, 연대감, 소속감 등은 여성의 자아 정체성과 자기 가치에서 중요한 부분을 차지한다.

관계 내에서 조화를 중시하고 인정하는 것은 내면의 여성성이 주는 큰 선물이다. 그러나 여성들은 이따금씩 이 원칙을 지나치게 고수하는 경향이 있다. 조화와 연대감을 형성하기 위해 인간관계의 모든 책임을 자신이 진다. 관계를 유지하고, 잘못된 것을 바로잡고, 매사가 원만하게 돌아가도록 하는 것도 그녀의 몫이다. 늘 양보하고, 분위기가 깨지지 않도록 내가 원하는 것을 희생하고, 평화를 유지하기 위해 나 아닌 다른 사람의 노래를 부르는 쪽도 그녀다.

섭식 장애에 시달리는 많은 여성은 관계를 유지하는 데 자신만큼 균등한 책임을 지지 않는 사람들에게 둘러싸여 있다. 그녀는 열심히 상대방을 위로하고 지지를 보내지만 상대방은 종종 그녀만큼 위로하고 지지해주지 않는다. 자기 이야기만 떠들어대고 그녀의 이야기는 들어주지 않는 친구, 남에게 부탁만 할 뿐 정작 남의 부탁은 들어줄 줄 모르는 동료, 사사건건 트집을 잡는 부모님, 자신들이 듣고 싶지 않은 노래를 부를 때마다 넌 뭔가 잘못된 것이 틀림없다고 믿게 하려는 남편이나 연인. 이로 인해 여성들은 낙담한 채 노래를 부르지 않는다. 아름다운 기쁨의 노래, 감미로운 슬픔의 노래, 생기 발랄한 변화와 자유의 노래는 더 이상 들리지 않는다. 대신 여성들은 노래가 주었던 즐거움을 음식에서 찾으려고 한다. 그리고 음식과의 관계가 점점 인생에서 가장 중요한 관계로 자리매김한다.

섭식 장애에서 벗어나고 싶다면 인간관계에 분리와 자율이라는 남성적 원칙을 도입해야 한다. 거절할 줄 알아야 한다. 타인과의 관계 속에서 개성을 표현할 수 있어야 하며 이렇게 말할 수 있어야 한다. "넌 그게 괜찮을지 몰라도, 난 괜찮지 않아. 내가 그 일을 해주기를 바란다는 건 알겠는데 난 그게 부당하게 느껴져. 난 너와 입장이 달라. 네겐 중요하지 않을지 몰라도 내겐 중요한 일이야. 그 일에 대해 난 너와 생각이 달라." 앞서 본 이야기 속 소녀처럼 자기들이 원하는 대로 하지 않을 때는 함부로 대하고, 자기들에게 이득을 줄 때만 존중하는 척하는 사람들을 거부할 줄 알아야 한다.

섭식 장애에서 해방되려면 자기 노래의 아름다움을 깨닫고 그것을 희생하지 말아야 한다. 아무리 궁핍한 시기라 해도, 다른 사람들이 조용히 하라고 아무리 강요할지라도. 내 목소리를 존중하지 않는 사람들, 침묵하지 않았다는 이유로 날 버리거나 가두는 사람들과는 단호히 관계를 끊어야 한다. 자기들의 요구를 들어주지 않았다는 이유로 날 벌주고, 자유롭게 노래했다는 이유로 날 팽개치는 사람들을 경계해야 한다. 날 살찌우고 자유롭게 할 수 있는 것은 오로지 나의 노래, 진정한 내가 누구인지 표현하는 것뿐임을 깨달아야 한다.

9

힘 :

지배당하기도,
지배하기도 싫은 사람들

:   음식과 씨름하는 여성들은 특별한 재능을 지닌 경우가 많다. 그들
은 육감이 매우 발달되어 있다. 눈에 보이지 않는 것을 보며 행간
을 읽는 능력이 있다. 주위에서 이런 능력이 위험하다는 메시지를
받기 때문에 그들은 자기 능력을 두려워하게 된다. 자신의 직관을
두려워하게 되는 것이다.

나는 모든 섭식 장애에 잠재된 가장 큰 문제는 힘이라고 생각한
다. 내가 섭식 장애에 시달리는 여자들을 처음 상담할 때 주로 의논
하는 주제는 무력감이다. 일반적으로 섭식 장애 환자들은 자신이
스스로 인생조차 제대로 꾸려가지 못하는 무능력자라고 생각한다.
통제할 수 없는 힘의 희생양이자 타인의 의견을 쉽게 따르는 식욕
의 노예로 본다. 그러면서 그런 무력감을 뒷받침하는 많은 증거를
제시한다. 다이어트에 실패하는 '의지력' 부족, 반복되는 폭식과 구
토를 멈추지 못하는 무능력, 감정에 대한 통제력 결여 등등.
　섭식 장애 여성들이 도움을 청하는 일부 전문가들도 그들을 무
능력한 존재로 본다. 강박적인 섭식의 희생양, 비정상적인 가정환
경의 희생양, 성적 학대의 희생양 등등. 그리하여 그들에게 내면의
인도, 즉 마음 깊은 곳에 묻혀 있는 현명한 목소리와 다시 접촉할 수
있는 방법을 가르치기보다 어떻게 해야 하는지(무엇을 먹고, 무엇을

먹지 말아야 하는지) 지시해줘야 한다고 생각한다. 그들에게 힘을 심어주려고 했던 주위 사람들도 자신의 노력이 반복적으로 거부당하고, 회복이 '파업' 위기를 맞을 때마다 당황하고 좌절한다.

우선적으로 이해해야 할 사실은 섭식 장애의 뿌리가 무력감이 아니라 힘에 대한 두려움이라는 것이다. 내 감정(특히 분노)이 지닌 힘에 대한 두려움, 내 지각이 지닌 힘에 대한 두려움(특히 내가 남들과 상황을 다르게 볼 때), 내 지성과 재능에 대한 두려움(특히 남들이 질투할 때), 내 성적 매력에 대한 두려움(이로 인해 남자들이 접근하고 그걸 어떻게 다뤄야 할지 모를 때)이다. 또한 여자가 된다는 것이 지닌 힘에 대한 두려움이다.

섭식 장애와 씨름하는 여성들은 특별한 재능을 지닌 경우가 많다. 그들은 육감이 매우 발달되어 있다. 눈에 보이지 않는 것을 보며 행간을 읽는 능력이 있다. 주위에서 이런 능력이 위험하다는 메시지를 받기 때문에 그들은 자기 능력을 두려워하게 된다. 자신의 직관을 두려워하게 되는 것이다. 결과적으로 그들은 여성성이 지닌 힘을 두려워한다.

그들의 과거를 살펴보면 이들이 왜 자신의 힘이 위험하다고 생각하게 되었는지 쉽게 알 수 있다. 한 여성은 아주 어릴 때 화가 치민 나머지 돌로 다른 아이의 머리를 내려친 적이 있다. 네 살배기로서는 감정과 행동의 차이를 이해하기 어렵기 때문에 그녀는 자신의 분노가 해롭다고 믿게 되었다. 또 다른 여성은 초등학교 1학년 때 한 남자아이가 던진 눈덩이에 맞은 적이 있는데 그 안에는 돌이 들어 있었다. 산수 시간에 다른 학생은 풀지 못하는 문제의 정답을 그녀가 자랑스럽게 맞혔기 때문이다. 어떤 여성은 아무리 노력해도 엄마를 만족시키지 못했던 기억이 있다. 엄마는 그녀가 이루어놓은 일을 미묘하게 비판하곤 했다. 그로 인해 그녀는 성공하면 타인에게 거부당한다는 공식을 만들게 되었다. 어릴 때 사랑하는 아빠에게 성적으로 학대받은 여성은 학대의 이유가 자신의 성적 매력이 가진 힘 때문이라고 결론짓는다.

잠시 당신의 개인적 힘과 관련된 어린 시절의 사건을 회상해보자. 대여섯 살이었을 때로 돌아가 보자. 당신은 다른 사람이 못 느끼는 것을 느낄 수 있었는가? 당신이 인식한 것을 말했을 때 다른 사람이 어떤 반응을 보였는가? 뭔가를 잘 해냈다고 느꼈을 때는 어땠나? 사람들은 그 사실을 어떻게 받아들였나? 다른 사람에게 알리지 말고 비밀로 간직해야 할 만한 것이 있었는가? 당신이 가진 힘을 완전히 드러내면 위험하다는 사실을 어떤 식으로 알게 되었는가? 당신이 가진 힘을 고스란히 유지한 채 타인과 관계를 맺기가 힘들다는 사실을 처음 알게 된 때는 언제인가?

섭식 장애에서 벗어나려면 힘에 대한 새로운 개념으로 넘어갈 필요가 있다. 그 개념을 이해하면 자기만의 힘을 편안히 받아들이고, 자신의 힘을 유지한 채 타인과 관계를 맺는 일이 얼마든지 가능하다.

힘에는 두 가지 종류가 있다. 대부분의 사람들에게 익숙한 힘의 개념은 지배 권력domination, 즉 타인 위에 군림하는 권력이다. 이런 종류의 힘은 상하 구조에 기초를 둔다. 이를테면 기는 놈 위에 나는 놈, 패자 위에 승자, 약자 위에 강자, 가난한 사람 위에 부자, 작은 사람 위에 큰 사람 등등. 가부장제가 출연한 이후로 지난 수천 년간 세상을 돌아가게 한 것도 바로 이런 힘이다. 약소국 위에 강대국, 가난한 사람 위에 부자, 자연 위에 인간, 여자 위에 남자. 우리 대부분이 가정 내에서 경험하는 힘도 바로 이런 힘이다.

지배 권력에는 한계 개념에 대한 믿음이 잠재되어 있다. 나는 이를 '파이' 이론이라 부른다. 당신과 내가 파이를 나눠 먹는다고 가정해보자. 내 몫의 파이가 커지면 상대 몫은 작아진다. 반대로 상대의 몫이 커지면 내 몫은 작아진다. 이런 믿음은 경쟁하고 의심하는 분위기를 조성한다. 나는 혹시 상대가 더 큰 몫을 가져가지 않는지 지켜봐야 하고, 상대도 마찬가지다.

대부분의 여성은 권력을 불편해한다. 이런 지배 권력만을 경험했기 때문이다. 지배 권력 안에서는 오로지 두 개의 역할만이 존재한다. 승자와 패자, 잡아먹는 자와 잡아먹히는 자. 여성들은 패자가 되고 싶지 않지만 그렇다고 해서 승자가 되는 것도 거북하다. 잡아먹히고 싶지는 않지만 누군가를 잡아먹는 것도 끔찍하다. 그리하여 권력을 누리는 일 자체를 거부한다. 권력이 주어져도 그것을 내던지고, 자기 내면에서 꿈틀거리는 힘을 조금이라도 약화시키려고 무슨 짓이든 한다.

다행히도 오늘날에는 새로운 개념의 힘이 등장하고 있다. 안으로부터의 힘 혹은 자치 권력dominion이다. 지배 권력과 달리 자치 권력에는 상하 구조가 없고, 평등을 바탕으로 한다. 희소성이나 제한

성에 대한 믿음에 기초하기보다 풍요로움에 대한 믿음, 누구에게나 돌아갈 몫이 충분하다는 가정에 기초한다. 그로 인한 결과는 경쟁이 아닌 협동이다. 이기는 사람도, 지는 사람도 없다. 따라서 만일 상대가 원하는 것을 내가 가지고 있다면, 상대는 그저 그 사실을 말하기만 하면 된다. 그러면 어떻게 해야 그것을 얻을 수 있는지 내가 말해줄 수 있다.

지배 권력은 지난 수천 년 동안 우리를 지배해온 통제와 정복의 가부장 제도에서 비롯했다. 반면 자치 권력은 여성성에 더 가깝다. 물론 그렇다고 해서 여성만 발휘할 수 있다는 뜻은 아니다. 다만 여성이 더 쉽게 접근할 수 있는 개념이다. 여성은 자신의 직관에 좀 더 수용적이기 때문에 자치 권력이 필요로 하는, 내면을 들여다보는 과정도 좀 더 잘 받아들일 수 있다.

여성이 지배 권력의 개념적 구조에서 빠져나와 자치 권력의 개념을 받아들일 때 우리는 완전히 새로운 방식으로 권력을 휘두르게 되며, 아울러 이 세상에 존재하는 방식도 완전히 달라진다. 다른 사람의 힘을 고갈시키지 않고서도 자기 내면에서 힘을 얻을 수 있다는 사실을 인식할수록, 더 편안한 마음으로 자신의 힘에 의지하는 동시에 타인과의 관계도 유지할 수 있다. 감정이 지닌 힘을 스스로 느끼도록 허락하는 동시에 타인을 공격하거나 무시할 필요 없이 그 감정을 직접적이고 솔직하게 표현할 수 있다. 또한 '누가 옳고, 누가 그른가'를 가리는 힘겨루기의 덫에 걸리지 않고 서로의 의견이 다름을 인정할 수 있다. 나아가 그런 경험을 통해 자신이 더 강해져도 상대가 약해지지 않는다는 사실을 주위 사람들에게 가르쳐줄 수도 있다. 더 이상 권력을 '나쁘거나' 위험하다고 생각하지 않을 때 우리는 비정상적인 섭식 행동, 이를테면 굶는다든지, 강박적으로 먹는다든지, 폭식과 구토를 반복하면서 자신의 힘을 억누를 필요가 없게 된다.

다음에 소개하는 스위스 전래 동화에서 자치 권력과 지배 권력의 차이점을 알 수 있다.

〰〰〰〰 옛날 높은 산꼭대기에 사악한 마법사가 사는 거대한 성이 있었다. 성 주변에는 화사한 꽃들과 맛있는 과일이 가득한 아름다운 정원이 펼쳐져 있었다. 정원 구석구석에는 젊은 여자들의 조각상이 있었는데 어찌나 정교한지 꼭 살아 있는 사람 같았다.

슬프게도 돌로 만들어진 그 조각상들은 한때 우리처럼 살아 있는 존재였다. 사악한 마법사는 마음에 드는 여자들을 볼 때마다 감쪽같이 변장을 하고 그녀들을 잡아다가 이 성으로 데려왔다. 그러고는 정원을 장식하는 조각상으로 만들어버렸다.

조각상에 싫증이 나면 마법사는 새로운 희생양을 찾아 나설 준비를 했다. 귀족이나 입을 법한 고급스러운 옷을 입고, 자신의 말이 달콤하게 들리도록 입술에는 꿀을 바르고, 부드럽고 친절해 보이도록 얼굴에는 5월의 아침 이슬을 뿌렸다. 마지막으로 하늘을 나는 마법 망토를 입었다. 그 망토를 입으면 숲과 골짜기 위로 높이 나는 것은 물론, 마을로 향하는 오솔길을 따라 낮게 날 수도 있었다.

마음에 드는 여자가 눈에 띄면 일단 마법사는 그 검은 마법 망토를 땅바닥에 깐다. 여자가 망토를 밟기만 하면 마법사는 즉각 그녀를 붙잡아 산꼭대기 성으로 데려갈 수 있다. 그러나 마법사가 지닌 힘은 거기까지여서 일단 상대가 망토를 밟아야만 잡을 수 있다. 망토를 밟지 않는 사람에게는 아무런 영향력도 미칠 수 없다.

하루는 새로운 먹잇감을 찾아 헤매던 마법사의 눈에 마을 근처 오솔길을 걸어가는 엘사라는 아가씨가 들어왔다. 그녀는 딸기 바구니를 들고 있었고, 긴 금발이 햇빛을 받아 눈부시게 반짝거렸다. 그 금빛 광채가 마법사의 눈을 사로잡았다. 마법사는 덤불 뒤에 쪼그리고 앉아 숨어 있다가 엘사가 다가오자 앞으로 튀어 나가 길 위에 검은 망토를 펼쳤다.

"오, 아름다운 아가씨! 당신의 발은 이 더러운 진흙투성이 땅을 밟기에는 너무 앙증맞군요. 제가 모실 테니 제 망토 위로 지나가십시오." 마법사가 말했다.

"고맙지만 이래 봬도 제 발은 꽤 튼튼하답니다. 그보다 망토를 그렇게 함부로 다루시면 안 돼요. 진흙투성이가 될 거라고요." 엘사는 환한 미소를 지으며 마법사의 망토를 주워 건네고는 가던 길을 계속 갔다.

마법사는 조금 떨어져서 엘사의 뒤를 밟으며 그녀를 잡기 위한 다른 작전을 궁리했다. 눈앞에 뾰족한 뿔이 달린 커다란 숫염소가 보이자 마법사는 마법의 휘파람을 불어 벌떼를 유인했다. 벌떼가 염소의 얼굴을 쏘아대자 성난 염소는 벌떼에게 뿔을 들이밀었다. 그러다가 마침 길을 걸어오는 엘사를 보더니 그녀를 향해 돌진했다.

마법사는 망토 자락을 땅에 끌며 잽싸게 앞으로 나아갔다. "제가 보호해드리겠습니다!" 그러고는 내심 엘사가 염소를 피해 허둥지둥 도망치다가 망토 위로 지나가기를 바랐다.

그러나 엘사는 마법사의 말을 무시한 채 염소에게 쫓겨 덤불 주위만 빙빙 돌았다. 마법사가 아무리 망토 자락을 흔들어도 소용없었다. 엘사가 발이 걸려 넘어지려고 하자 마법사는 냉큼 망토를 던졌다. 그녀가 망토 위로 넘어지기를 바라는 마음에서였으나 엉뚱하게 염소가 그 위로 넘어졌다.

화가 난 마법사는 염소를 밀쳤으나 망토는 이미 염소의 뿔에 찔려 구멍이 나 있었다.

그걸 본 엘사는 마법사에게 미안한 마음이 들었다.

"절 구하려다가 값비싼 망토가 찢어지고 말았군요. 제가 고쳐드릴게요."

엘사는 덤불에서 뽑은 가시와 자신의 금빛 머리칼로 바늘과 실을 대신했다.

마법사는 엘사의 제안이 조금도 고맙지 않았기에 수선한 망토를 건네받고는 바느질이 엉성하다느니, 고르지 못하다느니 하고 투덜거렸다.

엘사가 마법사의 말대로 정말 바느질이 고르지 못한지 확인하려고 발을 내딛는 순간, 그만 망토 가장자리를 밟고 말았다.

그 순간 마법사는 본래의 징그럽고 추악한 모습으로 돌아가더니 망토 자락으로 엘사를 휘감아 하늘로 날아올랐다. 그러나 망토를 꿰맨 금빛 머리칼이 나뭇가지에 걸려 빠지지 않았다. 마법사는 나뭇가지에서 망토를 빼내려고 안간힘을 썼지만 허사였다. 마법사가 몸부림을 치는 동안,

엘사는 그의 손아귀에서 빠져나와 땅으로 떨어졌다. 그리하여 있는 힘을 다해 마을로 달려갔고, 안전한 집에 도착할 때까지 쉬지 않고 달렸다. 엘사를 잡는 데 실패한 마법사는 머리끝까지 화가 나서 성으로 돌아갔다. 그날 밤, 마법사는 잠을 잘 수가 없었다. 침실이 너무도 밝아 눈이 부셨기 때문이다. 처음에는 그 환한 빛이 달빛인 줄만 알았다. 하지만 자리에서 일어나 덧창을 닫으려다 밤하늘에 달이 떠 있지 않다는 사실을 알게 되었다. 그 눈부신 빛은 방 안에서 흘러나오고 있었다.

빛의 진원지는 그의 망토, 엘사의 금빛 머리카락으로 꿰맨 자리였다. 마법사는 바느질 자국이 안쪽으로 가게 해서 망토를 꽁꽁 말았지만 소용없었다. 그 빛은 망토를 뚫고 나왔다.

매일 밤 마법사는 한숨도 자지 못했다. 눈부신 광채가 침실은 물론 성 안의 모든 방을 환히 비췄기 때문이다. 그 금빛 머리칼을 잘라보려고도 했지만 도무지 잘라지지 않았다. 급기야 분노가 폭발한 마법사는 그 바느질을 저주하며 기워진 자리를 잘라내 창밖으로 버렸다. 하지만 그가 침대에 올라가는 순간, 잘라낸 자리는 도로 붙어 있었다.

절박해진 마법사는 엘사가 사는 마을로 날아가 그녀의 집을 찾아다녔다. 마침내 엘사의 집을 발견하고 침실 창문을 세게 두드리며 당장 열라고 호통을 쳤다.

엘사는 마법사의 목소리를 알아듣고, 무서워서 침대에서 벌벌 떨며 아무 대답도 하지 않았다.

"당장 나오지 못해! 내 망토에서 네 머리카락을 빼내란 말이야. 너무나 눈이 부셔서 도무지 잠을 잘 수가 없어." 마법사가 명령했다.

"썩 꺼져요. 난 당신 근처에도 가지 않을 거니까." 엘사가 대꾸했다.

마법사는 이 머리카락을 당장 없애지 않으면 가만두지 않겠다고 협박했지만, 엘사는 조금도 겁먹지 않았다. 엄마에게서 마법사가 가진 힘은 오로지 마법 망토에서만 나온다는 말을 들었기 때문이다. 아무리 위협해도 엘사가 전혀 겁을 먹지 않자 마법사는 금이 든 자루와 양들이 가득한 목장 그리고 온갖 좋은 것으로 그녀를 유혹하려 했다. 그러나 엘사는 의심을 거두지 않고 모든 제안을 거절했다.

마침내 마법사는 포기한 채 언짢은 기분으로 성에 돌아갔다. 그러고는 정원에 앉아 못마땅한 얼굴로 조각상들을 노려보았다. '그 고집쟁이 소녀는 날 전혀 무서워하지 않는단 말이야. 어떻게 해야 내 힘을 보여줄 수 있을까?' 그는 고민했다. 그 순간, 조각상 하나를 다시 사람으로 돌려놓자는 생각이 떠올랐다. 그러면 엘사도 그가 가진 위대한 힘을 의심하지 않을 터였다. 그는 곧바로 조각상 하나를 사람으로 되돌려놓았다.

그날 밤, 이제는 엘사도 그의 막강한 힘에 겁을 먹을 거라고 확신하며 잠자리에 들 준비를 하던 마법사는 망토에서 새어 나오는 빛이 조금 약해졌다는 것을 깨달았다. 잠을 잘 수 있을 만큼 희미해져 있었다. 그러나 이튿날이 되자 빛은 예전처럼 다시 환해졌다.

화가 난 마법사는 또다시 엘사의 집으로 날아가 창문을 두드렸다. 그리고 금빛 머리칼을 없애달라고 다시 한 번 부탁했다.

"내 마법의 힘이 네 초라한 머리카락보다 훨씬 더 강력하다는 걸 모르겠어? 당장 이 머리칼을 없애면 넌 무사할 게야."

"그 바느질에는 아무 문제도 없어요." 엘사는 단호히 대꾸하며 그의 협박에 굴하지 않았다.

격노한 마법사는 산꼭대기에 있는 성으로 돌아갔다. 밤마다 정원에 있는 처녀들을 풀어주지 않는 한 그 이상한 빛은 결코 희미해지지 않았다. 그리하여 사악한 마법사는 밤마다 잠을 자기 위해 마법에 걸린 조각상을 하나씩 인간으로 되돌려야 했다.

마지막 조각상마저 인간으로 되돌리고 나자 엘사가 꿰맨 자리의 빛은 약해졌지만 여전히 빛나고 있었다. 마치 마법사에게 또다시 사악한 힘을 악용한다면 예전처럼 눈부시게 번쩍일 거라고 경고하듯이.

사악한 마법사가 휘두른 힘은 전형적인 지배 권력이다. 그는 자신의 힘으로 다른 사람 위에 군림하려 하며, 이득을 얻기 위해서라면 다른 사람이 얼마나 고통받든지 상관하지 않는다. 힘을 얻기 위해 남을 속이고도 전혀 양심의 가책을 받지 않는다. 그리고 자신의 힘을 유지하기 위해 뇌물과 협박의 방법을 쓴다. 이것이야말로 대부분의 여성들이 일상적으로 접하며 질색하는 부류의 힘이다.

반면 엘사는 자치 권력에 의해 움직인다. 그녀는 마법사를 지배하거나 조종하려고 하지 않는다. 자기 내면의 힘을 인식하고 있기 때문에 아첨('넌 나보다 더 강한 힘을 가지고 있어')에 쉽게 넘어가지 않으며, 협박('난 너보다 더 많은 힘을 가지고 있어')에 겁먹지 않는다. 결과적으로 엘사는 다른 여성들과 달리 마법사의 지배 권력 앞에서 생명을 빼앗긴 채 돌이 되는 운명을 피할 수 있었다. 실수로 마법사에게 붙잡힐 뻔했을 때도 그녀를 구해준 것은 금빛 머리칼로 상징되는 그녀의 자치 권력이었다.

엘사는 자신의 본능과 감정을 존중했으며 마법사를 무시하지 않으면서 그 본능과 감정을 분명히 표현했다. 또한 자신의 입장을 고수했고, 마법사가 자신을 공격할 때 그의 꾐에 넘어가지도 않았다. 누구의 힘이 더 센지 겨루어보자는 논쟁에 그녀를 끌어들이려는 마법사의 계략도 무시해버렸다.

지배 권력은 검은 망토로 상징된다. 검은 망토는 종종 희생양을 찾아다니는 악당들의 복장이다. 지배 권력을 휘두르는 사람들이 타인을 장악하는 자신의 힘을 유지하기 위해 돈이나 무기, 지위, 공격적인 몸짓 언어 같은 도구를 필요로 하듯이 사악한 마법사도 망토 없이는 힘을 발휘하지 못한다. 반면 자치 권력은 엘사의 머리에서 자라는 금빛 머리칼로 상징된다. 그녀의 힘은 내면에서 비롯되기 때문에 절대 제거할 수 없다.

우리가 엘사처럼 자기표현을 분명히 할 때 내면에 있는 거대한 힘의 저장고가 열리고, 타인에게 부정적인 영향을 행사하지 않는 힘을 갖게 된다. 이 힘을 통해 지배 권력에 바탕을 둔 인간관계의 역학에서 벗어나, 서로가 가진 힘을 존중하는 단계로 이동할 수 있다. 아울러 다른 사람이 보지 못하도록 자신의 힘을 감춰주는 역할을 하는 체중 문제에서도 자유로워질 수 있다. 또한 자신의 힘이 온전히 발휘되는 것을 인식하지도, 경험하지도 못하게 하는 다이어트와 음식에 대한 집착에서 벗어날 수 있다.

10

보살핌:

강한 내면의
어머니를 만나다

: 　과거는 바뀌지 않는다. 그러나 미래는 별개의 문제다. 당신에게는
　강한 내면의 어머니, 즉 단순히 생존할 뿐 아니라 성장하고 번영
　하는 데 필요한 영양분을 공급하고 인도해주는 어머니를 개발할
　능력이 있다. 그 사실을 깨닫는 것이 중요하다.

옛날 아름다운 공주가 바닷가에 있는 마법 왕국에서 행복하게 살고 있었다. 공주의 아버지인 왕은 매우 똑똑하고 창조적인 사람으로, 이 나라가 더 잘 살 수 있는 방법을 구상하며 대부분의 시간을 보냈다. 왕국은 번영을 누렸고 국민들은 왕을 사랑했다. 삶이 매우 만족스러웠기 때문이다. 왕은 좋은 아버지이기도 해서 공주에게 새로운 것을 가르치기를 좋아했다. 공주는 아버지에게 숫자와 글자를 배웠고, 아버지는 딸의 총명함에 감탄했다.

어린 공주는 어머니인 왕비와 아침나절을 함께 보내기를 좋아했다. 왕비는 매우 현명하고 사랑스러운 여자였다. 모녀는 종종 아침 일찍 일어나서 숲속 난쟁이며 동물들과 함께 놀곤 했다. 오후에는 돌고래, 물고기와 함께 수영하는 인어와 물의 요정들을 만나러 바닷가에 가기도 했다. 보름달이 뜨는 밤에는 별나라로 놀러 가 달빛 아래에서 요정들과 춤을 추었다.

그러던 어느 날, 왕비가 세상을 따나면서 공주의 이런 꿈같은 생활도 막을 내렸다. 어린 공주는 슬픔으로 제정신이 아니었다. 공주는 울고 또 울었다. 며칠씩 음식을 입에 대지 않기도 했다. 왕은 공주에게 음식을 먹이려고 요리사에게 최고로 맛있는 요리를 만들라고 했지만 도리어 공주의 분노만 샀다.

왕은 어질고 다정한 사람이었으나 딸이 그토록 강렬한 감정에 사로잡혀 있는 것이 두려워 딸을 슬픔에서 구해주려고 했다. 왕은 정교한 장난감들을 발명했고 그 결과 왕국에는 세상에서 가장 큰 유원지가 생겼다. 그러나 공주에게는 아무 소용 없었다. 왕은 공주의 새어머니가 될 만한 여자들을 데려왔지만, 어린 공주는 최대한 예의 바르게 그들을 모두 거절했다. 마침내 왕도 지쳐 더는 딸을 달래주려 하지 않고 나라를 다스리는 데 전념했다.

시간이 흐르고 흘렀다. 이제 공주는 성 밖으로 나가려 하지 않았다. 더 이상 난쟁이나 요정들도 만나지 않았다. 숲속 동물의 말을 잊어버렸으며 꽃, 풀과 이야기하는 법도 잊었다. 가끔 수풀 사이로 지나가는 바람 소리에 한숨을 내쉬었고, 보름달이 뜨면 눈물을 흘렸다. 하지만 이제는 그런 감정이 무엇인지, 어디에서 비롯하는지 알지 못했다. 식욕은 되찾았으나 삶에는 아무런 열정도 없었다. 그저 먹고 자고, 또다시 먹고 자고 할 뿐이었다.

그 외의 시간에는 그녀가 나이를 먹으면서 나날이 정교해져 가는 장난감을 가지고 놀았다. 사람들은 공주의 똑똑함과 비범함, 숫자와 단어를 총명하게 구사하는 능력에 여전히 감탄했다. 그러나 공주는 인생의 의미와 활력을 되찾지 못했다. 자신이 불행하면 아버지가 얼마나 상심하는지 깨달은 뒤로는 억지로 즐겁고 행복한 척하는 데 익숙해졌다.

스물한 살이 되던 생일 아침, 잠에서 깬 공주는 무언가 달라진 것을 느꼈다. 주위의 색은 훨씬 더 선명해진 듯했고, 몸의 감각도 더 예민해져 있었다. 하늘에는 지금껏 보았던 것 중에서 제일 아름다운 무지개가 걸려 있었다. 공주는 무지개를 보려고 본능적으로 창가로 달려갔다. 창 아래쪽 정원에서 장미와 치자나무 향내가 풍겼다. 공주는 양 볼에 닿는 햇살의 따뜻한 감촉을 느끼며 그 자리에 못 박힌 듯이 서 있었다. 그러다 외쳤다. "난 살아 있어!"

공주는 가운을 벗어 던지고 쏜살같이 아래층으로 내려가 사랑하는 숲으로 달려갔다. 피부에 닿는 서늘하고 촉촉한 기운을 느끼며 소나무와 진흙 향기를 가슴 깊이 들이마셨다. 바다가 보일 때까지 숨 가쁘게 달리다가 바닷가 모래에 몸을 내던지며 대성통곡했다. "엄마, 어디 계세요?" 공주의 눈에서 흘러내린 눈물이 발아래 바다로 떨어졌다.

"난 여기에 있다."

대답이 들렸다.

공주는 깜짝 놀랐다. 그 목소리는 자신의 안에서 들리는 동시에 주위에서도 들리는 듯했다.

"누구세요?" 공주가 놀라서 물었다.

"난 네 엄마란다."

"내가 그토록 애타게 부를 때는 왜 대답하지 않으셨어요?" 공주가 물었다. 자신의 절망감을 표현하고 나니 타고난 호기심이 발동했다.

"그건 네가 슬픔에 빠져서 마음의 문을 닫아버렸기 때문이야. 난 네게 닿을 수 없었단다. 이젠 네 마음이 열리고 깨어났기 때문에 우리가 다시 이야기할 수 있는 거야."

"왜 날 떠나셨어요?" 공주가 물었다.

"내가 없어야 비로소 네가 배울 수 있는 가르침이 아주 많기 때문이지. 넌 고통에서 연민을 배웠고, 분노에서 명료한 깨달음과 인내심을 얻었어. 외로움을 통해 자신을 인식할 수 있게 됐고, 가장 큰 두려움을 겪으며 용기를 배웠지."

공주가 자신의 숨소리와 찰싹이는 파도 소리에 귀를 기울이는 동안, 그 목소리는 점차 조용해졌다. 공주는 크나큰 마음의 평화를 느꼈다.

"다시 엄마를 만나러 여기에 와도 될까요?"

공주가 묻자, 그 목소리가 따뜻하게 웃었다.

"사랑하는 딸아, 난 여기 사는 게 아니란다. 난 어디에나 있어. 나는 바다고, 꽃이고, 밤에 반짝이는 별이란다. 난 네 숨결이고, 눈물이고, 엄마야. 그리고 절대로 널 떠나지 않을 거야."

이 이야기에 나오는 공주처럼 섭식 장애에 시달리는 여성은 엄마, 즉 자신을 보살펴주고, 자연 및 지구의 리듬과 깊이 연결해주고, 눈에 보이지 않는 모든 것과의 관계를 지지해주는 여성성의 원형을 잃어버렸다.

그녀는 오감으로 증명되지 않는 것은 인식되지도, 존경받지도, 칭송받지도 못하는 세상에 살고 있다. 감정은 골치 아프거나 두려운 것으로 치부된다. 분노는 어떻게든 피해야 하며, 슬픔은 가능한 한 빨리 제거되어야 한다. 이 세상을 살아가려면 감정을 부인하거나 억눌러야 한다. 주위 사람들을 기쁘게 하기 위해서 오로지 즐겁고 행복한 표정만 짓고, 그 밖의 다른 감정은 숨겨야 한다는 사실도 금세 터득한다.

세상을 살아가는 방식은 배웠을지 몰라도, 아울러 세상에 꽤 잘 적응했을지라도 그녀는 그것이 진정한 자기 모습이 아님을 알고 있다. 그저 흉내만 내고 있는 기분이 든다. 그녀의 인생에는 공허감이 싹트고, 그녀는 음식으로 공허감을 채우려 한다.

감정을 부인한 대가는 상당히 크다. 그녀는 영혼의 세계와 자연에서 추방된다. 물질세계가 아무리 아름다울지라도 그곳은 황폐하며 열정이나 생명력이 없다. 그리고 엄마와 연결되고 싶은 갈망은 절대 사그라지지 않는다. 따라서 늘 허기가 존재하고, 그것은 결코 채워지지 않는다.

마음을 열고 자신의 감정을 온전히 느끼도록 허락할 때 비로소 감정을 극복해야 할 장애물이 아닌 지혜에 이르는 길로 받아들일 수 있다. 그렇게 되면 더는 먹거나 굶어서 감정에서 도피할 필요가 없다.

앞의 이야기에서 공주는 오로지 감정의 힘을 통해서만 엄마를 잃은 슬픔을 초월할 수 있었다. 아울러 위대한 어머니의 원형, 즉 내면 깊은 곳에 존재하는 동시에 주위 어디에나 존재하는 어머니와 연결될 수 있었다. 섭식 장애에 시달리는 여성도 마찬가지다. 감정이 가진 힘을 받아들여야만 자신의 여성성에서 안내와 지지, 영양분을 얻을 수 있다. 자기 내면에 존재하는 현명한 여성을 알게 되는 것도 바로 그런 과정을 통해서이다.

동화 속 어린 공주처럼 꼭 어렸을 때 어머니를 여의지 않았더라도 섭식 장애에 시달리는 여성들은 여러 이유로 자기 내면의 어머니, 다시 말해 자신에게 양분을 제공하고 측은지심으로 인도해주는 측면과 단절되어 있다. 자신의 감정을 차단하고 비판한 대가로 그녀는 자신이 절박하게 갈구하는 안내와 지지에 접근할 수 없다. 영양분이 부족하다고 느끼며 음식으로 자신을 채우려고 한다.

섭식 장애를 가진 여성 중에는 엄마에게 제대로 보살핌을 받지 못했거나, 학대당했거나, 자기가 원할 때 곁에 있어주지 않았다는 이유로 아주 어릴 때부터 엄마와 단절되는 경우가 있다. 또는 과잉 보호하거나 지배하거나 혼자서는 아무 결정도 내리지 못하게 하는 어머니 밑에서 자라며 숨 막히는 압박감을 느껴온 여성들도 있다. 이런 경험들로 인해 그들은 적절한 '내면의 어머니'를 발전시키지 못했다.

그들 마음속에 있는 내면의 어머니는 아주 어리고, 대부분의 어린 엄마들과 마찬가지로 자기 자신에 대한 확신이 매우 부족하다. 따라서 영양분을 공급해달라는 요구를 받으면 매우 혼란스러워한다. 때로는 너무 응석을 받아주는가 하면, 때로는 그런 요구를 억누르며 비판적으로 나온다. 이는 음식과의 관계에 반영되어 결국 다른 모든 자양분과의 관계를 상징한다.

이런 여성들은 더 성숙한 내면의 어머니를 키워야 한다. 그 어머니는 균형 감각이 있으면서도 지나치게 응석을 받아주지 않는 범위 내에서 사랑스러운 손길로 그들을 보살펴주고, 그들이 진정으로 원하는 것이 무엇인지 파악해야 한다. 예컨대 초콜릿을 달라는 요구에 감춰진, 충족되지 않은 욕구가 무엇인지 볼 수 있어야 한다. 또한 그들의 감정을 비판하기보다 지지하고, 직관과 상식을 통해 결정을 내리고, 그들이 계속 의식하지 못한 감정을 다시 의식하게 만들어주어야 한다.

어린 시절이 얼마나 비참했든 혹은 엄마에게 얼마나 실망했든지 간에 내면의 어머니가 부적절하고 미숙한 원인을 오로지 우리를 낳아주고 길러준 여자의 탓으로만 돌려서는 안 된다. 오늘날 우리 사회는 육아의 책임을 이행하는 데 필요한 지지와 자원을 제대로 제공하지도 않은 채 아이 엄마에게만 너무 많은 책임을 떠넘긴다. 모든 어머니는 자신의 여성성을 하찮게 여기는 가부장 사회에서 딸을 키워야 하는 달갑지 않은 사명을 떠안았다. 그들은 대부분 고립되었으며 과로에 영양 부족 상태다. 결과적으로 억세게 운이 좋은 극소수 여성만이 강한 내면의 어머니를 물려받게 된다.

과거는 바뀌지 않는다. 그러나 미래는 별개의 문제다. 당신에게는 강한 내면의 어머니, 즉 단순히 생존할 뿐 아니라 성장하고 번영하는 데 필요한 영양분을 공급하고 인도해주는 어머니를 개발할 능력이 있다는 사실을 깨닫는 것이 매우 중요하다.

그렇다면 어떻게 해야 그런 내면의 어머니를 가질 수 있을까?

아끼고 사랑하는 아기를 돌보듯이 자기 자신을 돌봐야 한다. 이 말은 곧 실수했을 때 자책하지 말고, 교훈을 배우는 기회로 삼으라는 뜻이다. "어쩌면 그렇게 멍청한 짓을 할 수가 있지?"라고 말하지 말고, "이번 일을 교훈 삼아 나음에는 이렇게 처신해야 할까?"라고 자문해야 한다.

자신의 감정을 섣불리 판단하지 말고, 질투와 마음의 상처, 분노를 느낀다고 해서 스스로를 비난하지도 말아야 한다. 감정을 충분히 느끼도록 허락해야 감정에서 배울 수 있다.

그 말은 또한 다른 사람의 생각을 맹목적으로 따르거나 다른 사람을 기쁘게 해주기 위해 자동적으로 그들이 원하는 대로 하지 말고, 자신의 직감을 따르라는 뜻이기도 하다. 그러려면 늘 각성 상태에 있어야 한다. "그것에 대한 내 기분은 어떻지? 난 정말로 이걸 하고 싶은가?"라고 자문하면서 늘 자신을 점검해야 한다.

11

직관:

내 안의 숨은 안내자

: 우리는 너무 자주 자신을 이끌어줄 단서를 외부에서 찾으려 한다.
  정작 해답은 우리 안에 있는데 말이다.

직관은 여성성이 준 귀중한 선물이다. 직관은 우리에게 무엇을 해야 하는지, 어느 길로 돌아가야 하는지, 혹시 뭔가 잘못된 것은 없는지 말해주는 현명한 목소리다. 불행히도 우리 사회는 자신의 직관을 무시하라고 부추긴다. 오로지 오감을 통해 바깥세상에서 얻은 지식만 유효하다고 가르친다. 느끼지 말고 생각하라고, 이성적인 사고를 거친 합리적인 지식에만 가치를 두라고 배운다.

직관은 이와는 매우 다른 차원의 깨달음이다. 그것은 오감을 넘어선 차원의 인식으로 생존은 물론, 창조성과 영감에 이용되는 정보를 제공한다. 단순한 정신 작용이 아니라 우리의 몸과 마음, 영혼의 영향을 받는다.

이성은 주위 환경에서 얻은 정보를 가공해 합리적인 결론을 도출한다. 그리고 그 정보에 근거해 우리를 안내하고 인도한다. 반면 직관은 훨씬 더 넓고 깊은 지식의 저장고에 접근할 수 있다. 직관을 통해 우리는 내면과 주변에 존재하는 우주의 창조적인 힘에 다가갈 수 있다. 그리하여 이성적인 마음이 이해하는 것보다 훨씬 더 넓고, 포괄적인 이해의 차원으로 들어선다.

그렇다고 해서 남성적이고 이성적인 마음을 거부하라는 뜻은 아니다. 다만 직관도 함께 쓰여야 한다는 말이다. 이성은 직관의 설득에 의문을 제기하고(비판하는 차원이 아닌 호기심 차원에서), 직관의 주장을 뒷받침할 근거와 논지를 제공할 수 있다.

직관에는 일종의 수용성이 수반된다. 겉보기에는 수동적으로 보일지 몰라도 꼭 그렇지만은 않다. 우리가 좀 더 적극적으로 수용적인 태도를 취할 때 의식은 더욱 확장되며, 내면과 외부 양쪽에서 들어오는 미묘한 정보에 더 민감해진다. 남녀 모두 직관을 가지고 있는데도 종종 여자의 전유물로 여겨지는 까닭은 직관에는 수용성 같은 여성적 측면이 영향을 미치기 때문이다.

직관은 명령대로 움직이지 않는다. 당신이 받아들일 준비가 되어 있을 때 그 자체의 의지에 따라 찾아온다. 문제를 해결하려고 아무리 애써도 소용없다가 하룻밤 자고 일어나거나, 잠시 잊고 있었는데 불현듯 깨달음과 함께 해결책이 떠오르는 이유도 바로 그래서다.

여자들은 선천적으로 직관이 더 발달했는데 이는 그들이 생물학적으로 몸과 감정에 늘 주의를 기울이도록 되어 있기 때문이다. 여성의 몸에서는 감정과 본능에 민감해지도록 만드는 호르몬이 분비된다. 또한 달의 주기가 반영된 월경 주기를 갖는데 이는 더 넓은 의미에서 보면 여성이 우주와 연결되어 있음을 뜻한다. 어쩌면 가부장 사회에서 여성으로 살아가다 보니 직관이 발달했는지도 모른다. 여성들은 근친상간, 강간, 그 외 다른 형태의 학대에서 자신을 보호할 만한 신체적 힘이 없음을 금세 터득한다. 따라서 그런 위험한 상황을 피하기 위해서는 다른 사람을 파악하고, '행간을 읽고', 눈에 보이지 않는 것까지 보는 데 아주 능숙해져야만 한다. 여성들은 종종 이성적이고 합리적인 정보가 주어지기 전에 결정을 내려야 하며 그에 따라 강력한 직감이 발달하게 되었다.

우리 문화에서는 직관적인 깨달음을 그다지 장려하지 않는다. 그리고 직관을 통해 본능적 자아와 밀접하게 연결된 사람은 종종 타인들에게 거부당한다. 섭식 장애에 시달리는 여성들을 연구한 결과, 그들은 평생 그런 경험을 반복적으로 겪어왔다. 오감이나 논리적 사고 과정으로 입증할 수 없는 근심과 생각을 사람들과 공유하려고 했다가 벌을 받거나 웃음거리가 되었다. 또는 '괜히 입방정만 떤다'든지, 무모하다든지, 문제를 일으킨다는 비난을 받기도 했다. 자신의 현실 감각이 잘못되었다는 말을 너무도 노골적으로 들어야만 했다.

이런 거부에 깊이 상처받은 나머지 그들은 자신의 여성적 직감을 불신하게 되었다. 직관적인 깨달음을 땅속 깊이, 무의식으로 끌고 가서 심지어는 자신의 눈에도 띄지 않게 했다. 직관적 기능을 계속 억누르기 위해 직관에서 비롯된 정보를 비판하는 사회적 기준을 내면화해 스스로에게 이렇게 말한다. "내가 이렇게 느낄 이유가 없어. 다 내 상상일 뿐이야. 내가 과민 반응하는 거야. 난 너무 예민하다니까."

이것은 그들의 마음속에서 오가는 대화의 후렴구가 되어 마침내 자신은 더 이상 현실을 제대로 볼 줄 모른다고 믿게 된다. 자신을 인도해달라고 의탁해야 할 내면의 권위를 상실한 것이다.

그들은 자신이 뭔가 단단히 잘못되었다고 느끼지만, 그게 무엇인지는 잘 모른다. 그저 합리적이지 못하다(다시 말해 '미쳤다')는 비난을 받지 않으려고 자신의 통찰력을 남에게 계속 숨기고, 나아가 진정한 자아도 숨겨야 한다는 끔찍한 압박감만 느낄 뿐이다.

그러다가 내면의 목소리를 무시하거나 잠재우기에 가장 좋은 방법이 음식과 몸무게, 다이어트에 정신을 파는 것임을 발견한다. 그리하여 '육감'이 발동할 때마다 위장에 음식을 밀어 넣는다. 마치 그 육감이 신체적 허기에서 나온다는 듯이.

섭식 장애에서 벗어나려면 직관을 되찾아야 한다. 우리에게 깨달음을 주고, 우리를 인도하는 내면의 권위를 되찾아야 한다. 직관적 경로를 통해 얻은 정보를 불신하기보다 지지하는 데 우리의 지성을 이용해야 한다. 아울러 언제든 이용할 수 있는 내면의 현명하고 너그러운 인도자에게 고마워하면서, 그의 충고를 무시하기보다는 의식적으로 삶에 통합해야 한다.

아주 옛날, 러시아의 작은 왕국에서 왕과 왕비가 행복하게 살고 있었다. 왕은 기사들을 소집해 전쟁놀이를 하며 힘과 무술 실력 겨루기를 무척이나 좋아했다. 급기야 더 넓은 세상에 나가 자신의 실력을 시험해보고, 부와 명예를 얻을 수 있는 기회가 오기를 갈망했다.

그러던 어느 날, 먼 나라에 주변 국가를 위협하는 잔인한 왕이 있다는 소문이 들렸다. 왕은 지금이야말로 자신이 고대해온 기회라고 생각했다. 그리하여 왕비와 함께 다스리던 나라의 모든 통치권을 왕비에게 넘기고, 대신들에게 물심양면으로 왕비를 보필하라는 지시를 내리고는 최정예 기사들을 모아 길을 떠났다.

숲을 지나고 산을 넘어 오랫동안 이동한 끝에 마침내 잔인한 왕이 다스린다는 나라에 도착했다. 거기서 그는 잔인한 왕의 군대와 전투를 벌였지만 결국 패배하고 포로로 잡혔다.

왕은 감옥으로 끌려갔고, 쇠사슬에 묶인 채 짐승만도 못한 대접을 받는 다른 죄수들과 함께 갇혔다. 그들은 낮에는 밭을 갈고, 밤에는 녹초가 되어 감옥으로 돌아왔지만 겨우 목숨을 부지할 수 있을 정도의 음식만 먹을 수 있었다.

한편 왕이 자리를 비운 작은 왕국에서는 왕비가 현명하게 나라를 다스렸다. 백성들은 행복하게 살았고, 나라는 번성했다. 그러나 왕비는 남편이 그리웠다. 몇 달, 몇 년이 흐르고 어느새 3년이 되자 왕비는 왕이 영영 돌아오지 못할까 두려웠다.

마침내 왕비에게 연락할 방법을 찾아낸 왕이 전갈을 보내자 왕비는 기쁨에 들떴다. 비록 포로 신세라고는 해도 남편이 살아 있다는 사실을 알 수 있었다. 왕은 그 전갈을 통해 성과 땅을 팔아 가능한 한 많은 돈을 마련해 오라고 했다. 그리하여 잔인한 왕에게 자신의 몸값으로 금을 바치고, 하루빨리 자신을 비참한 감옥에서 풀어달라는 것이었다.

왕비는 왕의 전갈을 오랫동안 심사숙고했다. 그녀는 왕이 너무도 그리웠기 때문에 가능한 한 빨리 남편을 풀어주고 싶었지만, 그렇게 많은 돈을 모으려면 몇 달이 걸릴 터였다. 왕비는 생각했다.

'설사 내가 몸값을 직접 가져간다 해도, 그 잔인한 왕은 금화만 챙기고 나까지 감옥에 가둬버릴지 몰라. 그렇다고 다른 밀사에게 돈을 보내자니 대체 누구를 믿고 보낸단 말인가. 또 몸값 제의가 거절당한다면? 그 잔인한 왕은 몸값을 받고 죄수를 풀어주는 걸 원치 않을지도 몰라. 아니면 너무 부유해서 우리가 제시하는 금화 정도는 코웃음을 칠지도 모르지.'

왕비는 절망감에 사로잡혀 방 안을 서성였다. '왕이 요구한 대로 했다가는 그분이 고국에 돌아왔을 때 우리는 엄청난 빚을 진 가난뱅이가 되어 있을 거야. 나라는 궁핍해지고, 백성들은 고통받겠지.'

더는 머리가 돌아가지 않을 때까지 생각에 생각을 거듭한 끝에 마침내 왕비에게 묘안이 떠올랐다. 그녀는 방랑하는 음유시인, 류트 연주자로 변장해 그 먼 나라까지 가서 직접 왕을 구하기로 했다. 이 대담한 작전이 과연 성공할지 알 수 없었지만, 시도는 해봐야 했다.

대신들이 이 사실을 알았다가는 대경실색하며 그녀를 말릴 것이 분명했다. 따라서 왕비는 긴 갈색 머리를 손수 자르고, 소년으로 변장한 다음, 여행을 다녀오겠다는 쪽지를 남겼다. 그러고는 한 손에 류트를 든 채 한밤중에 몰래 성을 빠져나왔다. 오로지 달빛만이 그녀를 인도해주었다.

여행이 계속될수록 왕비는 점점 마르고, 햇볕에 그을었다. 입고 있던 밝은 색 망토도 더러워지고 낡아졌다. 한 달이 조금 넘었을 때 왕비는 목적지에 도착했다.

잔인한 왕이 사는 궁전에 도착하자 왕비는 류트를 손에 들고 연주하기 시작했다. 그리고 자신의 소원을 간절하게 표현한 슬픈 노래를 불렀다. 왕비의 목소리가 너무도 아름다우면서 슬펐기에 노래를 들은 사람들은 모두 감동을 받았다. 그녀의 아름다운 노래를 들은 잔인한 왕 역시 마찬가지였다. 그는 노래 부른 사람을 당장 자기 앞에 대령하라고 일렀다.

"어서 오너라, 류트 연주자여. 너는 어느 나라에서 왔느냐?" 왕이 물었다.

"제 고향은 많은 나라를 지나가야 나오는 먼 곳에 있습니다, 폐하. 전 이곳저곳을 떠돌며 음악으로 생계를 유지하는 신세입니다."

"그렇다면 여기 머물며 우리를 위해서 연주해다오. 떠나고 싶어지면 네 노래에 나오는 그 소원을 들어주겠노라. 너의 가장 간절한 소원 말이다."

왕비는 즐거운 노래와 슬픈 노래로 사흘간 왕을 매혹한 후, 이제 떠나게 해달라고 청했다.

"보답으로 무엇을 원하느냐?" 왕이 물었다.

"폐하, 죄수 하나를 제 여행의 길동무로 삼고 싶습니다. 여행하는 동안 그의 행복한 목소리를 들으며 폐하를 생각하고, 또 감사할 것입니다."

왕은 그녀의 청을 수락했다. 죄수들이 갇혀 있는 곳으로 안내된 왕비는 남편을 찾아내 그를 데리고 고향으로 향했다.

여행하는 동안 왕은 깡마르고 까맣게 그을린 음유시인이 자신의 아내일 줄은 꿈에도 몰랐다. 마침내 그들이 다스리는 나라의 국경에 도착하자 왕이 말했다.

"이젠 날 풀어다오, 친절한 소년아. 나는 평범한 죄수가 아니라 이 나라의 왕이니라. 날 보내주면 보답으로 네가 원하는 것은 무엇이든 주겠다."

"보답은 필요 없습니다. 안녕히 가십시오."

류트 연주자가 대답했다.

두 사람은 헤어졌고, 여왕은 지름길을 통해 왕보다 먼저 성에 도착했다. 그녀는 화려한 드레스를 입고, 머리에 뾰족한 실크 모자를 쓴 다음, 남편을 만나러 갔다.

왕은 환호하는 백성들에게 인사한 후, 왕비를 보며 꾸짖듯이 말했다.

"내 전갈을 받지 못했소? 난 당신이 몸값을 보내서 풀려나기만을 기다리며 감옥에서 오랜 시간을 낭비했소. 당신은 날 반갑게 맞이하지만, 정작 날 구하고 집까지 데려다준 사람은 류트 연주자였소."

왕비는 몸값을 보내지 않았다는 이유로 왕이 화를 낼까 두려워 나중에 단둘이 남았을 때 그간의 사정을 설명할 생각이었다. 그러나 그녀가 채 대답하기도 전에 옆에 서 있던 못된 신하가 이렇게 말했다. "폐하께서 감옥에 갇혀 있다는 전갈이 도착하자 왕비님은 그 길로 성을 나가셨다가 오늘에야 돌아오셨답니다."

그 말을 들은 왕은 충격을 받고 슬픔에 잠겼다. 그리하여 왕비에게 등을 돌린 채 대신들하고만 대화했다. 자신이 힘들 때 왕비가 외면했다고 생각했기 때문이다. 왕비는 방으로 돌아가 여행으로 더러워진 음유시인 복장으로 갈아입었다. 그러고는 류트를 들고 성의 안뜰로 가 머나먼 나라에서 불렀던 노래를 다시 불렀다.

왕은 그 노래를 듣자마자 안뜰로 달려 나와 류트 연주자의 손을 잡으며 외쳤다. "이 사람이 바로 날 감옥에서 구해준 류트 연주자요! 자, 친구여, 상으로 자네가 원하는 것을 주겠네."

"제가 원하는 것은 오로지 폐하의 믿음과 사랑뿐입니다." 왕비는 그렇게 말하며 후드가 달린 망토를 벗어 던지고 모습을 드러내었다. "그리고 청하옵건대 제 사연을 들어주십시오."

곳곳에서 탄성이 울려 퍼졌다. 왕은 너무 놀라서 우두커니 서 있다가 부인을 덥석 껴안았다. 왕비는 그제야 왜 자신이 류트 연주자로 변장해 왕을 구해야 했는지 설명했다.

왕은 여왕의 지혜와 용기에 기뻐했고, 그 보답으로 나라 전체에 7일 동안 성대한 축하 파티를 열겠노라고 선포했다.

이 이야기 속 여왕은 여성적 직관의 상징으로, 이상적인 나라에서는 논리적 사고 과정을 상징하는 왕과 함께 우리의 삶을 다스리고 있다. 실마리가 보이지 않는 문제에 부딪혀 모든 논리적 가능성이 바닥난 후에야 왕비의 머리에는 새로운 아이디어가 떠오른다.

왕비는 자신에게 떠오른 생각을 믿었다. 비록 당시에는 그것이 성공할지 확신할 수 없었지만 왕비는 그 계획이 옳다고 느꼈으므로 그에 따라 행동했다. 직관에 따른다는 것은 곧 기꺼이 위험을 무릅쓰고, 끝이 어디일지 모르는 상태에서 기꺼이 나아가겠다는 뜻이다.

직관은 우리가 마음과 연결되어 있을 때 찾아온다. 왕비는 자신의 감정을 믿었고, 감정이 올바른 결정으로 인도하도록 허락했다. 남편이 너무나 그리웠지만 그가 돌아오기만을 우두커니 기다리고 싶지도 않았다. 따라서 무조건 왕의 지시에 따르기보다 더 창의적인 해결책을 찾아 내면을 들여다보았다.

합리적인 생각과 달리, 직관적인 격려는 감정의 도움을 받을 수 있다. 왕비가 남편에 대한 그리움을 느꼈기 때문에, 또한 자신의 외로움을 부인하지 않았기 때문에 남편에 대한 그리움이 담긴 애절한 노래를 부를 수 있었다. 만일 그녀가 마음속 소망을 간청하는 노래에 감정을 담아 부르지 않았다면 적국의 왕을 그토록 감동시키지 못했을 것이고, 따라서 그녀의 계획도 실패했을 것이다.

직관이 그러하듯이 왕비는 나무가 아닌 숲을 보았다. 왕비는 논리적인 결론을 도출해내는 왕의 계획에 한계가 있음을 깨달았다. 설령 그 계획이 성공한다 해도 거기에는 치명적인 약점이 있었다. 왕국이 궁핍해질 것이라는 점이다. 그러나 직관의 문을 두드릴 때 우리는 더욱 넓은 깨달음의 저장고와 연결될 수 있고, 편협하고 하나밖에 모르는 관점에서 다른 모든 것과의 연결 고리가 보이는 관점으로 시야를 확장할 수 있다.

이야기 속 대신들은 직관을 불신하는 우리 문화의 집단적인 목소리를 상징한다. 왕비는 그들이 자신의 결정을 지지하지 않을 뿐아니라 직관에 따라 행동하려는 자신을 말리려 할 것임을 알고 있었다. 따라서 그들과 상의하지 않고, 아예 대립을 피해버리기로 결정했다. 자신의 주권을 유지하고, 독립적인 인간이 되어 내면의 권위를 따르는 길을 선택했다. 우리도 우리의 직관적인 깨달음을 조롱하는 사람들이 누구인지 알아야 한다. 그리하여 그들에게 신경 쓰지 않고 내가 할 일만 꿋꿋이 해나가겠다는 마음의 준비를 해야 한다.

섭식 장애의 감옥에서 해방되고 싶은 여성은 직관이 주는 내면의 격려를 수용해야 한다. 내면에 귀 기울이고, 직관적 인식을 되찾고, 그것의 지혜에 고마워해야 한다.

그 말은 곧 매일매일 몸의 신호와 본능에 주의를 기울이라는 뜻이기도 하다. 자신의 충동과 예감을 존중하라는 뜻이다. 이런 정보를 길잡이 삼아 자신의 감정과 통찰력을 소중히 여기라는 뜻이다.

직관에 접근하려면 수용적인 마음가짐을 가져야 한다. 매일 아무 일도 하지 않고 조용히 앉아 '행동하기'보다 '존재하기'에 초점을 맞추는 시간을 갖자. 의식 속에 어떤 생각과 감정이든 떠오르도록 내버려 둔다. 특히 반복적으로 떠오르는 영상과 생각에 주의를 기울이자.

감정을 존중하자. 아무런 판단도 내리지 말고, 감정이 나를 훑고 가도록 내버려 두자. 내가 어떻게 느껴야 하는지보다 내가 어떻게 느끼는지에 집중한다. 감정을 억누르거나 숨겨봐야 직관의 기능을 방해할 뿐이다. 자신이 어떤 감정들을 느끼고, 각기 다른 감정이 신체의 어느 부위에서 느껴지는지 알아내는 것은 매우 중요하다. 그래야 두려움 같은 특정한 감정을 직관적인 격려로 혼동하지 않는다.

판단 따위는 집어치우자. 직관이 주는 메시지를 비판하는 대신 호기심을 가지고 의문을 제기하라. '왜 일하러 가기 싫을까? 뭐가 내 신경에 거슬리는 걸까? 그게 왜 이런 식으로 영향을 미칠까? 그럼 난 어떻게 달라지길 원하는 걸까?'

당신 스스로를 점검해보라. '내가 이 말을 하면 저 사람이 뭐라고 할까?' '내가 이렇게 하면 저 사람은 기분이 어떨까?' '내가 여기 온 걸 알면 저들이 어떻게 생각할까?'라고 묻지 말고 '방금 저 여자가 한 말을 듣고 난 어떤 기분이 들지?' '방금 그가 한 행동에 난 어떻게 반응해야 할까?' '여기에서 저들과 함께 있으면 내 기분이 어떨까?'라고 물어야 한다. 우리는 너무 자주 자신을 이끌어줄 단서를 외부에서 찾으려고 한다. 정작 해답은 우리 안에 있는데 말이다.

나 자신에게 인내심을 가져라. 직관을 되찾는 일은 연습이 필요한 기술이나 다름없다. 직관적 안내는 매우 다양한 형태로 나타나기 때문에 알아차리려면 시간이 필요하다. 때로는 문제에 대해 매우 분명하게 '예' 또는 '아니요'가 떠오르기도 하지만, 때로는 특정한 상황이 그저 막연히 불편하게만 느껴지기도 한다. 계속 떠오르는 생각이나 오랫동안 잊고 있었는데 불쑥 기억나는 추억 혹은 밤에 꾸는 꿈을 통해 어떤 식으로 행동하라는 영감을 받기도 한다.

직관의 설득이라고 의심되는 예감, 통찰력, 충동을 기록하라. 그런 일이 벌어질 때, 다시 말해 이런 내면의 메시지를 지지하거나 구현하는 사건이 벌어질 때 주의를 기울여라. 직관은 여러 형태로 나타나기는 해도 결코 틀리는 법은 없다. 시간이 흐르면 자신의 직관이 더욱 분명하게 느껴질 것이다.

살다 보면 주위 사람들이 내 행동을 비난한다 해도 내 직관을 따르는 모험을 하게 될 때가 있다. 내 직관을 따르면 더 활기차고 강해진다는 것을 금세 깨닫게 될 것이다. 그런 상황에서는 매사가 물 흐르듯 원만하게 흘러간다. 그러나 직관을 따르지 않을 때는 정체감, 무력감, 무능력한 느낌이 들고 매사에 발버둥을 치는 듯하다.

여성의 직관이 회복 불가능할 정도로 사라지는 법은 없다. 설령 냉대와 무시를 받는 동안 묻혀 있었을지라도, 내면을 들여다보고 귀를 기울이면 직관은 회복될 수 있다. 사용하지 않아서 약해지고 위축되었을지라도 직관의 충고에 따라 행동하면 직관은 다시 강해질 수 있다.

당신의 존재 한가운데에는 언제나 당신을 인도해주는 현명하고 자애로운 여인이 있다는 사실을 늘 명심하라. 그녀는 당신이 자신의 말을 들어주기를 갈망한다. 그녀의 말에 귀를 기울인다면 그릇된 길로 나아가는 일은 없을 것이다.

12

꿈:

자기 탐색의 지름길

: 꿈의 언어이자 은유의 언어를 배우면 완전히 새로운 세상이 펼쳐
진다. 내면의 자아와 더 친밀해지고, 우리를 안내할 정보를 얻게
되며, 의미 있는 기억을 되살리고, 영감의 근원과 치유의 자원을
발견하게 된다.

다음은 오래전부터 영국에서 전해 내려오는 이야기로 꿈의 가치를 말해준다.

옛날 한 시골 마을에 근근이 살아가는 가난한 장사꾼이 있었다. 그가 가진 재산이라고는 뒤뜰에 커다란 체리 나무가 있는 조그만 오두막이 전부였다. 체리 나무 주위로 채소를 키우는 텃밭이 있었는데 가족들이 먹는 음식은 대부분 그 밭에서 얻었다.

어느 날 밤에 장사꾼은 아주 신기한 꿈을 꾸었다. 꿈에서 런던 브리지로 여행을 떠났는데 다리에 도착해보니 황금 자루가 놓여 있었다. 꿈이 너무도 생생하고 현실 같아서 잠에서 깬 지 한참 후에도 잊히지가 않았다. 장사꾼은 꿈에 완전히 사로잡힌 나머지 그날 밤 부인에게 이렇게 말했다. "어젯밤 런던 브리지 밑에서 황금 자루를 발견하는 꿈을 꿨소. 당장 내 보물을 찾으러 런던으로 떠나야겠어."

"당신 미쳤군요!" 아내가 외쳤다.

"런던 브리지 밑에서 황금을 발견하는 꿈을 꿨다고 해서 진짜 거기로 가면 어떡해요. 당신은 여기 남아서 우리 가족을 먹여 살려야 한다고요."

그러나 장사꾼은 완강하면서도 단호하게 보물을 찾아 떠날 뜻을 밝혔다. 결국 그의 아내는 음식을 싸주며 남편이 잘 다녀오기를 바랄 수밖에 없었다.

런던까지는 꽤 먼 거리였기에 장사꾼은 먼지가 이는 시골길을 오래 걸어가야 했다. 마침내 녹초가 되어 런던에 도착했고, 지나가는 사람에게 길을 물어 꿈에서 보았던 다리로 갔다.

그러나 슬프게도 다리 밑에 황금은 없었다.

장사꾼은 실망하지 않고 며칠간 다리 근처에 머물기로 마음먹었다. 자신의 꿈이 꼭 실현되리라고 믿었기 때문이다.

사흘째 되던 날 밤, 집에서 가져온 음식은 거의 바닥나버렸다. 그의 희망도 바닥나긴 마찬가지였다. 장사꾼은 '꿈을 따라 여기까지 오다니, 나 같은 바보가 또 어디에 있을까'라고 생각하며 집에 돌아가려고 옷과 배낭을 집어 들었다. 그때 다리 건너편 여관에 묵고 있던 남자가 그에게 다가와 물었다.

"그동안 건너편 여관에서 당신을 쭉 지켜보고 있었소. 이 다리 아래에 사흘째 머무르고 있던데 대체 여기서 뭘 하는 거요?"

장사꾼이 꿈 이야기를 해주자 남자가 피식 웃었다.

"나도 그런 엉터리 꿈을 꾼 적이 있소. 한번은 꿈에서 시골에 있는 작고 초라한 오두막으로 여행을 떠났지. 오두막 뒤쪽에는 텃밭으로 둘러싸인 커다란 체리 나무가 있었는데 바로 그 체리 나무 밑에 황금이 든 자루가 묻혀 있었다오."

장사꾼은 남자에게 고맙다는 인사도 못 한 채 허둥지둥 작별 인사를 했다. 그러고는 급히 집으로 돌아가 체리 나무 아래를 파보았고, 거기서 황금이 든 자루를 발견했다. 그리하여 장사꾼과 그의 가족은 죽을 때까지 부유하게 잘 살았다.

이 이야기에 나오는 장사꾼처럼 우리는 꿈에 별다른 가치를 부여하지 않는 사회에 살고 있다. 악몽을 꾼 아이들에게는 "그냥 꿈일 뿐이야"라고 말해준다. 마치 꿈에 아무런 의미도 없다는 듯이. 추진력이 부족한 사람을 흉볼 때는 '몽상가'라고 말하며, '백일몽'을 꾼 아이들은 학교에서 훈계를 듣는다. 꿈이 우리의 과거와 현재, 미래에 관해 색다른 정보를 제공해준다는 사실은 우리 사회에서 폭넓게 수용되지 못한다.

고대 사회에서는 꿈에 온갖 종류의 강력하고 신비로운 특질이 있다고 믿었다. 어떤 사람들은 꿈을 신이 보내는 메시지, 우주의 신비를 푸는 열쇠라고 믿었다. 그런가 하면 꿈이 현실과 완전히 다른 세계, 우리가 깨어 있을 때의 삶처럼 현실적인 또 다른 세계로 가는 진입로라고 믿었던 사람들도 있다. 많은 문화권에서 무당들은 꿈을 미래에 일어날 사건의 계시로 보며, 전 세계의 민간 주술사는 질병과 고민을 해결할 지혜를 꿈에서 얻는다.

현대 서구 문화에서는 꿈이 '무의식' 세계와 연관되어 있다고 본다. 무의식은 자아의 깊은 측면으로, 평상시에는 우리가 바깥세상에 드러내는 표면 밑에 감춰져 있다. 많은 심리상담가는 꿈이 자기 탐색의 '지름길'을 제공한다고 믿으며 꿈의 해석을 집중적으로 연구한다. 꿈은 그 사람의 현실적인 생각, 진짜 감정, 가장 간절한 소망을 상징적으로 표현한다. 그러나 많은 사람, 특히 '좀 더 냉철한' 과학을 신봉하는 사람들은 꿈에 의미가 있다는 생각 자체를 비웃는다. 그들은 꿈을 한낱 '신경학적 공전空電 상태'로 치부한다.

꿈을 제대로 이해하려면 꿈의 언어를 알아야 한다. 꿈은 현실 세상의 언어로 말하지 않는다. 시나 그림, 소설처럼 의식을 우회해서 내면 깊은 곳을 건드리는 생각, 감정, 영상을 불러일으켜 영혼에 직접 말한다. 또한 예술과 마찬가지로 상징이나 은유로 말한다. 그리고 우리에게 익숙한 직접적이고 직선적이며 합리적인 사고 구조도 따르지 않는다. 시와 꿈, 동화에 나타나는 상징들은 지적인 차원이 아닌, 상상과 감정의 차원에서 우리에게 영향을 미친다. 만일 우리가 평소 익숙한 사고 과정대로 단순히 글자 그대로의 의미만 따지고 지적인 차원에서 꿈에 접근하려 한다면, 꿈이 제공하는 한없이 복잡 미묘한 의미를 발굴하지도, 체험하지도 못한다. 그렇게 고지식한 해석으로만 한정하면 우리의 꿈은 그저 '이상하거나' 무서울 뿐이다. 따라서 '황금'을 찾을 수 있는 기회를 스스로 내던진 채 우리는 꿈을 이해하지 못하고, 이해하고 싶어 하지도 않으며 그냥 잊어버리려고 할 것이다.

무의식 세계는 인생의 온갖 경험, 가까운 과거와 먼 과거의 추억, 미래의 가능성으로 이루어진 거대한 바다와 같다. 의식은 그 대양 한가운데 떠 있는 조그만 섬에 불과하다. 무의식이 알고 있는 광대한 지식을 유한한 의식이 이해하게 하려면 그 지식을 여러 겹의 의미가 있는 상징으로 압축해서 전달해야 한다. 이는 은유를 통해서만 가능하다. 은유는 무의식에서 발견되는 날것의 충동이나 패턴, 본능을 의식이 흡수할 수 있는 형태로 바꾼다. 꿈에 나오는 상징과 단어, 이미지는 꿈을 꾸는 사람에게 엄청나게 많은 의미를 지닐 수 있다.

꿈의 언어이자 은유의 언어를 배우면 우리 앞에 완전히 새로운 세상이 펼쳐진다. 내면의 자아와 더 친밀해지고, 우리를 안내해줄 정보를 얻게 되며, 의미 있는 기억을 되살리고, 영감의 근원과 치유의 자원을 발견하게 된다. 꿈은 지금 당신이 어디에 있는지, 어디에서 왔는지, 어디로 가야 하는지 그리고 그곳으로 가려면 무엇이 필요한지 말해줄 수 있다. 꿈은 종종 일상생활에서 우리가 간과하고 피해온 것들을 보여준다. 우리가 누구인지, 무엇을 원하는지 좀 더 자각해서 더욱 전인적이고 온전해지기 위한 여정에 가장 큰 도움이 되는 감정, 생각, 태도들을 보여준다. 예를 들어, 깜박 잊고 옷을 입지 않은 채 출근한 걸 알고 겁에 질리는 꿈을 꿨다면, 당신이 직장에서 자신을 드러내거나 상처받는 것을 두려워하고 있음을 알 수 있다. 따라서 당신은 평소에 무시해온 이 두려움에 의문을 갖고 탐색할 필요가 있다.

꿈을 통해 무의식이 보내준 메시지를 받으려면 꿈에 나타나는 물건, 인물, 사건, 장소가 다중적인 차원의 상징임을 깨닫는 것이 중요하다. 익숙하든 익숙하지 않든 그것은 단순한 사물, 사람, 장소의 구체적인 표현이 아니다. 꿈은 우리의 일상적인 생각보다 훨씬 더 극적으로 이미지와 아이디어를 보여준다. 그래서 충격적이거나 과장되는 경향이 있는데 이는 우리의 관심을 끌기 위해서다. 안타깝게도 사람들은 그저 꿈이 주는 이미지나 꿈에서 자신이 저지르는 행동에 놀란 나머지 어떻게든 꿈을 잊어버리려고 한다. 자신의 두려움을 이해해서 치유될 수 있는 기회를 놓쳐버리는 것이다. 꿈은 도덕적 가치 판단이 무의미하며 누구에게도 해가 되지 않는다. 사람들은 그 사실을 이해하지 못한 채 현실 생활의 잣대로 꿈을 판단한다. 예를 들어, 미술관에 전시된 그림을 훔치려고 밖에 있던 경비를 난폭하게 공격해서 죽이는 꿈을 꿨다고 하자. 이런 꿈을 꿨다고 해서 당신이 도벽 성향이 있는 살인마라는 의미는 아니다. 이 꿈은 아마도 현실에서 당신이 미처 표현하지 못한 분노를 말해주고 있을 것이다. 꿈에서 자신이 저지른 행동을 판단하기보다는 내가 누구에게 화가 났는지, 내가 창조성을 발휘하지 못하도록 방해하는 사람이 누구인지 질문해보는 편이 훨씬 도움이 된다.

꿈에 나타나는 인물은 당신 삶의 특정 인물을 대표하거나 당신이 관계를 끊으려는 자아의 일부분, 자신의 일부로 인정하고 받아들이고 싶지 않은 부분을 상징한다. 자기 자신을 신중히 분석해보면 창조적인 사람이 되기 위해 제거해버리고 싶은 부분(안전 지향적이고 권위적인 내면의 목소리)이 있음을 발견하게 될 것이다.

꿈에서 우리가 목격하고 체험하는 인간관계는 자신의 여러 자아와 어떤 관계를 맺고 있는지 그 숨겨진 진실을 말해준다. 우리는 생각보다 훨씬 더 복잡한 존재로, 정신세계에 온갖 성격이 존재한다. 책임감 있고 남을 지지하고 보살피며 현실적인 자아와 같이 자신에게 익숙하고 편안하게 동일시할 수 있는 자아가 있는가 하면, 창조적이거나 태평하고 자신만만한 자아처럼 낯선 자아도 있다. 또 비합리적이고 비판적이며 불만에 가득 차고 제멋대로고 성난 자아처럼 혐오스러운 측면도 있다. 꿈에 자주 나타나 우리를 불러대며 관심을 끌려고 하는 것도 바로 우리가 인식하지 못하거나 싫어하며 모른 척하려는 자아다. 그런 자아는 꿈에서 당신의 집에 침입하려는 흉악하고 위협적인 인물이나 뒤쫓아오는 들개 무리 또는 당신을 포로로 붙잡고 있는 괴물로 나타날 수 있다.

꿈에 등장하는 남자는 우리 내면의 남성성에 대해 말해주며, 여자는 내면의 여성성에 대해 말해준다. 꿈에서 남자와 여자가 어떤 관계를 맺고 있는지는 곧 우리 내면의 남성성과 여성성의 관계, 즉 합리적이고 외부 지향적이며 독립적이고 목표 및 성취 지향적인 자아와 감정적이고 직관적, 관계 지향적인 자아 간의 관계의 본질을 나타낸다. 남녀 중 어느 한쪽이 다른 쪽에게 위협감을 느끼고 지배를 받았는가? 아니면 둘이 서로를 '사랑하며' 함께 일했는가? 예를 들어, 가장 친한 친구의 남편이 회계사인데 그 남자와 섹스하는 꿈을 꾸었다고 해보자. 그런 꿈을 꿨다고 해서 당신이 꼭 그에게 성적으로 끌린다는 뜻은 아니다. 재정적인 업무를 다루는 자신의 남성적 측면과 결합하려는 내면의 깊은 움직임을 나타내는 것일 수 있다.

어머니와 아버지에 대한 꿈은 종종 우리가 무의식중에 부모에 게서 받아들여 자신의 일부로 만든 특성을 말해준다. 그와 동시에 위대한 어머니나 위대한 아버지의 원형적 개념과의 관계는 물론 우리 내면의 모성애나 부성애와의 관계에 대한 깨달음을 주기도 한다. 꿈에 나타나는 어린아이나 갓난아기는 종종 우리 내면의 어린이, 즉 쉽게 상처받는 미숙한 자아를 나타낸다. 동물에 관한 꿈은 우리의 본능적인 성질에 대해 말하는 경우가 많다.

음식과의 투쟁을 좀 더 본질적으로 이해하려는 여성에게 꿈은 그녀가 진정 무엇에 굶주려 있는지, 채워지지 않은 욕구가 무엇인지, 몸 사이즈를 통해 해결하려는 내면의 갈등은 무엇인지, 음식으로 꾹꾹 누르려는 감정은 무엇인지, 무엇을 두려워하는지 알아낼 수 있는 귀중한 단서를 제공한다. 꿈은 음식과 몸무게, 섭식 습관이 현실에서 어떤 은유적 역할을 하는지 종종 매우 신랄하게 보여준다. 또한 그녀가 자신의 어떤 면과 단절되고 싶어 하는지 그리고 그런 면을 감추기 위해 음식이나 다이어트를 어떻게 이용하는지 보여준다. 뿐만 아니라 그녀가 어떤 단계를 밟아야 하고, 어떤 기술을 개발해야 하며, 내면의 어떤 목소리에 귀 기울여야 하고, 내면의 어떤 자원에 의지해야 하는지도 가르쳐준다.

배가 부른데도 계속 먹어대는 습관이 있는 비행기 승무원 패티는 이런 꿈을 꾼 적이 있다. 큰아들과 둘째 아들이 홍콩행 비행기 1등석에 타고 있고, 자신은 그 비행기에 타지 못해 무척 속상해하는 꿈이었다. 이 꿈은 패티에게 암시하는 바가 매우 크다. 늘 주위 사람들에게만 1등급 대접을 하고, 정작 자신은 그로 인한 대가를 전혀 받지 못하는 상실감을 극적으로 표현하기 때문이다. 또한 자신에게 주어진 의무를 홀홀 떨쳐내고 휴가를 떠나지 못하는 분노를 표현하기도 한다.

꿈은 이렇게 이어졌다.

"두 아들이 홍콩으로 떠나버리자 전 태어난 지 얼마 안 된 쌍둥이 딸을 데리고 오픈카를 탔어요. 그런데 눈앞에서 비행기가 불시착하며 폭발하는 거예요. 사방으로 비행기 파편이 떨어졌고, 전 쌍둥이를 다치지 않게 보호했죠. 덕분에 우리는 상처 하나 없이 그곳을 빠져나왔어요."

패티는 지붕이 없는 오픈카는 보살펴야 할 아이가 둘이나 새로 생겨서 자신이 얼마나 약하고 무방비한 상태인지 보여주는 상징이라고 유추했다. 비행기의 폭발은 육아가 뜻대로 되지 않았을 때 그녀가 얼마나 상처받았는지를 나타낸다.

"꿈에서 쌍둥이를 데리고 중국 음식점에 들어갔는데 웨이터에게 너무나 화가 나서 소리를 질러댔어요. 당신이 내게 뭘 먹으라 마라 명령할 순 없다, 난 내가 주문한 음식을 먹고 싶다, 돈을 내는 건 나니까 내가 뭘 먹든 당신은 상관하지 말라고요. 그러고는 의자를 집어 들어 웨이터의 머리를 내려쳤죠."

음식점이라는 배경은 패티가 느끼는 좌절과 상처가 음식 및 먹는 문제와 연관이 있음을 보여주는 단서다. 그녀는 큰아들과 둘째 아들이 홍콩에서 먹고 있을 음식을 자신이 먹으려 했다는 것을 깨달았다. 분노의 폭발은 자신의 일부(모든 사람의 시중을 드는 웨이터)가 자신이 원하는 것을 선택하도록 허락하지 않을 때 그녀가 느끼는 내면의 분노를 암시한다. 꿈은 패티에게 그녀의 분노(의자로 머리를 내려치는 듯이 강렬한)와 그것을 표현해야 할 필요성에 주의를 돌리라고 말한다. 그리하여 박탈감, 상처받기 쉬운 마음, 좌절, 분노를 외면하기 위해 배가 부른데도 계속 먹어대는 식습관을 이용하지 말고, 의식적으로 자신이 원하는 것을 선택하라고 말한다.

우리가 꾸는 꿈은 어려운 상황을 헤쳐나가는 데 가장 좋은 안내자이다. 종종 현실에서 벌어지는 일보다 한 발 앞선 이야기를 선사하고, 당신에게 가까이 오라고 부르기도 하며, 자신이 누구인지 밝히는 데 앞장서라고 촉구하기도 한다. 자신만의 독특한 이미지 언어를 이용하고, 말장난을 치며, 감정을 드러내는 방법을 통해 꿈은 역설적이게도 당신이 스스로 인식하지 못하거나 효과적으로 활용하지 못하는 자신의 일부에게 '깨어나라'고 가르친다.

몇 년간 폭식증에 시달리다 이제 막 회복의 문턱에 들어선 트리시아라는 젊은 여성은 마지막으로 폭식과 구토를 겪기 직전에 꾼 꿈을 이야기해주었다.

"전 한 여자에게 쫓겨 숲으로 들어가고 있었어요. 여자는 손에 칼을 쥔 채 절 죽이려고 했죠. 처음에는 여자가 제 차에 타면서 숲까지 태워다 달라고 거짓말을 했어요. 그러더니 놀랍게도 절 쫓아오기 시작하는 거예요. 전 무서워서 죽을 지경이었죠. 그러다 무슨 이유에서인지 제가 뛰는 걸 멈추고, 화를 내며 그 여자에게 말했어요. '이러면 안 돼요. 이건 바보 같은 짓이라고요! 난 여기에 있고 싶지 않아요. 다른 할 일이 많으니까 당신을 집에 데려다줄게요.' 그러고는 그 여자를 집으로 데려다주었죠(여자도 그제야 만족하더군요). 그런데 그 여자의 집으로 가는 길이 너무 길고 가파른 거예요. 전 '딴 길로 새면 안 돼. 할 일이 많단 말이야'라고 생각하며 여자에게 그냥 여기서 내리라고 말했어요(차도 한복판에요). 그러고는 그녀의 볼에 키스한 뒤 할 일을 하려고 차를 몰고 가버렸죠."

트리시아는 꿈에 나온 여자가 어릴 때부터 자신에게 모질고 적대적이며 비판적이었던 언니를 상징한다는 것을 금세 깨달았다. 그 꿈을 꾸기 얼마 전 트리시아는 언니가 자신을 무시하거나 거부할 때, 또는 언니가 자신을 함부로 평가할 때마다 꼭 폭식과 구토를 하게 된다는 사실을 알았다. 앞의 꿈은 언니가 공격할 때마다 혹은 언니가 비판하며 구박할까 봐 두려울 때마다 트리시아가 (폭식과 구토를 통해) 무의식의 숲으로 도망쳤음을 보여준다.

그러나 이 꿈에서 트리시아는 계속 도망치지 않고 도중에 멈추어 화를 냈다. 그녀는 살면서 해보고 싶은 다른 일이 있다는 것을 깨달았고, 평생 자신이 어떤 감정인지 또는 무엇을 원하는지도 모르는 상태로 살고 싶지 않았다. 언니에게 그런 취급을 받을 때마다 분노를 표현해야만 자신의 진실한 감정에서 도망치는 과정을 끝낼 수 있음을 그 꿈이 보여주었다.

트리시아는 꿈에 나온 여자가 무의식에서는 언니와 똑같은 식으로 자신을 대하는 또 다른 자아라는 것을 깨달았다. 그 자아는 트리시아가 의무를 이행하지 않거나 어떤 일을 '원칙대로' 완벽하게 또는 재빨리 처리하지 않을 때마다 지나친 비판과 모진 평가로 그녀를 공격했다. 트리시아는 바로 자신의 이런 '매정한' 모습에서 도망치기 위해 무의식적인 폭식 습관을 도피처로 삼은 것이다. 꿈은 트리시아에게 더 이상 그런 식으로 살아서는 안 되며 더는 숲에 머무를 필요가 없다는 메시지를 준다. 트리시아는 자신의 분노를 경험하고 표현해야 자기 인생의 '운전대'를 다시 잡을 수 있다. 지금까지 단절되었던 자신의 이런 비판적인 부분을 집으로 돌려보냄으로써 단호하면서도 부드러운 방식으로 자신이 기꺼이 할 수 있는 일과 없는 일에 한계를 정할 수 있다.

꿈은 종종 우리의 이성적인 의식을 어지럽히는 미스터리들을 푸는 데 도움이 되는 단서들을 제공한다. 또한 갇히고 억압된 기억을 풀어주고, 치료 과정을 활성화하는 이미지들을 선사한다.

신시아는 청소년 시절에 거식증으로 병원 치료를 받았고, 아직도 섭식 장애에서 완전히 벗어나지 못했다. 청소년기에 그녀는 뚱뚱해질까 두려워서 종종 음식을 다 토해내곤 했다. 과거에 치료를 받기는 했어도 신시아는 자신의 거식증을 부추겼던 숨겨진 문제들이 무엇인지 명확히 몰랐고, 자신이 왜 지금까지도 섭식 장애와 계속 씨름하는지 이해하지 못했다. 다음 꿈을 통해 신시아는 마침내 섭식 장애에서 빠져나오는 데 필요한 깨달음을 얻었다.

"꿈에서 전 거실에 앉아 남편이 언제 돌아올지 생각하고 있었어요. 그런데 옆집 여자가 신경에 너무 거슬리는 거예요. 전 마음속으로 그 여자가 굉장히 헤프다고 생각했죠. 그런데 바로 그 여자가 우리 집 현관에서 내 친구의 애인과 시시덕거리는 게 아니겠어요."

이 꿈을 꾸고서 신시아는 자신이 성욕을 어떻게 느끼며, 왜 그것을 불신하고, 왜 가끔씩 역겨워하는지 이야기했다.

"남편은 남자 세 명을 데리고 집에 돌아왔어요. 전 당장 그들에게 대접할 음식을 준비해야 했죠. 그들은 다 같이 부엌으로 몰려들어 냉장고 앞에서 절 에워쌌어요. 저한테는 음식이 조금밖에 없었는데 그걸 가지고 이 사람들을 다 어떻게 먹여야 할지 모르겠더군요."

꿈에서 그녀가 처한 어려움은 자신의 탐욕스러운 식성에 대한 두려움과 결코 그것을 만족시킬 수 없다는 감정이 반영된 것이다. 신시아는 자신의 섭식 태도와 성욕에 대한 느낌 사이에 어떤 연관이 있지 않을까 의심했다.

"한 남자는 털북숭이에 뚱뚱하고, 짜리몽땅한 데다 천박했어요. 또 한 남자는 키가 크고 말랐는데 사악한 인상이었죠. 또 다른 남자는 잘 보이지 않았어요. 마치 투명 인간처럼요. 보일 듯 말 듯한 그 남자만이 유일하게 멋진 사람이었죠. 전 뭔가가 담긴 접시를 꺼내 요리하기 시작했어요. 제가 부담스러워서 요리를 그만하고 싶어졌을 무렵에 그들 모두가 달려들어 제 요리를 먹어댔죠."

신시아는 키가 크고 마른 남자가 자신의 예전 남자 친구와 닮았다는 걸 알아차렸다. 그 남자 친구가 그녀의 다섯 살짜리 동생을 성추행했다는 걸 신시아는 나중에서야 알게 되었다. 그녀는 어린 동생을 성추행한 남자애와 사귀었다는 사실에 늘 끔찍한 수치심을 느꼈다. '말라깽이' 기식증 소녀였을 때 그녀는 남자 친구의 행동을 자신의 행동과 동일시해서 '봐, 난 그놈하고 똑같아. 나도 변태성욕자나 마찬가지야'라고 생각했다. 털북숭이에 뚱뚱한 남자는 남자 친구가 자신의 동생에게 저지른 '사악한' 행동과 연관된 그녀의 '천박하고' 동물적인 성욕을 나타낸다. 뚱뚱해질까 두려운 마음은 성욕을 느끼는 두려움과 연결되었다. 성욕의 긍정적인 측면을 나타내는 '멋진' 남자는 꿈에서 잘 보이지 않는다.

꿈의 배경이 부엌이라는 사실은 중요하다. 부엌은 변형이 이루어지는 장소이자 가공되지 않은 원료가 '요리되고', 가공되지 않은 본능이 이성적인 마음에 의해 섭취되고 소화될 수 있도록 구미에 맞게 변형되는 곳이다. 꿈을 해석하면서 신시아는 굶주린 사내들이 거부당한 자신의 성욕의 각기 다른 측면을 나타낸다는 것을 알았다. 그들은 음식을 원하며, 그녀가 봐주기를 바라고 있다. 그러나 신시아의 입장에서는 그들에게 음식을 먹이는 과정이 버겁기 짝이 없는데 아무리 많이 먹여도 뭔가 부족하기 때문이다. 그녀에게 버림받은 이런 부분들은 관심이라는 양분을 필요로 한다. 관심을 주어야만 음식과 몸무게에 대한 집착, 자신의 이런 측면을 의식에서 몰아내기 위해 이용되는 그 집착에서 벗어날 수 있다. 신시아의 꿈은 그녀가 그런 부분에 관심을 갖도록 만들어진 한 편의 드라마였다.

섭식 장애에서 벗어나고 싶다면 음식은 은유이며, 그 은유를 이해하는 과정을 통해 치유가 이루어진다는 사실을 기억할 필요가 있다. 꿈 작업은 특정한 꿈에서 은유가 갖는 알쏭달쏭한 의미를 파악하는 데 도움이 되지만(예를 들어 음식이 상징하는 바가 무엇이고, 뚱뚱해지는 것이 나에게 무슨 의미인지 또는 특정한 감정을 표현하고 억누르고 외면하는 데 섭식을 어떻게 이용하는지 밝힘으로써) 꿈의 언어를 익히면 꿈의 가치는 훨씬 더 높아진다.

꿈에 주의를 기울이고, 꿈을 해석하는 법을 배울 때 우리는 은유의 언어에 익숙해진다. 그러면 현실에서 은유가 어떻게 작용하는지 깨달을 수 있다. 예를 들어 음식은 감정적 자양분에 대한 은유이며 따라서 내가 관심, 애정, 인정에 굶주릴 때 먹는 경향이 있다는 사실이 보이기 시작한다. 급하게 음식을 밀어 넣는 행동은 어떤 감정이 표면화되려는 것을 필사적으로 막으려는 시도임을 또렷이 볼 수 있게 된다. 마음에 상처를 주는 타인의 말을 차단하고, 원치 않는 성적 접근이나 타인의 질투에서 자신을 보호하려고 살을 찌운다는 사실도 알게 된다.

꿈을 해독하려면 먼저 꿈을 기억하는 법을 터득해야 한다. 모든 사람이 꿈을 꾸지만 대다수가 꿈을 기억하지 못한다. 꿈을 기억하려면 집중해야 한다. 꿈의 이미지는 대개 언뜻 스쳐 가기 때문에 그것을 기억하려면 특별한 주의가 필요하다.

꿈을 잡기에 가장 좋은 시간은 막 잠에서 깨는 초기 단계, 즉 완전히 잠들지도 깨지도 않은 때다. 후다닥 일어나거나 깨자마자 오

늘 할 일을 곧바로 생각했다가는 꿈의 이미지가 금방 사라져버린
다. 따라서 잠시 꿈의 세계가 남겨준 단어나 생각 또는 이미지에 집
중해야 한다.

그 다음에는 즉시 그것을 기록해야 한다. 꿈을 잊어버리는 데
는 채 1분도 걸리지 않는다. 머리맡에 꿈 일지와 펜을 두고 꿈을 적
어 내려가는 것이 가장 좋다. 꿈을 기록해야겠다고 마음먹고 물건
을 준비하는 것만으로도 꿈의 기억을 유추하는 데 종종 도움이 된
다. 설령 꿈을 완전히 기억하지 못한다 해도, 마음에 떠오르는 단어
나 이미지, 감정 들을 기록하자. 나중에는 꿈을 더 분명히 묘사할 수
있게 될 것이다. 꿈을 기록할 때는 일인칭 현재 시점으로 쓰는 것이
가장 좋다. 마치 쓰고 있는 동안에 그 일이 벌어지는 것처럼 말이다.
예를 들어 "난 차를 몰고 어두운 도로를 달리고, 옆에 앉은 남자는
시가를 피우고 있다"처럼. 이렇게 쓰면 꿈의 현실감을 유지하는 데
도움이 된다.

꿈의 도움이 필요한 특정한 문제가 있다면 잠들기 전에 머릿속
으로 기억해두었다가 꿈에게 당신이 필요로 하는 깨달음을 주거나
올바른 방향으로 인도해달라고 부탁하자. 음식, 몸무게, 섭식과 관
련된 당신의 문제가 무엇이든 간에 꿈에게 음식이 무엇을 상징하는
지, 당신에게 뚱뚱하다는 것은 어떤 의미인지 혹은 섭식을 통해 당
신이 표현하거나 억누르려고 하는 감정은 무엇인지 보여달라고 부
탁하자. 당장은 아무 꿈도 꾸지 않을 수 있다. 어쩌면 몇 주가 걸릴
수도 있다. 그러나 일단 꿈을 꾸게 되면 당신의 질문에 대한 답이라

는 것을 알게 될 것이다.

꿈을 해석하는 데 있어서 '정답'을 알려주는 특별한 기술 같은 것은 없다. 꿈을 많이 꿔보고, 상상력을 이용해 특정한 물건이 갖는 의미와 그것이 현실에서 무엇을 연상시키는지 알아내다 보면 자신의 직관에 자신감이 생길 것이다. 입문 단계로 상징과 은유의 차원에서 생각하는 데 익숙해지도록 꿈의 상징에 관한 책을 구입할 수도 있다. 그러나 꿈의 해석에는 옳고 그름이 없다는 사실을 알아야 한다. 당신의 꿈은 '당신의' 꿈이다. 지문만큼이나 유일무이하다.

꿈에는 전통적인 원형의 상징, 다시 말해 인간의 경험과 관련해 다양한 문화권에서 공통적인 의미를 갖는 고대의 신비로우면서도 강렬한 이미지가(예를 들어 마녀나 여왕, 달, 어머니 같은) 등장할 수 있다. 그렇다고는 해도 대다수의 꿈은 오로지 당신만이 알아낼 수 있는 매우 사적인 의미를 가지고 있다. 꿈의 의미를 알아내는 과정은 우리에게 익숙한 분석적 사고 과정, 즉 서로 연관된 아이디어들을 의도적으로 늘어놓은 다음 논리적인 결론을 끌어내는 과정과는 매우 다르다. 논리와 순차적인 사고방식을 통해 꿈의 의미를 결정하기보다는 꿈의 이미지와 감정을 곰곰이 생각하며 의미가 떠오르게 내버려 두는 편이 더 효과적이다. 꿈의 이미지와 감정에서 연상되는 사람 또는 사물은 무엇인가? 예전에 그런 감정을 느낀 때가 언제인가? 그 이미지가 어떤 감각을 불러일으키는가? 당신의 인생에서 벌어지는 일과 어떤 관련이 있는가? 음식에 대한 당신의 감정 및 생각과 조금이라도 연관이 있는가? 즉각적인 대답을 바라지 말고 더 구체적인 질문을 하라. 꿈에 아는 사람이 나왔다면 그들이 현실에서 어떤 특질을 가지고 있는지 생각해보자. 당신은 그들을 어떻게 표현하겠는가? 꿈속의 사물은 무엇을 상징하는가? 예를 들어, 드넓은 대양이나 총알처럼 빠르게 달리는 차, 커다란 이빨, 빨간색, 초콜릿 칩, 빈 상자, 물고기, 대머리 등등을 떠올리면 어떤 생각이 나는지 자문해보자. 꿈에 나타나는 특정한 배경에서 어떤 감정이 드는가? 전에 그런 감정을 느낀 때는 언제인가? 익숙한 배경이라면 현실에서 그곳에 마지막으로 갔던 때가 언제인가? 꿈속에 등장하는 남자와 여자는 어떤 사이인가? 갈등 상태인가? 아니면 조화를 이루는가? 먹는 습관, 음식, 뚱뚱함, 몸의 이미지와 관련해 당신이 얼마나 고군분투하는지 꿈을 통해 조금이라도 알 수 있는가? 꿈은 어떻게 끝났는가?

꿈의 의미를 애써 추적하려 하지 말고 그냥 받아들여라. 꿈의 의미에 관한 생각이 떠오르게 내버려 두라. 질문한 후에는 어떤 대답이 들리든 그냥 들어라. 설사 당시에는 전혀 이치에 맞지 않는 답이라 해도.

당신의 꿈이 무슨 의미인지 섣불리 단정 짓지 않는 사람과 꿈 이야기를 나누는 것도 큰 도움이 된다. 꿈을 묘사하거나 어떤 물건, 인물, 장소가 당신에게 무슨 의미인지 설명하다 보면 꿈의 한층 깊은 의미를 발견하곤 한다. 내게는 아침에 일어나자마자 전화하는 친구가 있는데 우리는 간밤의 꿈에 대해 이야기한다. 아침에 함께 산책하는 친구와도 끔찍했거나 재미있었던 꿈에 대해 종종 이야기

한다. 상담을 받고 있는 중이라면 상담 시간에 꿈을 분석해볼 수도 있다. 그러면 당신을 인도하고 치유해줄 엄청나게 많은 정보를 얻을 것이다.

꿈의 내용도 아주 중요하지만, 앞에 소개한 장사꾼 이야기처럼 진정한 보물은 꿈을 따라가는 과정에 있다. 꿈과 내면의 목소리에 귀 기울일 때 우리는 가장 진실한 깨달음의 근원이 내 안에 있다는 사실을 발견한다. 우리가 인생에서 투쟁하는 문제의 해답은 외부 권력의 의견과 기준을 고수하는 것에서가 아닌, 자신의 경험과 감정을 탐색하는 과정에서 찾을 수 있다.

신시아는 이렇게 말했다. "전 제 꿈이 그렇게 중요한 줄 몰랐어요. 하나의 꿈에서 그토록 많은 정보를 얻을 수 있다니 정말 놀라워요. 그냥 꿈을 적고 들여다보는 것만으로 말이에요. 그러나 무엇보다도 꿈은 내 몸을 신뢰하는 데 도움이 되었어요. 이 모든 정보가 내 안에서 온다는 사실을 알게 되면서 내면의 자아와 몸의 신호를 존중해야 한다는 걸 깨달았죠."

13

월경:

몸의 지혜 되찾기

: 강렬한 감정이 솟구칠 때마다 강박적으로 먹어대는 데 익숙한 사
람이라면 자신이 월경 전에 더 많이 먹는다는 사실을 알게 될 것
이다. 감정적인 감수성이 가장 민감해지는 시기이기 때문이다. 이
시기에 기분이 극단적으로 오락가락한다면 그것은 당신이 한 달
내내 감정을 억눌러왔다는 신호다.

섭식 장애에서 벗어나려면 몸과 새롭게 관계를 맺고, 몸이 우리에게 주는 것들을 존경하고 귀하게 여겨야 한다. 그러려면 여성의 몸으로 사는 것이 어떤 의미인지 깨달아야 한다.

우리 문화에서 가장 감춰지고 부인되며 하찮게 여겨지는 여성의 측면은 바로 월경 주기이다. 우리는 모든 여성성이 철저히 억눌리는 사회에 살고 있기 때문에 그중에서도 가장 여성적인 부분인 월경이 종종 수치심, 혐오감, 고통과 연결된다는 사실은 놀랄 일이 아니다.

우리는 자기 존재의 그런 측면을 보듬을 줄 알아야 한다. 그리하여 월경이 가져다주는 깊은 지혜 그리고 우리를 삶의 리듬 및 맥박과 계속 연결해주는 내면의 깨달음을 되찾아야 한다. 다음은 내가 우리 딸들을 위해 쓴 동화다. 이 동화는 기존 사회가 우리에게 주입한 시각과 상당히 다른 시각으로 월경을 보고 있다.

지구의 모든 사람이 평화롭게 살던 옛날, 숲의 가장자리에 있는 작은 마을에 타냐라는 어린 소녀가 살았다. 어느 날 타냐는 매트에 앉아 바구니를 짜고 있었다. 타냐는 바구니를 아주 잘 짰으며, 집 정원에서 자라는 채소와 꽃을 따서 담을 바구니들도 이미 많이 만들어놓았다. 바구니 재료인 포도 덩굴을 더 가져오려고 자리에서 일어난 타냐는 자신이 앉았던 자리에 떨어져 있는 작은 핏방울을 보았다. 소녀는 깜짝 놀라 곧장 엄마에게 달려갔다.

"아, 그건 전혀 두려워할 일이 아니야. 아주 좋은 징조란다." 타냐의 이야기를 듣고 엄마가 말했다.

타냐는 엄마의 눈동자가 기쁨으로 춤추고 있는 것을 보았다. 엄마는 미소 지으며 흥분한 목소리로 속삭였다. "그건 네게 달의 힘이 다가오고 있다는 뜻이야! 이젠 너도 앤티 아주머니 집에 가서 여자들이 가진 대지의 마법을 배울 때가 됐구나."

엄마는 타냐의 손을 잡고, 숲의 저 먼 끝에 있는 앤티 아주머니의 오두막집으로 향했다. 아주머니는 아무 말 없이 두 사람을 맞이했다. 두 여인은 무슨 일인지 다 안다는 표정으로 서로를 바라보았고, 타냐에게 미소 지었다.

타냐는 앤티 아주머니 집에 놀러 가는 것을 좋아했다. 그 집은 매혹적이고 아름다웠으며 신기한 보물로 가득 차 있었다. 실크, 아름다운 구슬, 이국적인 깃털, 신기한 조개껍질, 눈부시게 반짝이는 크리스털, 갖가지 모양과 색색의 돌멩이들.

앤티는 타냐에게 선홍빛 천으로 만든 생리대 한 꾸러미와 붉은 점토로 만든 그릇을 주며 말했다. "이걸 가져가렴. 피가 많이 흐르면 생리대가 그걸 빨아들일 거야. 생리대에 피가 가득 차면 이 그릇에 정원 근처에 흐르는 냇물을 받아 천을 빨아라. 그리고 그 물을 식물에게 뿌려주렴."

"피가 많이 흐른다고요? 그럼 제가 아플 거라는 말인가요?" 타냐가 물었다.

"아니란다." 앤티는 타냐를 안심시켰다. "여자가 되기 위해 모든 소녀가 겪어야 하는 과정이란다. 이건 대자연 어머니께서 우리가 내면에 흐르는 여성의 힘을 배울 준비가 되었다고 알려주는 거야. 그리고 이 흐름은 자신의 힘을 상기시켜주려고 매달 다시 돌아온단다. 우리가 잊지 않도록."

"그 힘이란 게 뭔데요? 자기 힘을 잊는 사람도 있나요?" 타냐가 물었다.

"그 이야기는 나중에 좀 더 하자꾸나. 우선은 여기 있는 바구니를 가져가서 숲에 있는 약초를 좀 따오너라."

그러면서 앤티는 엉겅퀴, 캐모마일, 참개불알꽃, 꿩의다리아재비, 실꽃풀, 접시꽃 뿌리, 백당나무 껍질, 야생 라즈베리 잎을 따오라고 지시했다.

타냐는 자신에게 주어진 임무가 마음에 들어서 걱정 따위는 금세 잊어버렸다. 원래 약초 뿌리와 꽃을 모으며 숲속을 돌아다니기를 좋아했고, 어릴 때부터 그런 식물들이 어떻게 생겼고, 어디에 있는지 훤히 꿰고 있었다. 타냐는 앤티에게 받은 생리대를 바지 안에 착용하고, 이끼가 낀 바구니를 든 채 숲으로 향했다.

그러고는 오후 늦게야 돌아왔다. 앤티의 집 부엌에서는 물주전자가 끓고 있었다. 그들은 허브를 꺼내 뜨거운 물에 우려냈다. 앤티는 타냐에게 허브티를 한 잔 따라주며 말했다. "자리에 앉아 이걸 마시려무나. 들려줄 이야기가 많단다."

"네, 아줌마. 여성의 힘에 대해 말해주세요." 타냐가 말했다. 두려움보다 호기심이 훨씬 앞섰다.

앤티는 나무로 만든 흔들의자에 앉아 입을 열었다. "대자연 어머니는 자식인 인간들이 온전히 살 수 있도록 많은 선물을 주신단다. 네가 그 선물을 이해하고 좋아한다면 그것들은 힘을 갖게 되고, 네 삶은 아름다움과 행복으로 가득 찰 거야. 선물은 여러 형태로 나타날 수 있어. 사람들의 모습이 천차만별인 것처럼. 하지만 모든 여성에게는 똑같은 형태로 나타나는 선물이 한 가지 있는데 바로 매달 찾아오는 '흐름'이라는 선물이지. 그 흐름은 평생 흐르는 거대한 감정의 강으로 들어가는 수단이란다. 넌 그 흐름을 따라 감정의 강으로 깊이 들어갈 거야. 그러면 네 마음을 믿는 데서 나오는 힘을 얻게 되는데 그건 진실을 볼 수 있게 해주는 힘이기도 하지.

월경이 시작되면 여자는 아주, 아주 예민해져. 매사가 강렬하게 느껴지거든. 주변의 보이지 않는 것을 볼 수 있는 능력이 최고로 예리해지고, 꿈과 비전이 가장 강력해지는 시기이기도 해. 신성한 시간이지."

앤티 아줌마는 몸을 앞으로 내밀었다. 그러고는 타냐를 응시하며 경고의 말을 덧붙였다. "다른 힘과 마찬가지로 이 힘도 소중히 보살피고 존중하지 않으면 아주 파괴적이 될 수 있단다. 어떤 여자들은 자신의 감정에 귀 기울이는 걸 그만두기도 하지. 보이지 않는 것을 볼 수 있는 능력을 내던지고, 내면이 말하는 소리를 잠재우기도 해."

"왜 그런 짓을 하는 거죠?" 타냐가 물었다.

"그건 말이다, 가끔은 진실을 말하기가 두렵기 때문이야. 주위 사람들은 그들이 하는 말을 달가워하지 않거든. 그래서 아무 문제도 없는 것처럼 행동해. 사실은 그렇지 않은데 말이야. '아니요'라고 말하고 싶을 때도 '예'라고 하지."

"그럼 어떻게 되나요?" 타냐가 물었다.

"월경이 시작되면 그들은 자신의 진실에 가장 민감해지고, 더는 자신을 속일 수 없게 돼. 한 달 내내 막아왔던 감정의 물살이 상처와 분노의 급류로 터져 나오는 거야. 이 시기의 여자는 상대에게 큰 상처를 주는 말이나 행동을 하기도 해. 주위 사람들은 그녀가 아무것도 아닌 일에 왜 그토록 강하게 반응하는지 이해하지 못해. 그녀가 오랫동안 자신의 진실을 억눌러왔다는 사실을 모르니까. 그리고 여자들도 자신에게 진실해질 때의 힘을 잊게 돼. 자기가 뭔가 잘못되었다고만 생각하지. 그래서 자신의 재능을 저주로 받아들여."

"아, 자신의 힘을 잊어버리는 여자들이 있다는 게 그런 뜻이었어요?" 타냐가 말했다.

"그래." 어린 소녀가 금세 이해하자 앤티가 기뻐하며 말했다. "그래서 대자연 어머니가 주신 선물을 존중해야 한다는 거야. 네 감정을 신뢰하고, 내면의 소리를 듣고, 눈에 보이지 않는 것들도 네가 볼 수 있다는 걸 알아야 해."

앤티는 타냐에게 차를 한 잔 더 따라주며 말을 이었다. "월경 기간은 네 힘이 드러나는 시기이기도 해. 그때가 되면 넌 네 자신과 감정, 생각을 탐색하는 데 훨씬 더 많은 시간을 보내야 해. 내면으로 들어갈 시기인 거지. 그 시기에 다른 사람과 너무 많은 시간을 보내고, 바깥 일로만 바쁘게 지내면 넌 분노를 느끼고, 심술을 부리게 돼. 배가 아프거나 허리의 통증이 느껴질 수도 있어."

"왜 그런 거예요?"

"대자연 어머니가 네게 내면으로 들어가라고 신호를 보내는 거야. 바깥 일로 바쁘게 보내는 시간이 있으면, 조용히 내면으로 들어가는 시간도 있어야 하는 법이지. 달과 지구 그리고 네 몸의 자연스러운 리듬을 거스르면 아주 불편해져. 심지어는 고통스럽기까지 하지."

타냐는 알겠다는 듯이 고개를 끄덕였고, 앤티는 말을 이었다. "월경 기간에는 평상시보다 잠을 더 많이 자야 해. 그 사실을 잘 알아둬라. 아주 강렬한 꿈을 꾸게 될 거야. 너를 치유하고 인도해줄 꿈 말이다. 그 꿈에 주의를 기울여야 해."

타냐가 차를 다 마신 것을 보고 앤티가 말했다.

"자, 이제는 꿈의 세계로 들어갈 시간이다. 네가 아침에 일어나면 이 아줌마가 맛있는 아침을 차려주마. 그리고 네 꿈에 대해 이야기하자꾸나."

그리하여 타냐는 앤티의 널찍하고 폭신한 침대 속으로 들어가, 커다란 실크 담요를 턱밑까지 끌어올리고, 잠이 들었다.

만일 월경과의 첫 만남이 타냐와 같았다면 우리의 몸 그리고 여성적 자아와의 관계는 어떻게 달라졌을까?

잠시 월경이 처음 시작되었던 때를 떠올려보자. 당신은 깜짝 놀랐는가 아니면 월경이 시작될 줄 알고 있었는가? 월경에 대해 어떻게 그리고 뭐라고 배웠는가? 월경이란 귀찮고 고통스럽고 혐오스러우며 위험한 것이라고 배웠는가? 마치 아무 일도 없다는 듯이 그냥 무시해버리는 게 낫다고 배웠는가? 주위에서 들리는 말(혹은 말로 표현되지 않는 것들)을 어떻게 해석했나? '여자가 된다는 것'에 대해 어떤 암시를 받았는가?

기분은 어떠했는가? 두려웠나, 수치스러웠나 아니면 흥분되었나? 혼란스러웠는가?

당시 사회에서 어떤 메시지를 받았는가? '생리 중'이라는 사실이 학교에서는 어떤 취급을 받았는가? 어떤 의미였는가? 주위의 어른 여자 혹은 또래 동성 친구들은 어떤 반응을 보였는가? 어른 남자 혹은 또래 이성 친구들은 어떻게 반응했는가?

지금 사회가 주는 메시지를 생각해보라. 언론 매체가 주는 메시지를 살펴보라. 여성의 월경이 공개적으로, 있는 그대로 논의되는가? 아니면 애매모호하거나 넌지시 말하는 식으로 넘어가는가? 탐폰, 생리대, 질 세척제, 질 데오도런트 등의 광고를 주의해서 보라. 어떤 암시가 깔려 있는가?

초경이 시작되는 시기와 섭식 장애의 시작이 종종 일치한다는 사실은 놀랄 일이 아니다. 많은 소녀가 초경이 시작될 무렵 처음으로 몸무게에 집착하는 현상을 보인다. 그 시기는 몸이 변하는 때다.

그들이 통제할 수 없는 심오하고, 보다 원시적인 지침을 따라가는 때다. 소녀들은 초경이 시작되기 전해에 몸무게가 상당히 늘어난다는 사실을 모른다. 이는 생리에 필수적인 호르몬인 프로게스테론을 생성하는 데 필요한 지방을 몸이 축적하는 현상이다. 만일 그때까지 별다른 힘이나 통제력을 느끼지 못하고 살아왔다면, 소녀들은 이렇게 불어나는 몸무게를 어떤 식으로든 통제하려고 다이어트를 시작할 것이다.

초경과 함께 여성이 되는 느낌 그리고 여성이 갖는 성욕의 문제들이 표면화된다. 만약 여성이 되는 것에 대한 첫인상이 그다지 호의적이지 않거나, 자신의 성욕이 두려운 소녀라면 강박적으로 먹어대면서 두려움을 억누르거나 근심을 외면하려고 다이어트에 매달릴 것이다. 자신이 성숙해지는 현상을 필사적으로 막으려는 마음에 소녀는 자기 몸과의 전투, 체중 증가와 감소의 끝없는 반복을 시작하고, 소녀는 이를 오로지 자신의 성격에 결함이 있으며 '의지'가 박약하다는 증거로 받아들인다.

고대 사회에서 초경을 시작한 소녀에게 여성으로의 진입을 축하하는 특별한 의식이 있었듯이, 현대 사회에도 여성의 단계에 입문한 사춘기 소녀들을 위한 의식이 있다. 바로 다이어트다.

섭식 장애에 시달리는 여성들은 종종 월경 전에 음식을 제일 강박적으로 먹어댄다고 말한다. 특히 월경 기간에는 '나쁜' 음식이 당기고, 자신의 행동을 통제할 수 없게 된다고 투덜댔다.

이 여성들은 월경이 시작되는 것을 한탄하는데 그 시기에 기분이 극단적으로 오락가락하기 때문이다. 특정한 상황에서 움츠러들거나 과민 반응을 보이고, 쉽게 분노에 사로잡히며, 절망감에 눈물을 흘리기도 한다. 그리하여 자신이 뭔가 잘못되었다고 생각한다.

자연의 심오한 리듬과 오랫동안 단절되어온 우리 사회 또한 이런 잘못된 해석을 지지하고 나선다. '매달 그 시기에' 감정이나 먹는 것을 통제하지 못하면 틀림없이 문제가 있다고 말한다. 배란기에 평소와 다르게 느끼고 행동한다면 분명 뭔가 잘못된 것이다.

우리는 그런 행동을 간단히 분류하고 진단을 내리는데 바로 월경전증후군premenstrual syndrome이다. 우리 사회는 이를 병으로 취급한다.

이런 문화 탓에 여성들은 몸이 자신에게 무엇을 말하려는지 알아보기 위해 자신의 감정과 갈망에 의문을 품지 않는다. 내면 깊은 곳을 들여다보며 무슨 일이 일어나는지 묻는 여성은 거의 없다. 대신 다이어트 계획을 망쳐놓고, 이렇게 변덕스러운 행동을 유발한다는 이유로 월경을 저주한다.

자신의 몸에 자연의 주기가 반영되어 있다는 사실을 이해했다면 여성들이 어떻게 되었을지 상상해보자. 계절이 변하고, 밀물과 썰물이 있고, 달이 찼다가 기울듯이 우리 몸속의 물도 그런 리듬을 따르고 있다는 것을 깨달았으리라. 만일 우리가 몸의 고유한 지혜를 존중했다면 그것에 귀 기울이는 법을 배웠을 것이다. 평가가 아닌 존경으로 그것을 대했을 것이다. 우리의 신체적 욕구와 가장 깊은 곳에 감춰진 감정 그리고 개인의 내적 리듬을 알려주는 신성한 사자로 받아들였을 것이다.

월경전증후군은 '월경전민감성premenstrual sensitivity'을 의미하게 되고, 월경 기간은 모든 허상이 깨지면서 진실에 가장 쉽게 접근하는 기간으로 인식될 것이다. 우리가 한 달 내내 자기 자신 및 타인에게 했던 거짓말이 모두 들통나면서, 우리는 더 이상 진실한 감정에 어긋나게 행동하지 못한다. 우리의 몸이 자궁 점막을 벗겨내고 새로운 시작을 준비하듯이 우리에게도 감정을 청소하고, 순수성을 회복하고, 과거를 깨끗이 청산하고 새롭게 시작할 수 있는 기회가 된다.

월경 전에 더 많이 먹는 사람이라면 이를 몸에 좀 더 귀 기울이라는 신호로 받아들여야 한다. 그리하여 자신이 신체적 허기 때문에 먹는지, 감정적 허기 때문에 먹는지 알아내야 한다. 월경 기간에는 신체 감각에 특별한 주의를 기울여 자궁의 활동을 신체적 허기와 혼동해서는 안 된다. 한층 예민해진 감수성을 이용해 자신이 무엇을, 어떻게 느끼는지 제대로 알아내자.

월경 직전에는 많이 먹었다가 월경을 하는 동안에 적게 먹는 것은 한 달 리듬에서 지극히 자연스러운 부분일 수 있다. 그런 여성이라면 월경 중에 몸무게가 약간 늘었다가 월경이 끝난 후에는 다시 줄어든 경험이 있을 것이다. 몸무게가 한 달 내내 오르락내리락하는 것은 여자들에게 전혀 드문 현상이 아니다. 마치 달이 가득 찼다가 어둠 속으로 기우는 것과 같다.

강렬한 감정이 솟구칠 때마다 강박적으로 먹어대는 데 익숙한 사람이라면 자신이 월경 전에 더 많이 먹는다는 사실을 알게 될 것이다. 감정적 감수성이 가장 민감해지는 시기이기 때문이다. 그런 감정에 저항하고, 음식으로 억누르려 하지 말고 이 시기를 자신의 감정에 가장 가까이 접근할 수 있는 기회로 삼자. 섭식 장애 습관을 유발하는 감정들을 더욱 깊이 이해할 수 있는 기회로 삼자. 이 시기에 기분이 극단적으로 오락가락하거나 감정적으로 과민 반응을 보인다면 그것은 당신이 한 달 내내 감정을 억눌러왔다는 증거다.

마구 먹어대거나 다이어트를 할 것이 아니라, 한 달간 자신의 감정을 인정하고, 받아들이고, 적극적으로 표현해 감정에 반응하는 법을 익힌다면, 월경 기간에 느껴지는 감정의 강도도 줄어들 것이다. 그렇게 되면 월경과 그것이 주는 깨달음의 선물도 반갑게 맞이할 수 있을 것이다.

14

셈슈얼리티:

여성의 성적 욕망

： 여성으로서 성적 욕구를 갖는다는 것은 곧 살아 있음을 뜻한다.

어릴 때 나는 괌에서 자랐다. 그 시절에 들었던 차모로족의 한 전설은 날 완전히 사로잡았고, 한없이 들뜨게 했다. 내게 이 전설을 처음 들려준 사람은 도자 할머니였다. 할머니는 차모로족 출신으로, 내가 태어나기 전부터 우리 가족과 함께 살았다.

아주 먼 옛날, 바닷가 근처의 한 작은 섬마을에 시레나라는 어린 소녀가 살고 있었다. 시레나는 행복하고 태평한 아이로, 바다와 이어지는 강어귀에서 자주 물장난을 치고 노래를 불렀다.

자라면서 시레나는 바다를 더욱더 사랑하게 되었다. 그리하여 틈만 나면 집안일을 팽개치고 바다로 뛰어들어 파도와 장난을 치고, 좋아하는 노래를 불렀다. 시레나에게 바느질과 요리, 청소, 빨래를 가르치려 했던 엄마는 딸의 그런 행동이 못마땅해 번번이 시레나를 꾸짖었다. "시레나, 넌 걸핏하면 바다에 가서 놀기만 하고, 집안일은 소홀히 하는구

나. 여자들이 배워야 할 게 얼마나 많은 줄 아니?"

그러나 엄마의 말은 시레나에게 별 효과가 없었고, 소녀는 바다와 점점 사랑에 빠졌다. 하루는 엄마가 시레나에게 심부름을 보내며 엄하게 당부했다. "심부름을 할 때는 절대 수영하러 가면 안 된다. 곧장 집에 돌아와서 해 지기 전까지 네가 맡은 일을 끝마치도록 해라."

시레나는 나쁜 아이가 아니었으며 부모님을 공경하는 딸이 되고 싶었다. 그래서 엄마의 말대로 하리라 마음먹고 먼지가 이는 길을 따라 곧장 집으로 향했다. 하지만 집까지 절반쯤 갔을 때 아찔한 바다 냄새가 풍겨왔고, 파도가 나직하게 모래사장을 찰싹이며 시레나를 불렀다. 바다의 관능적인 애무를 받고 싶다는 욕망이 시레나를 압도했다. 어느새 시레나는 시간도 잊은 채 또다시 물속에서 놀고 있었다.

황혼 무렵이 되어서야 물을 뚝뚝 흘리며 시레나가 돌아오자 엄마는 불같이 화를 내며 말했다. "이 아무짝에도 쓸모없는 한심한 계집애 같으니! 네가 감히 이 엄마의 말을 거역해? 바다가 그렇게 좋으면 네 마음대로 해라. 앞으로 평생 물고기로 살아!"

다행히도 근처를 지나가던 시레나의 대모가 우연히 그 독설을 들었다. 그녀는 그렇게 강렬한 감정이 실린 저주는 이뤄지는 힘이 있다는 사실을 알고 있었기에 재빨리 끼어들었다. "시레나는 네 딸이지만 내 대녀이기도 해. 그러니 시레나의 절반만 네 저주를 받게 될 거야."

시레나는 눈물을 흘리며 바닷가로 달려갔다. 오로지 바다만이 소녀를 위로해주었다. 바닷물에 몸을 담근 시레나는 자신의 몸이 변하는 것을 느끼고 깜짝 놀랐다. 하반신이 오팔처럼 영롱하게 반짝이는 비늘로 뒤

덮이고 있었다. 시레나의 다리는 물고기 꼬리로 변해 펄떡거렸고, 맨 끝에는 넓적하고 우아한 지느러미가 생겨났다. 꼬리 덕분에 예전보다 훨씬 쉽게 물속을 가르고 다닐 수 있다는 사실을 알고 시레나는 신이 났다.

그 후로 가족들은 두 번 다시 시레나를 보지 못했다. 그러나 어떤 사람들의 말에 의하면 바다가 잔잔하고, 바람이 불지 않는 날에 조용히 귀를 기울이면 파도 사이로 시레나의 노랫소리가 들린다고 했다. 그리고 보름달이 뜨는 밤, 밀물이 된 바닷가를 걷다가 운이 좋으면 달빛 아래에서 긴 검은 머리를 빗고 있는 시레나를 볼 수도 있다고 했다.

어린 나는 시레나의 전설에 완전히 매혹되었지만, 그 이야기가 내 안에서 솟아나던 여성으로서의 성욕을 신랄하게 다루고 있다는 사실은 어른이 된 후에야 깨달았다. 인어는 인생이라는 넓은 바다, 감정과 성욕의 바다에서 편안히 헤엄치는 여성을 상징하는 원형적 이미지다. 인어는 우리에게 본능적 성욕과 관능을 끌어안아 여성 본질의 정수와 우리 몸의 지혜 그리고 영혼의 장난기를 확인하는 법을 보여준다. 또한 우리의 가장 깊은 본능, 즉 인격 이면에 존재하는 야생적이고 길들여지지 않은 동물적 본성을 상징하기도 한다. 인어는 여성성의 무의식 깊은 곳으로 풍덩 빠져들 수 있는 반면, 물밖으로 나와 자신의 노래를 부르고 의견을 말할 수도 있다. 인간적이고 의식적인 부분을 포기하지 않으면서도 신비롭고 관능적인 충동에 따를 수 있다.

자신의 본능적인 관능과 성욕을 신뢰하고, 의식적인 바람과 무의식적인 충동 간의 균형을 이루고, 자기 자신에게 진실하고, 여성스러운 몸을 자랑스러워하는 여성이야말로 인어의 원형을 구현했다고 할 수 있다. 그러나 안타깝게도 요즘에는 그런 인어를 찾아보기가 하늘의 별 따기만큼 힘들다. 그들은 주로 매혹적이지만 신비롭고, 현실과 동떨어진 이미지로 어린 소녀들의 마음속에 존재할 뿐이다.

그렇다면 인어가 될 수 있는 여성들, 즉 자신의 몸과 성욕에 편안함을 느끼는 여성들이 왜 그렇게 드물까? 어째서 우리는 자신의 성적 본성에 겁을 먹거나 거부감을 느낄까? 왜 우리는 몸의 가장 여성적인 측면을 거부할까? 인어가 되기를 꿈꿨던 소녀들은 어떻게 됐을까?

여자로 변하기 시작한 소녀가 맨 먼저 마주하는 임무는 이제 막 눈뜬 성적 에너지에 대처하는 법을 배우는 것이다. 여성의 성욕을 가부장제의 눈을 통해서만 보는 문화적 제약을 고려하면, 대부분의 여성들에게 이 임무는 버거울 따름이다. 가부장제 안에서 성욕은 색욕과 똑같이 취급받으며, 여성은 단지 성적 대상이나 기념물 또는 먹이로만 그려진다. 성행위에서 사랑이 하는 역할 혹은 그 행위가 진심에서 비롯했는지 아닌지에는 별로 신경 쓰지 않고, 성행위가 갖는 신성함 따위는 아예 무시된다.

성적 각성을 경험할 때 소녀는 막 피어나는 자신의 섹슈얼리티에 대한 타인의 반응과 대면한다. 여자아이의 2차 성징은 남자아이보다 빠르며(아홉 살이나 열 살쯤에 월경을 시작하는 경우도 있다) 또한 더욱 두드러진다. 학교의 모든 친구들이 커지는 소녀의 가슴을 지켜본다. 가슴 크기에 집착하는 사회에서 소녀가 받는 메시지는 사춘기 시절의 가장 큰 상처로 남기도 한다. 여자아이들은 대개 자신의 성욕을 주관적으로 바라볼 시각을 발전시킬 시간이 충분하지 않다. 성적 본성을 발견해서 자기만의 눈으로 보고, 자기의 경험으로 정의할 만한 시간과 프라이버시도 제대로 주어지지 않는다. 섹슈얼리티의 진정한 본질을 발견하려는 소녀의 노력은 학교는 물론이고 가족 구성원, 전통 종교와 정치, 라디오에서 듣는 음악, 즐겨 보는 텔레비전 프로그램과 영화, 심지어는 잡지와 책들이 주는 미묘하면서도 노골적인 메시지에 의해 방해를 받는다.

이런 메시지들은 소녀의 성적 본성과 그들의 몸에서 일어나는 신비한 변화에 대해 경외심, 존경, 위엄을 불러일으키는 게 아니라 그것의 가치를 떨어뜨리고, 소녀를 놀라게 한다. 그리하여 여성스럽게 변한 새로운 몸에 대해 두려움, 수치심, 혐오감을 갖게 한다.

학교에서 남자아이들은 가슴이 절벽이거나 너무 큰 여자아이들을 놀려대고, 소녀는 '엉덩이가 크다'든지 '허벅지가 굵다'는 이유로 조롱받는다. 별안간 소녀의 몸이 심사대에 오르고, 여자의 몸을 거리낌 없이 평가하는 남자아이들을 보며 소녀는 자신의 인기가 절대적으로 외모에 달려 있다는 사실을 알아차린다.

소녀는 자신의 성적 본능에 어떻게 반응해야 할지 혼란스러워한다. 성적으로 자유분방한 남학생들은 '선수'라 불리며 사회적 권력을 얻는 반면, 그와 똑같이 행동하는 여자들은 '걸레'로 치부되며 사회적 지휘를 위협받는 가부장적 권력 구조의 이중 잣대를 마주하기 때문이다.

또래들에게서 인기를 얻는 것이 세상에서 가장 중요한 일처럼 되어버리면서 소녀는 자신의 욕구보다는 어떻게 하면 남자들의 욕구를 불러일으킬지에 초점을 맞추게 된다. 자신이 어떻게 느끼는지, 그것을 원하는지 원치 않는지보다 남들에게 어떻게 보일지가 더 중요해진다. 자신의 성적 욕구에 반응해 그 욕구를 채우려고 하는 것은 소녀의 명성에 누가 될 뿐이다.

대중 매체는 아름다운 여성이란 어떻게 보여야 하는지에 관한 이미지를 퍼부어대며, 여성의 바람직한 신체 유형에 대해 하나의 정답만 보여준다(가슴은 크고, 엉덩이는 작고, 허벅지는 가늘고, 배는 납작한 몸매). 어떻게 하면 좀 더 남들의 호감을 얻을 수 있을지 고민하는 사람에게 이는 엄청난 영향을 미친다. 사춘기 소녀가 외부 세계에서 자신의 섹슈얼리티를 배우고 있다면 그 아이는 잡지와 텔레비전, 영화 산업이 제공하는 왜곡된 이미지에 쉽게 영향을 받는다. 그런 이미지들은 오로지 여성의 섹슈얼리티가 어떻게 '보여야' 하는지에만 중점을 둘 뿐, 어떻게 '느껴야' 하는지는 전혀 언급하지 않는다.

새로운 단계에 접어든 사춘기 소녀는 종종 가정에서도 여성의 성적 매력과 관련해 부모가 안고 있는 문제들과 마주친다. 만일 여성의 성적 매력이 갖는 힘에 위협감을 느끼는 아빠라면 딸의 특정 신체 부위나 몸무게를 빈정거릴 것이다. 여자를 소유물로 생각하는 아빠라면 지나치게 방어적이 되어서 딸에게 관심을 표현하는 남자 아이들을 적대적으로 대할 것이다. 또한 자신의 성적 욕구에 불편함을 느끼는 아빠라면 딸에게 신체적인 애정 표현은 절대 하지 않을 것이다. 소녀의 남자 형제들도 마찬가지다. 특히 자신의 정체성과 힘에 확신이 없는 경우에는 여자 형제의 신체 변화를 무자비할 정도로 조롱하고, 성차별적인 단어를 사용한다. 사춘기 소녀는 남자 가족 구성원들이 이제 막 피어나는 자신의 섹슈얼리티의 외적 징후를 불편해한다는 사실을 눈치채고, 변화하는 자신의 몸을 거부한다. 그리하여 거부당한 심정과 자신이 부적절한 사람이라는 감정을 무디게 하려고, 또는 받아들여지지 못하는 고통을 완화하려고 음식을 이용한다.

어떤 엄마는 젊고 매력적인 딸의 몸을 질투하며, 사춘기에 들어서서 성적 매력을 찾아가는 딸을 비판적으로 대하거나 경쟁심을 느끼기도 한다. 이런 딸들에게는 강박적으로 먹거나 굶는 것이 혼란스러운 감정과 소외감, 분노를 외면할 수 있는 하나의 방법이 된다. 그런가 하면 딸들이 인생의 새 국면에 적응하는 것을 도우려는 마음에서 성과 관련된 위험에만 관심을 갖는 엄마들도 있다. 그들은 가부장 사회에서 여성으로 살아오면서 자신이 경험한 너무나도 익숙한 위험, 이를테면 성적 학대, 강간, 근친상간, 성병, 원치 않는 임신으로 인한 수치심과 중압감 같은 것에 치중한다. 엄마의 그런 두려움은 남성 성욕의 본질에 대한 발언(남자들이 원하는 건 딱 하나뿐이야), 여자들의 야한 옷차림에 대한 성난 독설 또는 섹스를 주제로 이야기를 나눌 때마다 보이는 불편한 침묵이나 경직된 몸짓 언어를 통해 전달된다. 만일 엄마가 다이어트나 폭식으로 자신의 성적 매력을 거부했다면, 이는 자신이 성적 존재로서 누구인지 정의 내려야 하는 중압감을 필사적으로 극복하려는 딸들에게 강력한 본보기가 되어버린다.

엄마에게 어떤 메시지를 받았든지 간에 사춘기 소녀는 또래나 어른 남자들의 원치 않는 성적 관심과 신체적인 접근에서 자신을 보호해야 한다는 사실을 금세 깨닫는다. 대부분의 경우, 그런 원치 않는 접근은 소녀들이 자신의 경계를 설정하는 자기표현 능력을 미처 갖추기 전에 발생한다. 따라서 소녀는 스스로를 고립시키고, 보호하며, 자신의 성적 매력을 감추기 위해 먹기와 살찌우기에 의존한다. 아니면 어느 누구의 관심도 끌지 않고, 아무 문제도 일으키지 않았던 예전 몸으로 되돌아가기 위해 다이어트를 하고, 칼로리를 계산하는 부질없는 시도를 한다.

소녀가 우리 문화에서 한 명의 여성으로서 자기 자리를 찾으려고 고군분투하는 동안 여성의 성적 매력이 갖는 경이로움, 여성이 우주의 자연스러운 힘과 연결된 신성한 존재라는 생각, 생명을 낳고 유지하는 능력을 가진 여성 몸의 경이로운 힘, 성욕의 중요성은 소녀의 의식에서 축출당한다.

이 소녀들이 막 어른이 되어 이성과 의미 있는 관계를 맺거나 섹스 파트너를 만들 때 그들은 이미 자신의 성적 매력이 갖는 아름다움에서 분리된 상태다. 그들은 자신이 아무런 매력도 없으며 따라서 성적 즐거움을 누릴 자격이 없다고 생각한다. 대중 매체도 이런 그들의 믿음을 부추기듯 오토바이에서 핸드 로션, 음식에 이르기까지 모든 상품의 광고에는 마르고 옷을 거의 다 벗은 여자 모델이 오르가슴에 취한 이미지가(머리는 뒤로 젖히고, 입술은 벌리고, 눈은 반쯤 감고) 들어간다. 오직 그런 성적 이미지만 존재하는 탓에 보는 사람들은 그것이 여성성의 아름다움과 성적 매력의 전부라고 생각한다. 따라서 자신이 가진 성적 매력의 아름다움과 힘을 느끼려면 자신도 그렇게 보여야 한다고, 즉 그런 외모에 그런 몸매를 가져야 한다고 생각한다. 아름다움이 성적 매력에서 나온다는 사실을 이해하기보다는 '아름답게 보여야' 성적 매력이 생긴다는 거짓된 믿음을 갖게 되는 것이다.

그리하여 여성들은 잡을 수 없는 것을 잡으려 한다. 다시 말해 부자연스러울 정도로 마르려고 한다. 여자가 부자연스럽게 마르면 자신의 성적 욕구를 포기하고, 자기 존재의 가장 여성스러운 부분을 더는 사랑할 수 없게 된다는 사실을 이해하지 못한 채.

많은 여성이 자신의 성욕에 부끄러움이나 두려움을 느낀다. 섭식 장애에 시달리는 여성들은 흔히 죄의식을 느끼는 섹스를 경험한 적이 있다. 그들은 어린아이였을 때 억지로 당했던 성경험을 떠올리며 스스로를 비난하거나, 사춘기 시절 금지된 성적 쾌락에 '굴복했던' 자신을 채찍질하기도 한다. 전통 종교도 섹시하거나 관능적인 여자는 나쁘다고 가르친다. 성적 매력이 곧 죄악인 것이다.

섭식 장애에서 벗어나려면 자신이 가진 성적 매력의 고유한 아름다움에서 분리되었던 경험을 기억해내고, 의절했던 성적 매력을 되찾는 과정을 거쳐야 한다. 어떤 여성에게는 그것이 어린 시절 고양이에 대고 문질렀던 자위행위일 수도 있고, 다른 아이들과 함께 자신의 몸을 만졌던 기억일 수도 있고, 자연스러운 성적 본능에 반응해 내면의 섹슈얼리티를 인식하고 수치심을 느꼈던 기억일 수도 있다. 그런가 하면 아버지나 오빠, 삼촌 혹은 사촌들과의 고통스러운 근친상간 경험일 수도 있고, 완전히 무방비 상태에서 친구의 꾐에 걸려들어 그의 감정을 상하게 하거나 괜히 '소란을 피우게' 될까 두려워서 거절하지 못했던 경험일 수도 있다. 원치 않는 성적 접근을 받았을 때 거부하지 못하는 여성은 자신의 성적 욕구를 긍정하지도 못한다. 그런가 하면 남자에게 사랑받고, 스스로를 매력적이라고 느끼고, 상대가 자신을 원하도록 만들기 위해 남자들의 성적 욕구만을 자극하고 만족시키는 데 중점을 두었던 방탕했던 시절을 회상해야 하는 여성들도 있다. 이 경우에는 자신의 섹슈얼리티를 되찾기 위해 자신의 필요와 욕구에 초점을 맞추고, 그것을 충족시키는 데 죄책감이나 이기심을 느끼지 않는 법을 배워야 한다.

섭식 장애와 씨름하는 많은 여성은 성적 쾌감을 경험하는 데 어려움을 느낀다. 하루 내내 타인을 보살피고 베푸는 데 초점을 맞출수록 그들은 더욱 음식에 집착하게 되고, 스스로를 성적 존재로 의식하지 못하게 된다. 매일 신경 쓰는 실질적인 문제들이 마음 깊은 곳에 존재하는 성적 본능보다 우선시된다. 그들은 자신의 관능을 일깨우고, 성적 욕구를 느끼기 위해 성적 긴장감을 서서히 쌓아가는 것이 얼마나 필요한 일인지 깨닫지 못한다(따라서 자신의 파트너에게도 그 사실을 알리지 못한다). 그리하여 성적 쾌감을 받아들이는 것보다 성행위를 치르는 데 중점을 둔다. 섹스가 또 다른 업무, 또 하나의 의무가 되어버리는 것이다.

성적 쾌락이 단순히 성적 긴장을 해소하는 것만이 아닌 성적 흥분을 확장하는 데서 온다는 사실을 깨닫지 못하다 보니 여자들은 하루 일과의 책임감을 떨쳐내고, 기분을 전환할 수 있는 시간도 자신에게 허락하지(또는 요구하지) 않는다. 늘어가는 자신의 욕구를 느끼는 데 얼마나 굶주려 있는지 인식하지 못하게 되고, 그것을 그저 음식에 대한 허기로 착각한다.

그러다 임신을 하면 음식과 신체 이미지, 섹슈얼리티와 관련된 풀리지 않은 문제들이 한층 심해진다. 사춘기 시절, 변화하는 자신의 몸을 존중하지 못했던 사람이라면 임신과 더불어 나날이 몸이 부풀어가는 동안 내면에서 자라나는 생명의 아름다움을 축하하기가 극히 힘들 것이다. 마음의 준비도 되지 않은 자신을 여성의 세계로 밀어 넣는 몸을 보며 통제력의 상실을 느낀 사람이라면 임신 중에 그런 감정이 또다시 올라올 것이다. 그리고 자신의 통제력에서 벗어난 생물학적 힘에 휘둘린다. 평생 식욕을 줄이고 감수성을 무디게 하려고 부단히 노력해온 사람이라면 임신과 함께 식욕이 늘어나고 더욱 예민해져서 놀랄 것이다. 임신 기간 중에는 몸의 감각이 가장 예민해진다는 사실을 이해해야 한다. 그렇게 예민해진 감각을 통해 언제 먹어야 하고, 언제 그만 먹어야 하는지 알려주는 신체적 허기의 신호를 익힐 수 있으며 심지어는 정확히 무엇을 먹으라고까지 말해주는 미묘한 신호를 포착할 수 있다.

임신한 여자들은 가끔씩 자신이 성스러운 성모 마리아나 대자연의 어머니가 된 듯한 기분을 느끼기도 한다. 그러나 그런 기분은 뚱뚱하고 흉측해지는 것에 대한 두려움 그리고 통통해진 볼과 절구통이 되어버린 허리, 넓적한 허벅지, 부풀어 오른 배를 보며 느끼는 혐오감에 압도당해 순식간에 사라져버린다. 만일 이런 두려움에 대응하는 방법이 음식과 몸무게, 다이어트에 초점을 맞추는 것뿐이라면 그녀는 다시 거기에 집착하면서 몸이 주는 지혜를 존중하지 않고 그 가치를 거부한다. 자신의 여성적 섹슈얼리티가 자연과의 고유한 연결이자 생명을 잉태하는 힘의 가장 심오한 표현이라는 사실을 알지 못한다.

여자가 처음으로 엄마가 되면 여성적 섹슈얼리티와 모성이 우리가 여성이라 부르는 커다란 전체의 일부분으로서 문화적인 지지와 인정을 받지 못한다는 사실을 알게 된다. 많은 사람들이 출산한 뒤에는 임산부의 흔적이 덜 남아 있을수록 좋아 보인다고 칭찬한다. 평소 몸매에 자신감이 없었던 여성에게 이 기간은 매우 힘들 수 있다. 임신 전에 입었던 옷들은 맞지 않고, 그렇다고 해서 임신복을 계속 입는 것도 우습다. 날씬해야만 성적 매력이 있다고 믿는 여성이라면, 자신이 아무 매력도 없으며 남편에게 소외당한다고 느낄 것이다. 마른 몸매에서 자긍심과 힘을 느꼈던 사람이라면 우울증에 빠질 위험이 있다. 그녀는 가능한 한 빨리 살을 빼기 위해 얼른 운동해야 한다고 생각하지만, 육아로 녹초가 되거나 너무 바빠 짬을 낼 수 없다. 만일 과거에 이런 우울한 감정이 들 때마다 과식으로 스스로를 멍하게 만들었다면, 자신이 한심하게 느껴지는 기분을 극복하려고 마구 먹어댔다가 그런 자신의 식습관을 한심하게 여기는 악순환에 들어선다. 다른 사람을 끝없이 보살피는 성향의 소유자였다면 자신의 감정적·성적 욕구를 음식으로 충족시키려고 마구 먹어대면서 상실감을 보상할 것이다.

성적 만족감을 느끼지 못하는 여성들은 흔히 특정한 음식, 이를테면 초콜릿으로 욕구를 채우려 한다. 초콜릿을 먹는 행위는 섹스의 완벽한 대체물이 되는데 초콜릿을 먹으면 섹스할 때 느끼는 감정과 비슷한 감정이 생기기 때문이다. 즉 '죄책감이 들 정도로' 맛있고, 금지되어 있으며, 관능적이고, 필수 불가결하지 않고, 자신이 누릴 자격이 없으며 몸에 해롭다.

자신의 성적 욕구와 단절된 여성은 여성성의 가장 내밀한 욕구와 다시 연결되기를 갈망한다. 그녀는 온전하고 충만한 인간이 되고픈 욕망에 시달린다. 자신이 진정으로 무엇에 허기를 느끼는지 모르기 때문에 그저 음식에 대한 허기로 치부한다.

자신의 진정한 성적 본질을 되찾으려면 몸과 본능, 감정에 주파수를 맞춰야 한다. 자신의 섹슈얼리티에 대한 정의를 외부에서 찾으려 하면, 자신을 성적 대상으로 보게 될 위험이 있다. 그리하여 타인의 기준을 만족시키지 못하는 실망감과 자책으로 마음에 상처를 입을 수 있다. 우리가 자신의 섹슈얼리티를 개인적이고 주관적인 관점에서 탐색할 만한 가치가 있다고 볼 때 비로소 가부장적 왜곡에 바탕을 둔 여성의 섹슈얼리티에 관한 억지 주장에서 해방될 수 있다.

성과 관련된 어린 시절의 경험을 떠올려보자. 엄마나 아빠, 형제, 자매에게서 어떤 메시지를 받았는가? 사춘기에 접어들었을 때 학교에서 어떤 경험을 했는가? 무엇이 당신의 흥미를 돋웠는가? 또는 무엇이 당신을 두렵게 했는가? 종교 교육에서 여성의 성에 대해 노골적인 혹은 암묵적인 메시지를 받았는가? 어떤 경험 때문에 여성 섹슈얼리티의 진정한 본질과 멀어졌는가? 어떤 식으로 음식을 이용해 성적 욕구를 만족시키거나, 성적 갈망을 외면했는가? 자신에게서 성적 즐거움을 박탈하기 위해 어떤 식으로 자기 몸매를 평가하거나 집착했는가?

여성의 섹슈얼리티를 탐색하다 보면 종종 그것이 우리 문화에서 물려받은 성에 대한 이미지와 완전히 다르다는 사실을 알게 된다. 많은 여성이 섹스 행위가 그들이 가진 섹슈얼리티의 극히 일부분에 지나지 않음을 깨닫는다. 자신의 섹슈얼리티가 자연과 밀접하게 연결되어 있어 보름달이나 장미 향기, 태양의 열기, 바다 소리에 자극받는다는 여성도 있다. 또 어떤 여성은 고요와 침묵 속에서 자신의 섹슈얼리티를 찾는가 하면, 어떤 여성은 특정한 멜로디나 박자 또는 음악의 리듬에 성적 자극을 받는다. 또 어떤 여성은 포르노의 이미지에 매우 흥분하는가 하면, 그런 이미지가 오히려 성적 흥분을 떨어뜨린다고 느끼는 여성도 있다. 대다수 여성은 상대와 친밀감을 느끼고, 소통하고 싶을 때 가장 강렬한 섹슈얼리티를 경험하지만, 한편으로는 파트너 없이 성적 만족감이나 충만감을 느끼는 여성도 있다.

자신의 섹슈얼리티를 탐색하다 보면 종종 거기에 주기적으로 나타나는 본성이 있음을 알게 된다. 그것은 영구적이고, 지속적이며, 동요하지 않는 에너지의 흐름이 아니라 바닷물처럼 밀려왔다 빠져나간다. 우리는 월경 기간 중의 특정한 단계, 하루 중 특정한 시간대, 1년 중에서 특정한 계절에 성적으로 쉽게 민감해질 수 있다. 섹슈얼리티를 순환적인 시각에서 보면, 섹슈얼리티가 약해지는 느낌이 들어도 그것이 자신이 더 이상 성적 존재가 아니라는 신호가 아니라, 재생을 향해 나아가는 변화의 시간으로 받아들일 수 있다.

자신의 진정한 성적 본성을 되찾으려면 우리 모두 성적 표현을 할 자격이 있다는 사실을 인식해야 한다. 그것은 인간이 가진 권리다. 성적 권리를 누리기 위해 특정 방식으로만 보여야 할 필요도, 정해진 대로 행동할 필요도 없다.

성적 충동을 마음껏 느낀다는 것이 꼭 그것을 행동으로 옮긴다는 뜻은 아니다. 성적 충동이 일어날 때마다 결과는 전혀 고려하지 않고 충동적으로 행동하는 게 아니라, 자신의 섹슈얼리티를 어떻게 표현하고, 자기 행동을 어떻게 책임질지 신중하게 선택할 수 있다. 섹슈얼리티를 내면의 창조적인 생명력과 재연결할 때 섹슈얼리티를 춤, 시, 그림, 음악 등의 다양한 형태로 표현할 수 있다는 것을 깨닫게 된다. 그리하여 자신의 여성적 섹슈얼리티를 받아들이면 모든 감각이 강화되고, 현존할 뿐 아니라 자기 안의 진실을 경험하고, 만족감을 느낀다는 사실을 이해하게 된다. 여성으로서 성적 욕구를 갖는다는 것은 곧 살아 있음을 뜻한다.

15

하강:

가장 깊이 묻어둔
고통 속으로

: 부활하기 위해서 옛날의 '그녀'는 죽어야 한다. 자신을 희생양으로 보는 자아상은 죽어야 한다. 자신을 뭔가 단단히 잘못되고, 결함이 있고, 초라하고, 매력 없고, 무능력한 존재로 보는 견해도 죽어야 한다. 자신의 고통에 냉담한 무관심도 죽어야 한다.

음식과 몸무게에 대한 집착에서 자유로워지기 위해 생각과 감정, 욕망이 얽혀 있는 미궁을 따라서 걷다 보면 마침내 자기 존재의 정중앙으로 빠져드는 길에 이른다. 완전히 회복되려면 자기 존재의 깊은 곳으로 기꺼이 하강할 수 있는 의지, 어둠 속에 버려둔 자신의 어두운 측면들과 대면할 수 있는 의지가 필요하다.

고대 수메르인 신화에 다음과 같은 이야기가 있다. 어느 날 천상과 지상의 여왕 이난나는 자신의 힘이 약해지는 것을 느끼고, 그 힘을 다시 채우기로 마음먹었다. 그러기 위해서는 지하 세계로 내려가야 한다는 것을 여왕은 알고 있었다. 백성들은 여왕에게 가지 말라고 간청했다. 지하 세계는 이난나의 사악한 언니인 저승의 여왕, 에레슈키갈이 다스리고 있었기 때문이다. 저승은 매우 위험했으며 그곳으로 떠났던 많은 사람이 돌아오지 못했다. 그러나 이난나가 뜻을 굽히지 않자, 측근들은 여왕이 사흘 안에 돌아오지 않을 경우 다른 신들에게 도움을 청할 계획을 세웠다.

이난나가 천상의 여왕이었는데도 에레슈키갈은 그녀가 다른 사람과 똑같이 일곱 개의 문을 지나 저승으로 들어와야 한다고 주장했다. 문을 하나씩 통과할 때마다 이난나는 몸에 걸친 훌륭한 장신구와 옷을 하나씩 바치며, 문지기들의 심판을 받아야 했다. 마침내 저승의 왕국에 도착했을 때 이난나는 벌거벗은 상태였고, 일곱 명의 문지기들에게 심판을 받은 뒤였다. 에레슈키갈은 예상했던 대로 동생을 죽인 후, 그녀의 시체를 말뚝에 매달았다.

사흘이 지나도 여왕이 돌아오지 않자 충신들은 여왕의 구출 작전을 추진했다. 이난나의 부모가 저승의 일에 끼어들기를 거부하자 충신들은 물과 지혜의 신 엔키에게 도움을 청했다. 엔키는 여왕을 구하기 위해 남자도 여자도 아닌 작은 생명체 두 개를 내려 보냈다. 그들에게는 타인에게 공감할 줄 아는 특별한 능력이 있었다. 그들은 생명의 음식과 물을 가져갔고, 문지기들 몰래 일곱 개의 문을 통과했다.

그들이 에레슈키갈을 만났을 때 그녀는 남편을 잃은 슬픔에 잠겨 있었다. 두 생명체는 에레슈키갈의 슬픔에 공감했다. 에레슈키갈은 그들의 그런 태도에 깊이 감동했고, 너무도 고마운 나머지(지금까지 자신에게 그런 연민을 보여준 사람이 아무도 없었으므로) 이난나의 시신을 데려가게 해달라는 부탁을 들어주었다. 두 생명체는 여왕의 시신을 데려와 생명의 음식과 물을 먹여 살려냈다. 이난나는 예전의 힘을 완전히 되찾아 자신의 왕국으로 돌아갔다.

미친 듯이 머핀을 꾸역꾸역 밀어 넣거나, 껌 하나를 씹을 때도 칼로리를 계산하거나, 폭식과 구토를 끊임없이 반복하거나, 냉장고에 들어 있던 케이크를 통째로 먹어치울 때 여성들은 자신이 나약하고 통제력을 상실했다고 느낀다. 이난나처럼 힘이 약해졌다고 느끼는 것이다. 이럴 경우, 이난나가 그랬듯이 새로운 힘을 충전하기 위해 지하 세계로 여행을 떠나야 한다.

섭식 장애를 겪는 여성은 아주 오랫동안 어둠으로 떠나는 여행을 두려워했고, 거기에서 어떤 공포가 자신을 기다릴지 두려워했다. 그녀에게는 공포를 회피하고, 자신의 가장 은밀한 비밀이 머무르고 있는 자기 존재의 어두운 부분을 무시하는 것이 공포를 극복하는 방법이었다. 지하 세계는 계속 자신의 어두운 존재를 알리려하고, 그녀는 그 존재를 의식에서 밀어내기 위해 끊임없이 폭식하고, 몸무게에 집착하고, 미친 듯이 운동한다. 자신이 거부하고 부인하고 억압했던 자신의 모든 면을 지닌 채 어둠 속에 사는 자매를 대면하는 일만 아니라면 무엇이든 한다. 그러다 마침내 자신이 존재의 어두운 부분과 의절하려 할 때마다 그것들이 힘을 얻고, 집착과 중독의 형태로 우리 삶을 휘두른다는 사실을 발견한다. 그리하여 먹는 일은 중독이 되고, 몸무게에 집착하면서 살을 빼기 위해 강박적으로 운동한다.

삶을 통제하려는 끝없는 투쟁에 지치고 탈진한 그녀는 아무도 자신을 고칠 수 없다는 사실을 깨닫는다. 어떤 기적의 약도, 마법의 다이어트도 없다는 사실을. 어느 시점이 되면 이제 유일한 해결책은 자신의 내면으로 들어가는 것임을 알아차린다. 자기 존재의 어둡고 숨겨진 부분을 탐색해서 왜 음식에 그런 태도를 보이는지 알아내는 방법밖에 없다. 그녀는 보이지 않도록 내면에 깊숙이 묻어두었다고 믿는 자신의 사악한 측면에 의해 자기 존재가 파괴될까봐 두려워한다. 절박한 심정에 그녀는 용기를 내어 지하 세계로 하강해서 자신의 두려움과 대면한다.

이난나와 마찬가지로 그녀 역시 여행을 하려면 자신의 몸에 걸친 것들을 하나씩 내려놓아야 한다. 옷은 곧 그녀가 외부 세상에 보여주는 자신의 일부이며, 자기가 어떠한 모습이어야 한다고 생각하는 자아상을 대표하기도 한다. 그토록 오랫동안 숨겨왔던 감정과 소망을 밝혀내면서 그녀는 그동안 자기 자신에게 내렸던 모든 판단과 조우하게 된다. '난 너무 이기적이야' '난 너무 예민해' '내가 진짜 어떤 사람인지 알면 사람들은 날 좋아하지 않을 거야' 등등. 자신이 어떠해야 한다는 문화적 기대치를 모두 벗겨내고 나면 자기 존재의 중심부에 도달하게 된다. 벌거벗은 무방비 상태로 자신의 진실과 대면할 준비가 된 것이다.

어둠의 자매 에레슈키갈을 만남으로써 우리는 자신의 어두운 면, 의식에서 분리해둔 측면과 대면하게 된다. 어둠의 자매를 만나는 일이 무서울수록, 그녀의 눈을 똑바로 보기가 두려울수록 우리는 반드시 그녀를 만나야 한다. 음식과의 왜곡된 관계에 잠재되어 있는 근본 문제를 밝혀줄 사람이 바로 그녀이기 때문이다. 그녀야말로 우리의 가장 은밀하고 어두운 비밀을 지키고 있는 사람이다.

그녀는 우리가 느껴온 수치심이 무엇인지 말해줄 것이다. 자신이 부족하고, 똑똑하지 못하고, 예쁘지 못하다는 수치심, 더불어 섹스를 좋아하고, 남과 다르고, 여자라는 수치심까지.

섭식 장애에 시달리는 일부 여성들은 수치스러운 비밀을 간직하고 있으며 살면서 그것을 의식하지 않으려고 필사적으로 노력해왔다. 어떤 여성은 엄마가 알코올 중독자였다는 사실이 너무 부끄러워서 어린 시절을 회상하는 것조차 견디지 못한다. 또 어떤 여성은 자라면서 충분한 관심과 애정을 받지 못했다는 사실을 너무도 고통스러워하며, 자신이 그걸 필요로 한다는 데 수치심을 느낀다. 그런가 하면 어린 시절에 받은 신체적, 감정적 학대에 아직까지 모욕감을 느끼는 여성도 있다. 그들은 이런 기억과 경험을 완전히 끊어내지 못한 채 그저 어둠 속으로 밀쳐버린다. 그리고 그것들은 어둠에서 나오려고 할 때마다 왜곡되고 유독한 형태로 드러난다. 음식에 집착한다든가, 남몰래 폭식한다든가, 통제 불가능한 다이어트를 하는 식으로.

어둠 속으로 들어가 어둠의 자매를 만나겠다는 의식적이고도 고의적인 선택을 할 때 우리는 더 이상 불시에 찾아오는 그녀의 파괴적인 방문을 두려워하며 살 필요가 없다. 어둠의 자매의 말에 귀 기울이고, 그녀의 고통을 존중할수록 그녀가 우리의 관심을 끌려고 성질부리는 일은 줄어든다.

지난 수 세기 동안 우리 문화가 여성 섹슈얼리티의 진정한 아름다움과 힘을 지하 세계로 추방시킨 탓에 우리는 오로지 완곡한 표현이나 유추를 통해서만 여성 섹슈얼리티를 논의할 수 있다. 섭식 장애에 시달리는 많은 여성에게는 반드시 털어놓아야 할, 성에 관한 비밀이 있다. 성적 호기심을 보였던 어린 시절의 기억이나 아무 남자하고나 잤던 사춘기 시절의 기억을 끄집어내서 성장 과정의 자연스러운 일부분으로 인정하고 받아들여야 한다. 소곤거리며 이야기해야만 하는 대상인 여자의 몸으로 살고, 뚱뚱하다고 비웃음을 사고, 남자들의 추파와 휘파람, 성차별주의자들의 조롱을 받았던 경험을 인정받아야 한다. 어떤 여성에게는 오빠의 친구가 자신의 몸을 만졌고, 울먹이는 자신을 비웃었던 일을 털어놓는 것이 회복에서 중요한 단계가 될 수 있다. 또 어떤 여성은 자신이 아주 존경하는 교수가 원치 않는 성적 접근을 해왔다는 사실을 말한 후에야 비로소 폭식과 구토의 반복을 멈출 수 있었다. 또 다른 여성은 믿었던 남자 친구가 술에 취한 자신을 덮치는 바람에 원치 않는 첫 성관계를 맺었던 이야기를 한 후에야 음식에 대한 집착에서 벗어날 수 있었다. 많은 여자가 이처럼 어린 시절에 겪었던 성추행, 강간, 근친상간에 관한 은밀한 공포를 털어내야만 그런 비밀을 지키면서 느꼈던 굴욕감과 자기혐오에서 벗어날 수 있다.

자신의 가장 깊고 어두운 부분으로 들어갈 때 대부분의 사람들은 그동안 의절하려고 했던 고통과 괴로움을 만나게 된다. 가부장적인 우리 문화는 고통을 꾹 참고, 보이지 않도록 묻어두라고 요구한다. 가슴에 느껴지는 고통을 쏟아낼라치면 '자기 연민'에 빠져 있다는 이유로 재차 꾸지람을 듣는다. 그렇기에 우리는 자신의 고통을 부인하고, 그저 모든 것이 '괜찮다'라고 말한다. 온전함을 향해 가는 이 여정에서 자신의 중심을 찾아가다 보면 가장 깊이 묻어둔 고통과 마주친다. 버림받고 소외당한 고통, 스스로가 초라하고 무능력하게 느껴지는 고통, 이루지 못한 꿈과 놓쳐버린 기회에 따른 고통, 신체적 또는 감정적 학대로 인한 고통, 사랑하는 사람을 잃거나 또는 결혼에 실패해서 생긴 고통, 여성성을 존중하지 않는 이 세상에서 여자로 살아가는 데서 오는 고통.

오랫동안 음식을 이용해 상처를 감춰왔던 사람이 어둠의 자매를 만나면 종종 이처럼 자기 존재의 버림받은 부분에 속속들이 스며 있는 슬픔에 압도당한다. 눈물범벅이 될 수도 있다. 그럴 때 다이어트나 운동, 음식에 대한 생각으로 일찌감치 그런 감정들을 외면하지 말고, 눈물이 흘러넘치도록 내버려 두는 법을 배워야 한다. 지하 세계는 자신의 고통을 냉정하게 대하는 장소가 아니다. 상처받지 않기를 기대하거나 자신의 상처를 부인하는 곳도 아니다. 어둠 속에서는 괴로움이 존중받고, 얼마든지 고통을 느껴도 된다.

자기 내면으로 하강한 여성은 죽음으로 마감된다. 부활하기 위해서 옛날의 '그녀'는 죽어야 한다. 자신을 희생양으로 보는 자아상은 죽어야 한다. 자신을 뭔가 단단히 잘못되고, 결함이 있고, 초라하고, 매력 없고, 무능력한 존재로 보는 견해도 죽어야 한다. 자기 자신의 고통에 냉담한 무관심도 죽어야 한다.

어둠 속에서 그녀는 다시 태어난다. 파괴의 힘을 지닌 어둠의 자매에게는 변형과 재생의 힘도 있다. 가식과 부인이라는 옷을 벗고,

벌거벗은 상태로 어둠의 자매를 만날 때 우리는 그녀의 과거를 이해하기 시작한다. 아마도 어떤 일이, 왜 일어났는지 이해하면서 배워야 할 교훈은 무엇이고, 깨달아야 할 진실이 무엇인지도 발견할 것이다. 그렇게 내면의 지혜를 받아들여 음식과 타인, 자기 자신과 완전히 새로운 관계를 맺을 수 있다.

결국 우리를 구원해주는 것은 나 자신과 내 감정을 바라보고, 이해와 인정을 바라는 내 요구를 직시할 수 있는 능력, 즉 공감이다. 고통을 천천히 헤쳐나가며 진정으로 치유될 수 있는 것도 바로 자신의 고통과 '함께하는' 능력 덕분이다. 이런 공감에 힘입어 우리는 자신이나 남을 비난하지 않고도 또한 자신의 상처를 부인하지 않고도 자신의 성장 과정과 섭식 장애 간의 연결 고리를 파악할 수 있다.

두 생명체가 자신의 말을 들어준다고 느꼈을 때 에레슈키갈은 이난나를 다시 살려내고, 생명의 음식과 물을 먹이도록 허락했다. 연민과 이해를 가지고 어둠의 자매의 말을 들어줄 때만이 여성은 자신의 인생에서 진정으로 원하던 영양분을 섭취하게 된다.

섭식 장애를 치유하려면 부활에 앞서 어둠을 받아들여야 한다. 버림받고 잃어버린 부분을 회복해서 자기 존재를 온전하게 만들어야 한다. 그렇게 온전해졌을 때 여성은 강해질 수 있으며, 부활하고 변화할 수 있다.

16

자기표현:

잃어버렸던
인간으로서의 권리

： 자기표현을 배우는 목적이 다른 사람을 변화시키는 것이라면 당신은 크게 좌절할 확률이 높다. 하지만 자기표현의 목적이 자신에 대한 자긍심을 높이는 것이라면 성공할 가능성이 커진다.

옛날에 한 젊은 기사가 있었다. 그는 남자가 여자에게 저지를 수 있는 가장 끔찍한 짓을 저질렀다. 그로 인해 체포되어 왕 앞으로 끌려갔다. 왕은 말했다. "네 죄가 너무나 끔찍하므로 네게 피해를 본 여인에게 네 죗값을 결정하도록 하는 것만이 정당한 방법일 듯하구나."

왕은 그 여인을 앞으로 불러내어 젊은 기사의 형벌을 정하라고 했다. 그녀는 이렇게 말했다. "그에게 수수께끼를 하나 내겠습니다. 만약 그가 1년 안에 수수께끼를 풀지 못하면 사형에 처해주십시오."

"그 수수께끼가 무엇이냐?" 왕이 물었다.

"그것은 바로 '여자가 가장 원하는 것은 무엇인가?'입니다. 기사는 이 질문에 대답해야 합니다."

왕은 젊은 기사를 향해 말했다. "그렇게 하도록 하겠다. 너는 오늘부터 정확히 1년 뒤에 그 수수께끼의 답을 가지고 이곳으로 와야 한다. 만일 정답을 말하지 못하면 사형에 처하겠노라."

그리하여 젊은 기사는 바보 같은 질문 하나만 풀면 된다는 조건으로 쉽사리 풀려났다는 사실에 기뻐하며 궁 밖으로 나왔다. 얼마 가지 않았을 때 맞은편에서 걸어오는 아름다운 아가씨를 보았다. 그는 만면에 미소를 띤 채 여자에게 다가가 물었다. "실례지만 아가씨, 여자가 가장 원하는 게 무엇인지 물어봐도 되겠소?"

여자는 고개를 비스듬히 기울인 채 수줍은 시선으로 기사를 바라보며 말했다. "연인이지요. 여자가 가장 원하는 건 연인이에요."

기사는 여자에게 고맙다고 말한 뒤, 다시 걸어갔다. 이번에는 품에 갓 난아이를 안고, 치맛자락에 아이 넷을 매단 채 걸어오는 중년 부인을 발견했다. 기사는 그녀에게 다가가 물었다. "실례합니다, 부인. 여자가 가장 원하는 게 무엇인지 물어봐도 되겠습니까?"

"평화죠! 여자가 가장 원하는 건 평화예요."

기사는 그녀에게 고맙다고 한 뒤, 발걸음을 재촉했다.

잠시 후 맞은편에서 한 할머니가 지팡이에 의지한 채 비틀비틀 걸어오고 있었다. 그는 할머니에게 다가가 공손히 물었다. "실례합니다, 부인. 여자가 가장 원하는 게 무엇인지 물어봐도 될까요?"

"그거야 쉽지." 할머니는 조금도 주저하지 않고 대답했다. "여자가 가장 원하는 건 건강이야."

기사는 할머니에게 고맙다고 말했다. 그러나 길을 걷다 보니 점점 걱정되기 시작했다. "세 명의 여자에게 이 수수께끼를 물었는데 다 다르게 대답했어. 이 문제는 생각했던 것만큼 쉽지 않을지도 몰라." 그리하여 기사는 새 노트를 구해 그들의 대답을 적어두었다.

그 후로도 여러 마을과 도시, 시골을 떠돌며 여행을 계속했다. 그는 여자를 만날 때마다 그 수수께끼를 물었고, 그들의 대답을 노트에 적어두었다. 며칠이 몇 주가 되고, 몇 주는 몇 달이 되어 마침내 1년을 하루 앞둔 날이 되었다. 기사는 길바닥에 주저앉아 양손에 머리를 파묻었다.

"하루만 지나면 꼬박 1년이 되는구나." 그는 절망감에 흐느꼈다. "지금까지 수천 명의 여성에게 물어봤지만 대답은 모두 제각각이었어. 처음 그 수수께끼를 들었을 때와 마찬가지로 정답을 조금도 모르겠으니 내일이면 난 죽은 목숨이야!"

바로 그때 옆에서 여자의 목소리가 들렸다. "실례합니다. 제가 도와드릴까요?"

고개를 들어보니 세상에서 가장 흉측하게 생긴 여자가 서 있는 게 아닌가! 그녀는 몸에 비해 머리가 너무 컸고, 눈마저 얼굴에 비해 너무 컸다. 코는 길고 끝이 뾰족했으며, 입술은 종잇장처럼 얇고, 이는 송곳처럼 날카로웠다. 어깨까지 내려오는 머리카락은 쥐 꼬리처럼 푸석거렸고, 피부는 죽은 생선 껍질 같았다.

"왜 울고 있나요?" 그녀가 물었다.

"난 어떤 수수께끼를 풀라는 명령을 받았소. 내일까지 그 수수께끼를 풀지 못하면 죽은 목숨이오." 기사가 말했다.

"수수께끼가 뭔데요?"

"'여자가 가장 원하는 것은 무엇인가'라는 문제의 답을 찾아야 하오."

"아, 전 그 수수께끼의 답을 알아요. 당신이 저와 결혼해주시면 기꺼이 그 답을 말해드리죠."

기사는 여자의 요구에 깜짝 놀랐지만 곧 이런 생각이 들었다. '그게 뭐가 문제야? 수수께끼의 답을 모르면 난 어차피 죽을 텐데. 죽는 것보다는 이 못생긴 여자랑 사는 게 훨씬 낫지.' 그리하여 기사는 결혼하기로 동의했고, 여자의 대답을 기다렸다.

그녀가 입을 열었다. "그 수수께끼의 답은 이거예요. 여자가 가장 원하는 것은 주권이에요. 자기 스스로 인생의 여정을 창조하며 살아갈 수 있는 권리요."

기사는 그 말을 듣고 지금껏 자신이 들어왔던 다른 모든 대답을 생각했다. "그래! 그거야말로 지금까지 내가 들어온 대답에 들어맞는군. 그게 바로 정답이었어!"

그러고는 흥분에 들떠 1년 전 자신이 재판을 받았던 바로 그 마을로 떠났다. 이튿날 기사는 왕과 자신이 죄를 저지른 여인 앞에 서게 되었다.

"그래, 수수께끼의 답을 알아 왔느냐?" 왕이 물었다.

"예, 알아 왔습니다, 폐하." 기사가 대답했다.

"답이 무엇이냐?"

"'여자가 가장 원하는 것이 무엇인가'라는 수수께끼의 답은 '주권, 즉 자기 스스로 인생의 여정을 창조하며 살아갈 수 있는 권리'입니다."

왕은 뒤에 서 있는 여인을 돌아보며 물었다. "저자의 대답이 맞는가?"

"예, 맞습니다, 폐하." 그녀가 대답했다.

"그렇다면 이제 그대는 자유의 몸이다. 가고 싶은 곳으로 가거라."

젊은 기사는 안도감과 새로 얻은 자유의 기쁨으로 가득 차 이번에는 거의 날다시피 궁전을 빠져나왔다. 그는 약속을 지키기 위해 못생긴 여자를 만났던 곳으로 돌아갔다. 약속대로 그들은 결혼식을 올렸고, 식이 끝나자 첫날밤을 보낼 작은 여관으로 갔다. 여관에 도착하자마자 못생긴 여인은 위층에 있는 신혼 방으로 올라갔고, 젊은 기사는 아래층 술집으로 향했다.

시간이 흘러 마침내 술집 주인은 기사에게 문 닫을 시간이 되었으니 나가달라고 말했다. 기사는 최대한 천천히, 신부가 기다리고 있는 방으로 가는 좁은 계단을 마지못해 올라갔다.

기사는 방 앞에 도착해 느릿느릿 문을 열고, 안을 들여다보았다. 방 건너편에 신부가 누워 있는 거대한 침대가 보였다. 베개 위로 그녀의 머리카락이 지저분하게 흩어져 있었다. 기사는 조심스럽게 방을 가로질러 갔다.

"어서 오세요, 서방님." 그녀가 침대를 토닥이며 말했다.

젊은 기사는 침대 맨 끝에 걸터앉아 한층 더 천천히 한쪽 부츠를 벗고, 다른 쪽도 벗었다. 그러고는 바지와 셔츠를 벗고 알몸이 되어 침대 시트 사이로 들어갔다. 그는 양팔을 옆구리에 바싹 붙이고, 얼굴은 정면으로 고정한 채 장작개비처럼 뻣뻣하게 여자의 옆에 누웠다.

"오늘은 우리 첫날밤이에요, 서방님. 키스해주세요." 그녀가 애원했다.

기사는 얼굴을 잔뜩 찡그리고, 입술은 앙다물고, 두 눈을 꼭 감은 채 여자에게 키스했다. 그러나 입술이 그녀의 볼에 닿은 순간, 기사는 깜짝 놀랐다. 죽은 생선 껍질 같은 감촉이 아니었기 때문이다. 그가 눈을 뜨자 지금까지 봤던 여자들 중에서 가장 아름다운 여자가 그를 마주 보고 있었다!

"당신은 누구요? 그리고 왜 여기에 있는 거요?" 말문이 트이자마자 기사의 입에서 질문이 터져 나왔다.

"전 당신의 아내예요. 저주에 걸려 있었는데 당신이 저와 결혼하고 키스를 해주면서 저주가 풀렸어요. 아니, 사실은 저주의 절반만 풀린 셈이지만요. 이제는 낮에 아름답고 밤에 흉측할지, 아니면 낮에 흉측하고 밤에 아름다울지 결정해야 해요."

"그건 쉽군. 낮엔 아름답고 밤엔 흉측해지는 걸로 합시다." 젊은 기사가 얼른 대답했다.

"그렇다면 매일 밤마다 당신과 함께 누울 때 전 흉측한 여자가 될 텐데요."

"아, 저런." 젊은 기사는 이 사이로 쓰읍 소리를 내며 숨을 들이마시고는 그 생각에 몸서리를 쳤다. "그럼 낮에는 흉측하고, 밤에 아름다워지는 걸로 합시다."

"그렇게 되면 우리 둘이서 함께 걸어 다닐 때마다 사람들이 제 흉측한 얼굴을 보고 놀라서 도망치고, 아이들은 제게 돌을 던지며 비웃을 텐데요."

"그것도 좋지 않군."

젊은 기사는 고개를 저으며 이 새로운 수수께끼의 답을 생각했다. 한동안 고심한 끝에 그가 말했다. "아무래도 이 결정을 내가 내리는 건 옳지 않은 것 같소. 그 결과를 평생 안고 살아가야 할 사람은 결국 당신이잖소."

"아," 이제 아름다워진 여자가 말했다. "당신은 방금 저주의 절반을 풀었어요. 여자들이 가장 원하는 것은 한 인간으로서의 주권, 자기 스스로 인생의 여정을 창조하며 살아갈 수 있는 권리니까요. 그리고 전 낮에도 아름답고 밤에도 아름다운 것을 선택하겠어요!"

자기만의 인생 여정을 개척하려면 스스로 선택하고, 자신이 원하는 것에는 '예'라고 말하고 원치 않는 것에는 '아니요'라고 말할 수 있어야 한다. 그런 선택의 자유가 없어지면 그녀는 남에게 상당히 '흉측한' 모습을 보이게 된다. 이용당한다는 생각에 부루퉁하고 화를 내거나, 남에게 받는 것보다 내가 주는 것이 더 많다는 생각에 타인을 비난하거나 분노로 가득 찬다.

이런 주권을 쟁취하는 일은 모든 여성의 행복에 필수적이지만 특히 음식, 몸무게, 다이어트와 씨름하는 여성에게는 더욱 중요하다. 그들은 무기력과 절망이라는 저주에 걸려 있고, 그 저주는 반드시 깨져야 한다. 이 저주에서 풀려나려면 자신이 원하는 것을 선택하고 자신에게 옳지 않은 것은 거절하는, 나만의 고유한 권리를 표현하는 법을 터득해야 한다.

자기표현은 인생에서 주권을 획득하기 위한 필수 도구이다. 자신을 표현하려면 내가 누구이고, 무엇을 원하는지 드러낼 방법을 찾아야 한다. 자신의 요구를 무시하거나 수동적으로 대처하지 않고, 그렇다고 해서 타인의 요구에 무심하거나 공격적으로 대처하지 않으면서 소통하는 법을 배워야 한다.

수동적으로 소통하는 여성들은 '예'라고 말하고 싶을 때 '아니요'라고 말하고, '아니요'라고 말하고 싶을 때 '예'라고 말한다. 상황이 괜찮지 않을 때도 괜찮은 것처럼 행동한다. 따라서 그녀가 걷게 되는 인생의 여정은 그녀 자신의 것이 아니고, 그 결과 자신만의 인생을 사는 데서 비롯되는 선물도 받지 못한다. 그녀의 선택은 자신이 느끼고 원하는 것이 아닌, 타인의 필요와 바람에 의해 인도된다. 따라서 영혼은 메말라가고 진정한 자아에 대한 느낌, 내가 진정 누구인가에 대한 느낌은 차츰 약해진다. 그녀는 자신의 진정한 자아를 모르며 그것을 외부 세상에 보여주지도 못한다. 대신 자신의 외양, 남들에게 어떻게 보이는지에만 지나치게 초점을 맞춘다. 자긍심, 자기 결정력, 자신감 같은 자아감을 희생해가면서 늘 남에게 '좋은 사람', 사랑스럽고, 친절하고, 유쾌한 사람으로 보이려고 안간힘을 쓴다.

타인의 비위를 거스르는 위험을 감수하고 싶지 않기에 그녀는 얼른 이렇게 대꾸한다. "아, 별거 아니에요." "상관없어요." "괜찮아요." "당신이 알아서 하세요." 결국 그녀는 자신이 어떻게 생각하고 느끼는지가 정말로 '별거 아니라'고, 자신이 어떤 사람인지는 중요치 않다고 믿기 시작한다. 자기 자신뿐 아니라 주위 사람들에게도 자신의 감정과 생각이 아무런 가치도 없다는 생각을 심어주고 다닌다. 그녀가 이런 식으로 자기 가치를 깎아내리면 다른 사람들도 금세 똑같이 행동한다. 그녀의 욕구를 무시하고 함부로 대하는 것이다. 타인의 푸대접을 묵인하는 그녀의 태도는 또다시 그런 행동이 지속되도록 부추긴다. 자신을 채우기보다 소진하는 인생 여정을 걷는 자신을 발견하면서 위안과 양식, 위로를 얻기 위해 음식에 매달린다. 그러나 음식 섭취는 고갈된 자긍심을 채우려는 헛된 시도일 뿐이다. 주위 사람을 기쁘게 하지 못했기 때문에 자신은 영양분을 섭취할 자격이 없다고 믿음으로써 그녀는 자신에게서 음식을 박탈하거나, 정말로 배가 고파 먹을 때도 그런 자신을 꾸짖는다. 그리하여 삶은 점점 더 공허해진다.

반면 수동적이지 않고 공격적이며, 타인을 공격함으로써 자신의 주권을 맹렬히 수호하는 여성들도 있다. 그들은 인생에서 자신이 원하는 것을 얻어낸다. 그러나 타인에게 퍼부은 비난과 무정한 행동으로 인한 부산물을 끊임없이 마주해야 한다. 자신의 진정한 감정을 표현하려다가 그만 폭언을 퍼붓게 되고, 결국에는 아무에게도 이해받지 못한 감정과 외로움만 남는다. 그녀의 인생 여정은 끊어진 관계들의 흔적만 남게 된다. 그녀는 자신의 '흉측함'으로 인해 타인에게 거부당한 고통을 느낀다.

자신의 요구를 다른 방법으로 표현할 수도 있다는 사실을 모른 채 그녀는 오로지 두 가지 선택만 가능하다고 믿게 된다. 낮에 흉측해지든지, 밤에 흉측해지든지. 그녀는 자신이 원하고 필요로 하는 것을 얻는 법은 알지만, 타인의 요구와 감정을 존중하면서 그 목적을 달성하는 법은 모른다. 결국 친밀한 관계가 가져다주는 영양분을 얻지 못하고 음식에서 안락함과 우정을 찾는다.

많은 여성이 진자처럼 수동성과 공격성 사이를 왔다 갔다 한다. 그들은 참고 참고 또 참는 수동적인 태도를 보이다가 더 이상 감정을 억누를 수 없게 되면 느닷없이 반대쪽으로 이동해서 공격적인 태도로 돌변한다. 자신을 화나게 하거나 위협하는 사람에게는 모욕적인 발언과 비난을 퍼부었다가 이내 죄책감에 사로잡혀 다시 수동형으로 돌아가는 주기가 반복된다.

이들 중에는 성난 감정을 억누르기 위해 음식을 이용하는 사람도 있다. 폭식으로 감정을 억눌렀다가 거기서 오는 긴장감을 해소하려고 토하면서 안도감을 얻는 사람도 있다.

진정한 주권을 얻고 싶은 여성이라면 타인의 권리를 존중하듯이 자신의 권리를 보호하는 법을 배워야 한다. 자신을 표현하는 법을 배워야 한다. 스스로를 옹호하고, 자기 감정을 표현하고, 남을 탓하거나 위협하거나 비난하지 않고서 자신이 원하는 바를 말할 수 있어야 한다. 타인의 생각과 감정을 존중하면서 자신의 생각과 감정도 존중해야 한다. 그것만이 자신에게 혐오감을 느끼지 않으면서 원하는 인간관계를 맺을 수 있는 유일한 방법이다.

구체적으로 어떻게 해야 할까? 친구가 당신의 책을 빌려 갔다고 가정해보자. 당신은 흔쾌히 책을 빌려주면서 다음 주 금요일까지는 돌려달라고 말했다. 지금 쓰고 있는 리포트에 그 책이 필요하기 때문이다. 그러나 무슨 이유에서인지 친구는 금요일까지 책을 돌려주지 않았다. 당신은 리포트를 완성할 수 있었지만 덕분에 상당한 고생을 해야 했다.

그로부터 일주일 후, 당신은 슈퍼마켓에서 우연히 그 친구와 마주치고 친구는 불현듯 당신에게 책을 빌려 간 일을 기억해낸다. 친구는 책을 제때 돌려주지 못해서 미안하다고 사과한다. 만일 수동적으로 반응한다면 당신은 이런 식으로 말할 것이다. "괜찮아. 별일 아닌데, 뭐." 하지만 사실 당신은 친구의 행동으로 불편을 겪었고, 약간은 화도 나 있다.

비록 자신의 진짜 감정을 표현하지 않은 덕분에 친구를 화나게 하는 일은 없었지만 당신 마음속에 그리고 두 사람 사이에는 긴장감이 쌓인다. 친구가 그 긴장감을 눈치챌 수도 있지만 당신이 왜 차갑고 소원하게 구는지는 모른다. 게다가 다음에 그 친구가 물건을 빌려 갈 때도 이와 똑같은 일이 생길 수 있다. 왜냐하면 당신이 물건을 늦게 돌려줘도 괜찮다는 인상을 주었기 때문이다. 이런 일을 몇 번 더 겪고 나면 긴장감이 계속 쌓여 마침내 당신은 절교를 결심할 지경이 되고 만다. 친구에게 그 이유도 제대로 설명하지 않은 채 말이다.

만일 이 상황에 공격적으로 반응한다면 당신은 친구에게 이런 식의 비난을 퍼부을 것이다. "네가 어떻게 그럴 수가 있니! 어쩌면 그렇게 무심한 거야? 내가 금요일까지 책 돌려달라고 했잖아. 진짜 고맙다!"

이 경우에는 불편했던 상황에 대한 당신의 감정은 제대로 표현했지만 상대방에게 상처를 주게 된다. 당신은 친구를 모욕했고('무심하다'), 친구가 뭔가 잘못되었다고 암시하는 비난조를 사용했다. 결과적으로 당신의 친구는 공격당했다고 느끼며, 자신을 보호하기 위해 당신과 거리를 두어야겠다고 결심할 수 있다. 심지어는 아예 절교하거나.

이 상황에서 제대로 된 자기표현을 하면 위의 두 시나리오와 상당히 달라진다. 이 경우에는 자신의 감정을 표현하되 상대를 공격하거나 비난하지 않는다. 예를 들어, 친구의 사과를 듣고 난 후에 이렇게 말할 수 있다. "그 책도 없이 리포트를 쓰려니 좀 화가 나더라. 다음엔 물건을 빌려 가면 제때 돌려줘."

당신은 친구에게 그녀가 한 행동이 자신을 불편하게 했다는 사실을 알리면서도, 친구의 인간성을 공격하지 않았다. 당신이 비난하지 않아도 친구는 자신의 행동을 후회할 것이다. 또한 자신의 감정을 솔직하게 표현했으므로 친구에 대한 당신의 분노는 지나간다. 두 사람 사이에 거리를 두거나 긴장감을 만들기보다 당신은 앞으로도 그 친구에게 물건을 빌려줄 것임을 암시하면서 우정이 지속되기를 원한다는 바람을 표현했다. 친구로서는 당신의 감정을 미리 짐작해야 하거나, 당신과의 관계가 어떻게 되어가는 것인지 혼자서 고민하지 않아도 된다. 그리고 당신 역시 죄책감, 외로움 또는 감정을 표현하지 못하는 데서 오는 긴장감에 빠질 필요가 없다.

섭식 장애에 시달리는 여성을 치료해온 내 경험에 의하면 자기 의사를 표현하는 법을 배우지 않고서는 회복에 성공할 수 없다. 자기표현은 아마도 가장 시급하게 익혀야 할 중요한 기술일 것이다. 그것만이 다른 사람에게 파괴적이 되지 않고서도 나 자신의 정수를 받아들이고 표현할 수 있는 방법이기 때문이다. 자기표현을 통해 내가 올바른 길을 가고 있음을, 나를 살찌우고 충족해주는 사람들

및 장소로 이어지는 동시에 그렇지 않은 사람들에게서는 멀어지는 마음의 길을 걸어가고 있음을 확신할 수 있다.

그러나 다른 모든 기술과 마찬가지로 자기표현 기술도 완벽하게 습득할 때까지는 서툰 단계를 극복하겠다는 의지와 연습이 필요하다. 어렸을 때 배우던 자전거 타는 법과 다를 바 없다. 페달을 밟으며 균형을 잡고, 핸들이 흔들리지 않게 똑바로 쥐고, 정면을 바라보고, 이 모든 일을 동시에 진행하기가 얼마나 버거웠는지 기억나는가? 자기표현 기술을 익히는 과정에서도 그런 식의 어색함을 경험하게 될 것이다. 그러나 조금만 연습하면 결국에는 이런 식의 커뮤니케이션이 자전거를 타듯이 쉽고 자연스러워진다.

내가 추천하는 자기표현 기법에는 세 가지가 있다. 첫 번째는 자신을 표현하는 기본 공식이다. 때때로 사건이 한창 진행 중일 때는 차분히 생각하기가 어렵기 때문에 이런 간단한 공식을 외워두면 큰 도움이 될 것이다. 단 세 문장만 기억하면 된다.

네가 _____ 해서/했을 때
난 _____ 했어. (자신의 기분을 표현)
왜냐하면 _____ .

첫 번째 문장의 공란에는 당신의 감정을 건드린 상대의 행동을 적는다.

네가 그런 식으로 말해서 _____.

네가 그런 식으로 날 바라봐서 _____.

네가 _____ 라고 말해서 _____.

네가 내 책을 빌려 간 뒤 돌려주지 않아서 _____.

가능한 한 구체적이고 객관적으로 상대의 행동을 적되, 상대의 의도에 대해 어떤 단정도 내리지 않도록 주의하라. 예를 들어, "네가 날 그런 식으로 무시해서" "나한테 가장 필요한 것이 무엇인지 네가 잘 안다는 식으로 행동해서"와 같은 표현은 곤란하다.

두 번째 문장에서는 잠시 자신이 어떤 기분인지 점검하고, 가능한 한 명료하게 그 감정을 적는다.

난 화가 났어.

난 절망스러웠어.

난 마음이 아팠어.

난 혼란스러웠어.

감정을 한두 가지로만 좁혀 명확성을 유지하도록 하자. 자신의 감정에 책임을 지는 것이 중요하므로 "네가 날 화나게 해"와 같은 말은 하지 않는다. 그런 말을 들으면 상대는 당신이 자신을 비난하거나 공격한다고 느끼기 때문이다. 그리하여 당신의 말에 귀 기울이기보다 자신을 방어하거나 반격할 준비를 하는 데 여념이 없어지고, 커뮤니케이션의 문은 그대로 닫혀버린다.

세 번째 문장에서는 "왜 저 행동이 이런 기분을 들게 하는 걸까? 이런 기분을 어떻게 해석해야 할까?"라고 자문해보자. 예를 들어,

왜냐하면 네가 날 배려하지 않는다는 인상을 받았거든.

왜냐하면 네가 날 믿지 못한다는 생각이 들었거든.

왜냐하면 나한테 뭐가 가장 좋을지 나보다 네가 더 잘 안다고 생각하는 것처럼 보였거든.

왜냐하면 네가 날 무시하고 있다는 인상을 받았거든.

자신을 표현할 때는 짧게 말하는 것이 최선이다. 위의 형식을 취하면 자신이 말하고자 하는 바를 한두 문장에 담아 말할 수 있다. 여러 말로 횡설수설하지 말고, 차라리 곧장 본론으로 들어가라.

자기표현 기법이 꼭 상대의 행동이 거슬리는 그 순간에만 사용할 수 있는 것은 아니다. 사실 자기표현법을 배우다 보면 종종 그 당시에는 자기 생각을 정확히 알 수 없을 때가 많다. 하지만 상관없다. 이 공식은 과거의 사건에도 얼마든지 쓸 수 있다.

"지난달에 네가 점심 약속을 취소했을 때 좀 섭섭했어. 나와의 약속이 너한테는 별로 중요치 않다는 인상을 받았거든."

"어제 당신이 나한테 서두르라고 소리쳤을 때 난 화가 났어. 우리가 늦은 이유를 내 탓으로 돌리는 것 같았거든."

"그 당시에는 몰랐는데, 지난주에 네가 직장을 그만두라고 말했을 때 난 기분이 나빴어. 내가 그동안 아이들에게 소홀했다고 비난받는 것 같았거든."

섭식 장애에 시달리는 사람들은 종종 마법 같은 해결책이나 즉각적인 해결을 꿈꾼다. 아쉽게도 그런 일은 좀처럼 일어나지 않지만, 이 기본 공식(네가 _____ 해서/했을 때, 난 _____ 했어. 왜냐하면 _____)은 일관되게 사용하면 진정으로 마법 같은 효과를 얻을 수 있다. 자기표현을 익히는 동안에는 이 공식을 카드에 써서 몸에 지니고 다니거나, 전화기 옆에 두는 것이 효과적이다.

처음 이 공식을 사용할 때는 당신과 중요한 관계를 맺고 있는 사람들에게 왜 당신이 이런 자기표현을 하는지 밝히는 것도 좋다. 그러면 상대방도 당신의 변화된 행동을 단순히 '심술을 부린다'고 해석하지 않을 것이다. 예를 들어, 이렇게 말할 수 있다. "내가 이런 말을 하는 이유는 내가 화가 나면 움츠러드는 성향이 있기 때문이야. 하지만 내게는 우리의 관계가 너무도 소중하기 때문에 내 그런 태도로 우리 관계를 위태롭게 하고 싶지 않아." 또는 "네 행동이 거슬릴 때 내가 그 사실을 밝히지 않으면 난 너무나 화가 날 테고, 그러면 우리 관계에도 금이 갈 거야. 난 우리 관계에 해가 되는 일은 하고 싶지 않아."

내가 두 번째로 추천하는 자기표현 기법은 첫 번째 방법을 토대로 한다. 우리가 '공식'을 사용해 감정을 표현하다 보면 가끔씩 상대방은 우리를 공격하거나, 괜스레 갈등을 일으킨다고 비난하며 적대적인 반응을 보이기도 한다. 그런 공격적인 태도에 대응하는 이 두 번째 방법은 굴절 기법이라고 한다. 말을 통한 상대의 공격, 비난, 무시를 비켜 가도록 도와주기 때문이다. 이것은 대개 아무런 효과도 없는 흑백 논쟁, 누가 옳고 누가 그른가를 따지는 파괴적인 논쟁에서 벗어나는 방법이기도 하다.

상대방이 "너 너무 예민한 거 아니야?" 혹은 "왜 바보같이 그렇게 생각해?" 아니면 단순히 "네가 잘못 생각한 거야"라고 말할 때 방어적인 태도를 보이지 않는 것이 중요하다. 대신 다음과 같은 말로 상대의 비난을 회피한다.

"그럴지도 모르지……." (상대의 말에 긍정도 부정도 하지 않는다.)
"넌 그렇게 생각하는구나."
"네가 어떻게 생각하는지 잘 알았어."

그런 다음 당신의 의견을 말한다.

"하지만 내 감정은 그래."
"하지만 난 다르게 생각해."
"하지만 네 행동이 내게 영향을 미친다는 사실은 알아줬으면 좋겠어."

이 기법을 써보면 자신이 어떻게 느끼는지 그리고 자신이 원하는 것이 무엇이고 원치 않는 것이 무엇인지에 계속 집중하기가 얼마나 쉬운지 알고 놀랄 것이다. 당신은 타인의 감정을 존중할 뿐 아니라 자신의 감정을 존중하는 데서 오는 내면의 힘(자치 권력)을 느낄 것이다. 관계를 끝장내거나 자신의 생각과 감정을 외면하지 않고서도 다른 시각을 '가질 수 있음'을 표현하는 기법이다.

이어지는 세 번째 기법은 '고장 난 레코드' 기법이다. 상대가 공격적인 반응을 보일 때 자신의 의견을 반복해서 말하는 기법이기 때문이다. 예를 들어 남편이 당신에게 "정말로 그걸 먹겠다는 거야?"라는 말을 했고, 당신이 그 말에 화가 났다고 해보자. 당신은 남편에게 "당신이 그렇게 말하니까 화가 나네. 왜냐하면 내가 뭘 먹고, 뭘 먹지 말아야 할지 당신이 더 잘 아는 것처럼 들리거든"이라고 말했다. 그 말에 남편은 이렇게 대꾸했다. "글쎄, 분명 당신이 음식 조절을 잘한다고 할 수는 없잖아."

이럴 때 옆길로 빠져서 당신이 음식 조절을 얼마나 잘하는지 따지지 말고 일단 "그럴지도 모르지"라고 대답하며 상대의 빈정거림을 비켜 가자. 그런 다음에 다시 당신의 감정을 말한다. "하지만 당신이 내게 뭘 먹어라 마라 할 때 내가 화가 난다는 사실을 알아둬."

만약 남편이 "참나, 오늘 왜 이렇게 민감한 거야?"라는 식으로 말하면, 역시 "그럴지도 모르지"라고 말하며 그의 발언을 비켜 간 후 "하지만 당신이 내게 뭘 먹어라 마라 할 때 내가 화가 난다는 사실을 알아둬"라고 답한다. 남편이 다시 "당신 오늘 정말 과민 반응하네"라고 말하면 또 한 번 "당신에겐 그렇게 보일 수도 있겠네. 하지만 당신이 내게 뭘 먹으라 마라 하면 난 정말 화가 나"라고 대답한다.

남편이 계속 시비를 걸며 "당신이 어련히 알아서 하면 내가 왜 잔소리를 하겠어?"라고 말해도 고장 난 레코드 작전을 밀고 나간다. "어쨌든 당신이 내게 뭘 먹으라 마라 하면 내가 화가 난다는 사실을 알아둬. 나한텐 그게 중요해." 당신은 남편에게 어떻게 해야 한다거나 어떻게 하지 말라고 말하는 것이 아니며 공격하지도 않는다는 사실에 주목하라. 다만 그의 행동이 자신에게 어떤 영향을 미치는지 알릴 뿐이다.

이 기법을 쓰면 다른 문제와 논쟁에 한눈팔지 않고 계속 자신의 감정에 초점을 맞출 수 있다. 그 당시에는 아무 소용 없는 것 같아도 결국에는 상대방이 시비 걸기를 멈추고 나아가 어쩌면 당신이 하는 말에 귀 기울일 수도 있다. 어찌 됐든 당신은 자신의 감정을 확인하고 표현함으로써 여전히 자기 자신을 돌보는 셈이다.

자기표현을 배우는 사람들에게서 듣는 첫 번째 반응은 "효과가 없어요" "친구는 내 말을 들으려고 하지 않아요" "남편은 여전히 똑같아요" 같은 말들이다. 자기표현을 배우는 목적이 다른 사람을 변화시키는 것이라면 당신은 크게 좌절할 확률이 높다는 사실을 알아야 한다. 하지만 자기표현의 목적이 자기 자신에 대한 자긍심을 높이는 것이라면 성공할 가능성은 커진다.

자기표현은 섭식 장애에서 해방되기 위해 여성들이 배워야 할 가장 중요한 기술이다. 일단 자신이 신체적인 배고픔이 아닌 감정적 스트레스에 반응해 먹거나 굶는다는 사실을 깨닫고 나면 이제는 스트레스에 다른 식으로 대응해야 한다. 다이어트가 아무런 효과가 없는 이유도 그것이 오로지 섭식 장애 행동을 뿌리 뽑는 데만 초점을 두기 때문이다. 우선은 그런 행동을 유발한 감정과 잠재된 문제에 접근하는 다른 방법을 마련해야 한다.

자기표현을 시작한 여성은 살면서 겪는 스트레스를 훨씬 더 효과적으로 다루는 새로운 방법을 터득해나간다. 그녀는 자기표현이 음식 및 섭생과의 관계에 심오한 영향을 발휘한다는 사실을 깨닫는다. 자신이 원하는 것을 요구하는 법을 배우면서 자신의 감정적 허기를 적절한 방법으로 규명하고 찾아내서 채워주며, 결과적으로 음식에만 매달리는 일이 적어진다.

원하지 않는 것에 '아니요'라고 말하면서, 이제 그녀는 개인적인 한계를 정한다. 다른 사람들에게 "내 요구는 당신과 다르고, 당신의 요구 못지않게 중요하다"라고 말함으로써 자신의 시작과 끝이 어디이고, 타인의 시작과 끝이 어디인지 설정한다. 이로 인해 한계를 정하는 자신의 능력에 안도감을 느끼고, 따라서 타인과의 친밀함에 좀 더 편안해진다. 더는 자아를 잃거나, 관계에 휘둘릴까 봐 두려워하지 않는다. 그렇게 타인과 친밀함이 쌓여갈수록 음식으로 외로움을 달래야 하는 강박증도 사라진다.

자기표현이 이루어지면서 여성들은 관계 내에서 발생하는 불협화음을 다루는 기술을 개발하고, 갈등을 피하기 위해 어떤 식으로든 음식에 매달릴 필요가 없어진다. 남을 탓하고 비난하는 행동도 비켜 갈 수 있다. 이는 진정한 문제가 무엇인지 토론하고 갈등의 해결책을 모색하는 데 방해만 될 뿐이다. 이런 식으로 불협화음 속에서도 화음을 이룰 여지가 있음을 발견하게 된다.

자신의 생각과 감정을 솔직히 직접적으로 표현할 때 그녀의 자긍심과 자신감은 올라간다. 자신의 생각과 감정이 중요하며, 자신이 어떤 사람인지가 중요하다는 것을 표현하기 때문이다. 자기 가치가 높아질수록 자신이 한심하게 느껴져 굶거나 과식하는 경향도 당연히 줄어든다.

자신의 진실을 말하는 것이 이제는 그녀의 생활 방식이 된다. 속마음과 다르게 행동하는 데서 오는 극심한 불안감을 떨쳐내기 위해 또는 '아니요'라고 말하고 싶은데 '예'라고 말하는 데서 오는 배 속의 허탈감을 채우기 위해 더는 음식을 이용하지 않는다.

섭식 장애에 시달리는 많은 여성이 자신이 좀 더 마르기만 하면 마법처럼 행복해질 거라고 믿는다. 심지어 현재 자신이 바라는 몸무게를 가졌던 옛날 사진을 보며 그때 얼마나 불행했는지(또한 뚱뚱하다고 생각했는지) 기억해도 이 믿음을 버리지 못한다. 그들은 행복이 (몸매가 아니라) 마음에서 온다는 사실을 아직 이해하지 못한다. 행복은 이상적인 몸무게를 정할 때처럼 마음먹고 성취해낼 수 있는 목표가 아니다. 자신에게 진실하고, 자기 삶의 여정을 스스로 선택하는 과정에서 얻어지는 부산물이다. 이런 여성들은 자신을 좀 더 표현할 때 더 행복해지고, 더 행복해질수록 긴장감과 불행을 무디게 하기 위해 음식을 이용할 필요가 없어진다. 그렇게 되면 몸이 저절로 자신에게 가장 적당한 몸무게를 찾아간다.

자신을 표현하는 데 능숙해질수록 그녀는 자신이 점점 더 삶을 통제한다고 느낀다. 비록 감정 자체는 통제할 수 없을지라도 그 감정을 표현하는 법은 통제할 수 있다. 더 이상 자제력을 잃거나 다른 사람의 인생을 파괴할까 봐 걱정하지 않아도 된다. 불가능한 일(감정 조절)을 하려고 안간힘을 쓰는 데서 오는 엄청난 압박감이 사라지면서, 더는 자신에게 통제의 환상을 심어주기 위한 방편의 하나로 몸무게나 음식을 통제하는 데 집착할 필요가 없어진다.

자신을 표현하는 여성은 자기 존재의 가장 여성적인 부분을 존중하는 사람이다. 그녀는 여성성의 정신이 갖는 힘과 가장 은밀한 진실 그리고 자신의 가장 강력한 감정을 담을 만큼 튼튼한 그릇을 만들 수 있다. 그리고 자신의 남성적 에너지를 이용해 그것을 세상 밖으로 내보낸다. 그녀는 눈에 보이지 않는 것들, 종종 우리에게 큰 영향을 미치지만 뭐라고 꼬집어 설명하고 증명하기 힘든 마음의 문제에 말을 걸고 소통할 수 있다. 또한 이런 눈에 보이지 않는 세계에 익숙하다. 자신이 매사를 너무 강렬하게 느끼기 때문에 그리고 오감으로 증명되지 않는 것들에 반응하기 때문에 자신이 뭔가 잘못되었다는 믿음에도 더 이상 시달리지 않는다. 상대의 어떤 행동이 자신에게 특정한 감정을 유도했다고 표현할 수 있을 때 그녀는 감정을 이해하고 받아들이는 통로, 자신의 여성적 본질을 진정으로 이해하고 받아들이는 통로의 문을 열 수 있다.

가부장 사회는 힘과 통제에 대해 양극화된 개념을 가지고 있어서 권력에 개입된 사람의 입장을 두 가지로만 분류한다. 공격적이거나 수동적이거나, 잡아먹거나 잡아먹히거나, 승자이거나 패자이거나. 자신을 표현하는 여성은 우리 사회의 그런 개념을 바꿔놓을 수 있다. 그녀는 양자택일의 구조(네가 옳거나 내가 옳거나)에 갇히기를 거부하고, 대신 공존의 구조(그래, 넌 그런 식으로 느끼고 난 이런 식으로 느껴)를 제안한다. 타인 위에 군림하는 지배 권력의 역학 구조를 넘어서서 내면에서 비롯되는 자치 권력의 아름다움을 껴안는다. 그녀는 상대의 힘을 약화하지 않고서도 자신의 힘을 유지한 채 타인과 나란히 설 수 있음을 증명해 보인다.

자신을 표현하는 여성은 자기의 인생 여정을 스스로 만들어나갈 수 있는 권리인 주권을 획득한다. 이를 통해 낮에도 아름답고, 밤에도 아름답겠다고 선택할 수 있다.

17

영양 섭취:

몸의 허기
vs.
마음의 허기

: 위장의 허기는 음식으로 채워야 하지만 마음의 허기는 사랑으로, 감정적 자양분으로 채워야 한다. 위장의 허기와 마음의 허기를 구별하는 법, 음식에 대한 욕구와 감정적 지지에 대한 갈망을 구별하는 법 그리고 그 각각에 반응하는 법을 배우고 나면 더는 살찔 걱정은 하지 않아도 된다.

다음은 마법의 배나무에 관한 중국의 오래된 전래 동화다.

⁓⁓⁓⁓⁓⁓ 옛날에 한 부유한 농부가 자신이 수확한 배를 시장으로 가져갔다. 그해는 배가 풍년이었지만 그의 배는 유달리 탐스러운 데다 달콤하고 즙이 많아서 시장에 있던 많은 사람이 배를 사려고 그의 수레 주위로 몰려들었다. 농부가 군중 속에서 자신의 성공적인 추수를 자랑스러워하며 싱글거리고 있을 때 누추한 옷차림에 너덜너덜한 목도리를 여러 겹 걸친 여인이 농부에게 다가와 과일을 좀 달라고 구걸했다. 농부는 그녀에게 욕설을 퍼붓고 소리를 지르며 쫓아내려고 했지만, 여인은 꿈쩍도 하지 않았다.

"수레에 이렇게 배가 많으니 딱 한 개만 주세요. 크게 손해 보는 일도 아니잖아요." 그녀가 말했다.

일부 사람들은 농부에게 배를 나눠주라고 설득하기도 했고, 일부는 농부와 똑같이 여인에게 소리를 지르고 고함을 쳤다. 시장이 소란스러워지자 큰 소동이 일어날까 염려한 경비원이 그 여인에게 배를 하나 사먹을 수 있을 정도의 돈을 던져주었다.

여인은 경비원에게 고맙다고 인사하고, 군중을 향해 말했다. "물질에 저토록 욕심을 내다니 저로서는 이해하기 힘들군요. 여기 계신 친절한 손님들께 제가 과일을 좀 드리도록 하죠."

"이제 배가 생겼으니 당신이나 먹지 그래요?" 누군가가 대답했다.

"전 씨앗만 있으면 됩니다." 여인은 그렇게 말하고 게걸스럽게 배를 먹었다. 그러더니 누더기 속에서 작은 삽 하나를 꺼내 땅에 구멍을 팠다. 배를 먹고 남은 씨를 구멍에 넣고 흙으로 잘 덮은 다음, 물을 좀 갖다 달라고 했다. 옆에 있던 구경꾼 하나가 근처 가게에서 물을 가져다주었다. 그녀가 새로 심은 씨앗 위에 물을 붓는 동안 사람들의 시선이 모두 이 기묘한 행동에 쏠렸다.

놀랍게도 땅속에서 조그만 새싹이 솟아났다. 새싹은 쑥쑥 자라 마침내 초록색 이파리가 무성한 나무가 되었다. 가지 끝에서는 순식간에 꽃망울이 피어나더니 이내 달콤한 배가 주렁주렁 열렸다. 넋을 놓고 이 놀라운 광경을 바라보는 군중에게 여인은 배를 따서 던져주었다. 나무에 열려 있던 배가 모두 사라지자 그녀는 삽으로 나무를 내리쳐 잘랐다. 그러고는 나무의 줄기를 어깨에 짊어진 채 어디론가 가버렸다.

그동안 농부는 장사를 까맣게 잊은 채 입을 딱 벌리고 우두커니 서 있었다. 여인이 사라진 후에야 자신의 수레에 돌아와 배가 모조리 사라진 것을 알았다. "그 여자가 나눠준 게 모두 내 배였어!" 농부는 군중이

나눠 받은 배를 유심히 살펴보며 외쳤다. 배뿐 아니라 수레의 손잡이도 사라져버렸다. 농부는 한동안 헤맨 끝에 시장 한쪽 구석에 버려져 있던 손잡이를 발견했다. 그는 자신이 속았다는 것을 깨달았다. 아까 잘린 배나무는 사실 그의 수레 손잡이였던 것이다.

시장은 웃음소리로 가득 찼고, 농부는 자신의 어리석음에 분노했다. 그 후로 누더기 여인은 두 번 다시 나타나지 않았다고 한다.

섭식 장애와의 투쟁에서 벗어나고 싶은 여성은 오로지 음식만이 자신을 지탱해준다는 환상을 꿰뚫어볼 수 있는 능력을 키워야 한다. 신체적 허기와 상징적인 허기를 구분하지 못하면 우리는 이야기 속 농부처럼 속임수에 쉽게 넘어갈 수 있다.

두 허기 사이의 차이점을 이해하지 못하는 여성은 음식이나 칼로리 계산에 필사적으로 매달리는 섭식 패턴에서 벗어나지 못한다. 수레는 가득 찼지만 마음은 텅 빈 농부처럼 그녀는 자신에게 여분이 없으며, 따라서 음식에 대한 집착을 떨쳐낼 여유가 없다고 느낀다.

마음은 온갖 방법으로 우리를 속이지만, 몸은 절대 거짓말을 하지 않는다. 우리가 마음의 충동에만 귀를 기울이고 몸이 주는 메시지를 외면하면 정작 다른 것을 원하면서도 음식에 굶주려 있다고 착각하기 쉽다. 그리하여 먹고 또 먹는다. 정신을 차려보면 어느새 접시는 비어 있고, 냄비는 바닥을 보이며, 남은 것은 그렇게 어리석은 짓을 한 나 자신에 대한 불만과 분노뿐이다.

신체적 허기와 감정적 허기를 구분하는 기술은 섭식 장애에 시달리는 여성이라면 반드시 갖춰야 한다.

우리 내면에 평생 가지고 살아야 하는 그릇이 두 개 있다고 상상해보자. 하나는 음식과 물을 담는 호리병 모양 그릇이고, 다른 하나는 우리의 삶을 의미 있고 보람 있게 만들어주는 것들을 담는 하트 모양 바구니이다. 호리병은 몸에 자양분이 필요할 때 채워야 하는 곳으로 음식이 들어간다. 반면 바구니는 감정에 자양분이 필요할 때 채워야 하는 곳으로 관심, 애정, 인정 그리고 마음과 영혼을 위한 다른 '음식'이 들어간다.

섭식 장애를 가진 여성은 이 두 그릇을 구분하지 못한다. 배가 고프면 먹기 시작한다. 자신도 모르는 사이에 호리병은 터질 듯이 부풀어 오르지만 자신이 여전히 허기를 느낀다는 걸 알게 된다. 비록 호리병은 가득 찼을지라도 하트 바구니는 여전히 비어 있으며 그걸 채워야 한다는 사실을 모르기 때문이다. 그녀는 서로 다른 종류의 배고픔을 구별하는 법을 배워야 한다.

허기에는 두 가지 종류가 있다. 위장에서 느껴지는 허기와 마음에서 느껴지는 허기. 위장의 허기는 음식으로 채워야 하지만, 마음의 허기는 사랑으로, 감정적 자양분으로 채워야 한다. 일단 신체적인 위장의 허기와 감정적인 마음의 허기를 구별하는 법, 음식에 대한 욕구와 감정적 지지에 대한 갈망을 구별하는 법 그리고 그것에 각기 어떻게 반응해야 할지를 배우고 나면 더 이상 살찔 걱정은 하지 않아도 된다.

야생동물과 마찬가지로 우리 모두에게는 언제 먹어야 하고 언제 멈춰야 하는지, 언제 물을 마셔야 하고 언제 멈춰야 하는지 말해 주는 대자연의 선물이 내장되어 있다. 동물들의 서식지를 보면 살찐 얼룩말이나 살찐 치타, 살찐 기린은 볼 수 없다. 심지어 하마조차도 뚱뚱한 것이 아니라 원래 정해진 크기대로다. 동물들은 자신이 알아서 자기에게 맞는 크기로 자란다. 몸이 느끼는 내적이고 본능적인 신호에 따라 먹는다. 음식이 먹고 싶을 때 먹고, 배부를 때 그만 먹는다.

그러나 반려동물은 뚱뚱해지는 경우가 있다. 우리 문화가 주는 메시지가 대자연이 주는 메시지보다 앞서기 때문이다. 길들여진 동물은 사람과 마찬가지로 내부 신호보다 외부 신호를 따른다. '식사 시간'이기 때문에 먹고, 사람들이 먹기 때문에 먹고, 맛있으니까 먹고, '착한' 일에 대한 상으로 먹고, 주인이 음식을 주는 것이 사랑받는 의미라는 것을 알기 때문에 먹는다.

야생동물처럼 인간도 신체적으로 언제 배가 고픈지 아는 능력을 타고났다. 갓난아기는 먹여달라고 운다. 시계를 보거나 가족의 식사 시간을 따라서가 아니라 몸에 영양분이 필요할 때 운다. 위장에서 느껴지는 공복감이 이제 먹을 때가 되었다고 알려주는 것이다. 그러나 이 원초적이고도 단순한 과정은 처음에는 가족 내에서, 크게는 문화 안에서 타인의 요구를 받아들이면서부터 점점 복잡해진다. 우리는 내면의 신호에 귀 기울이지 말라고, 내면의 권위를 무시하고 대신 외부 신호에 주의하라고 배운다. 배가 고프든 안 고프든 가족과 함께 식사해야 한다고 배운다. 다른 사람이 내 음식의 종류와 양을 결정해서 담아주는 경우에도 접시에 담긴 음식을 다 먹지 않으면 벌을 받는다. '가난한 나라에서 굶어 죽는 불쌍한 어린이들'에 대한 죄책감에서 벗어나려고 배가 고프지도 않은데 억지로 먹이야 한다. 혹은 접시에 담긴 음식을 싹싹 긁어먹고 상으로 디저트를 받았을 수도 있다.

결국 몸의 조용하고 부드러운 속삭임을 듣지 못한 채 '배고파 죽겠어!' 또는 '배불러 죽겠어!' 같은 시끄러운 신호만 인식하게 된다. 대자연이 준 선물을 잊어버린 채 내 몸은 믿을 수 없으며 따라서 무시하든가 통제해야 한다는 환상에 사로잡힌다. 진정한 자기 본성을 신뢰하지 못하는 것이다.

섭식 장애에서 빠져나오는 여정은 필연적으로 우리 몸과 조율이 이루어지는 곳으로 향하기 마련이다. 그곳에서는 몸의 지혜가 존중받으며 우리는 다시 그것을 신뢰하게 된다. 그곳에 도달하려면 먼저 우리 몸에 귀 기울이는 법을 배워야 한다.

언제 먹고 마셔야 하는지 그리고 언제 그만 먹고 마셔야 하는지 알려주는 몸의 신호와 다시 연결되는 데 도움이 되는 몇 가지 신체 자각 연습이 있다. 갈증은 식욕과 마찬가지로 일종의 신체적 허기다. 그러나 갈증 신호는 감정적 허기와 연결되는 일이 드물다. 따라서 좀 더 쉽게 시작할 수 있다. 이 연습을 위해서는 오로지 갈증을 느낄 때만 물을 마셔야 하며 물 외의 다른 것은 마시면 안 된다.

이제 갈증이 느껴지면 이렇게 자문해본다. "내가 갈증이 난다는 걸 어떻게 알 수 있지? 내가 갈증이 난다는 걸 말해주는 신체적 신호가 뭐지?" 아마 목이 건조하다든지, 혀가 마른다든지 하는 신체 감각의 신호를 인식할 수 있을 것이다.

그런 다음에는 이렇게 묻는다. "좋아, 일단 물을 마시기 시작했으면 그만 마셔야 한다는 걸 어떻게 알까?" 이에 대한 대답은 금방 생각나지 않을 수도 있지만, 우리 몸에 그만 마셔도 된다고 말해주는 매우 구체적인 신체 감각이 있다는 사실을 이해하는 것은 중요하다. 이 감각은 사람마다 다르다. 어떤 사람에게는 더 이상 입안이 건조해지지 않는 것일 수도 있고, 어떤 사람에게는 목구멍에서 느껴지는 시원함일 수도 있다. 자신만의 특별한 신호가 무엇인지 자각하는 것이 중요하다. 언제 물을 마셔야 하는지는 물론 언제 그만 마셔야 하는지 말해주는 신체적 신호가 확실해질 때까지 이런 식으로 계속 주의를 기울여야 한다.

대부분의 사람들은 배고픔과 포만감의 신호보다 갈증의 신호와 갈증이 가시는 신호를 훨씬 쉽게 알아낸다. 갈증의 경우에는 그 신호를 무시하라는 압박감을 덜 받기 때문이다. 음식과 배고픔의 신호를 재발견하는 데도 이처럼 기본적인 연습을 적용하는 게 도움이 된다.

"내가 배고프다는 걸 어떻게 알지? 내가 배고프다고 말해주는 신체 감각은 무엇일까?"라고 자문해보라. 많은 여성이 이렇게 대답한다. "머리가 멍하고 어지러워요." 또는 "배에서 요란한 소리가 나요." 이것은 배고픔의 신호가 아니다. 배가 고파 죽을 지경인 신호다! 배고픔의 신호는 이보다 훨씬 더 미묘하다. 배고픔의 신호와 배가 고파 죽을 지경의 신호를 구분하는 것은 중요하다. 왜냐하면 배고파서 죽을 지경이 될 때까지 기다렸다가 먹으면 과식할 확률이 매우 높기 때문이다. 그러면 당신은 "이것 봐! 이러니까 배고플 때 먹으면 안 된다고!"라고 말하며 낙심하고, 통제력을 상실하게 된다. 그러고는 굶었다가 더 이상 배고픔을 참을 수 없을 때가 되면 또다시 과식을 한다. 이런 식으로 좌절의 악순환이 성립되는 것이다.

허기의 신체 감각은 사람마다 다르다. 어떤 사람은 상반신이 뻣뻣할 수도 있고, 어떤 사람은 배 속에서 텅 빈 느낌이 들 수 있으며, 가슴에서 긴장이 느껴질 수도 있다. 다른 사람이 아닌 나만의 신호를 자각하는 것이 중요하다. 연습하다 보면 그 미묘한 신호가 아주 또렷하고 분명하게 느껴질 것이다.

이 연습의 두 번째 단계는 당신에게 포만감이 어떻게 느껴지는지 알아내는 것이다. 다시 한 번 자문해보라. "내게 그만 먹으라고 말해주는 신체적 신호가 무엇일까?" 많은 여성들은 이 질문에 아연실색한다. 이런 신호에 귀 기울인 지가 너무도 오래되었기 때문에 그 신호가 존재한다는 것 자체를 믿지 못한다. 그들은 우리 모두에게 포만감 신호가 있다는 사실을 다시 한 번 믿을 필요가 있다. 다만 대부분의 경우에 그 배부름의 신호는 다른 메시지, 이를테면 '내 앞의 접시가 다 비면 그만 먹어요' 같은 메시지 밑에 묻혀 있다. 어떤 여성들은 '더 이상 한 입도 먹을 수 없을 때'라든가 '배가 불러 움직일 수 없을 때'처럼 오직 과식한 후의 느낌만을 인식한다. 그러나 이것은 포만감이 아니라 배가 터질 듯한 느낌이다. 포만감은 이보다 훨씬 더 미묘하지만, 연습하다 보면 분명히 구별할 수 있다. 결국에는 포만감뿐 아니라 포만감이 오기 직전의 느낌, 즉 '한 입만 더 먹으면 배가 차겠어'라고 말해주는 신체적 신호까지도 인식할 수 있다.

갈증을 자각하는 연습을 허기를 자각하는 데도 적용해보라. 뭔가를 먹으려고 할 때마다 이렇게 자문하자. "내가 배고프다고 말해주는 신체적 신호가 뭐지? 내 몸의 어떤 부분에서 느껴지지?" 배가 고파서 죽을 지경인 신호만 느껴진다면 그것도 괜찮다. 우선은 그것부터 시작하자. 음식을 한두 입 먹은 후, 아직 배가 고픈지 생각해본다. 그 대답이 '예'라면 그걸 어떻게 알 수 있는지, 그에 해당하는 신체적 신호가 무엇인지 생각해보자. 더는 배가 고파서 죽을 지경은 아니지만 여전히 배고픈 느낌은 있을 것이다. 당신이 배고프다고 말해주는 구체적인 신체적 신호를 찾아라. 몸의 어디에서 느껴지는지 찾아라. 몇 입 더 먹은 후에도 그 느낌이 남아 있는지 살펴보라. 한 번에 조금씩 먹으면서 계속 자신이 아직도 배가 고픈지 생각해보라(단계마다 신체적 신호를 확인하라). 마침내 '아니요'라는 대답이 들리면 배가 부르다고 말해주는 구체적인 신체적 신호가 몸의 어디에서 나타나는지 찾아보라.

자신의 신호를 가능한 한 구체적으로 알아내서("그냥 배가 고파"라든지 "허전해" 혹은 "만족스러워" 같은 모호한 신호는 안 된다) 몸의 어디에서 그것이 느껴지는지 찾아내야 한다. 물리적인 용어로 그 느낌을 묘사할 줄 알아야 한다. 따뜻하거나 차가운 느낌인가? 아니면 부드럽거나 거친 느낌? 확장되거나 수축되는 느낌? 움직이거나 정지한 느낌? 무겁거나 가벼운 느낌? 풀어지거나 조이는 느낌?

외계인을 만났다고 가정해보자. 그 외계인은 세계 평화를 홍보할 목적으로 몇 주간 지구에 머무를 예정인데 지구에서 살아가려면 먹고 마시는 법을 배워야 한다. 외계인은 당신에게 "언제 먹고 마셔야 하는지 어떻게 알 수 있죠? 그건 어떤 느낌이죠? 그만 먹어야 한다는 걸 어떻게 알 수 있나요?"라고 묻는다. 외계인에게 뭐라고 말해줄 것인가? 어떤 구체적인 신체 감각을 묘사할 것인가?

섭식 장애에서 빠져나오는 중인 여성은 자신이 그런 신체적 신호를 금방 자각하지 못한다는 사실에 낙담할 수 있다. 자신이 뭔가 잘못되었다거나 실패자라고 느낄 수도 있다. 따라서 몇 주간의 집중된 훈련을 통해서만 이런 신호를 발견할 수 있다는 사실을 기억하는 것이 중요하다. 처음에는 '배가 고파 죽을 지경'이거나 '배가 불러 죽을 지경'인 크고 극적인 신호들만 인식할 수 있다는 것을 염두에 둬야 한다. 그러다 점차 시간이 흐르면 더 정교한 식별력을 갖게 된다. 좀 더 미묘한 신호들이 모습을 드러내는 것이다.

신체 신호를 정교하게 식별할 줄 알면 삶은 달라진다.

다이어트 책이나 칼로리 계산기, 몸무게 차트 같은 것이 없어도 몸이 갖는 내면의 지혜가 일러주는 대로 가장 영양이 풍부하고 건강에 좋은 음식들을 선택하게 된다. 내면의 '컴퓨터'가 내 욕구와 필요에 대해 다른 어떤 외부 자료보다도 훨씬 정확한 정보를 제공한다. 지방을 몇 그램 섭취했는지 또는 몇 칼로리를 소모했는지 몸이 자체적으로 측정할 뿐 아니라 신진대사율, 수면 시간과 운동량, 현재 월경 주기의 어디쯤에 있는지 그리고 스트레스를 얼마나 받고 있는지 등등 많은 것을 고려한다. 우리는 어떤 복잡한 계산이나 분석도 할 필요가 없다. 그저 자신의 몸을 잘 알고 신뢰하기만 하면 된다.

자기 몸의 신호를 신뢰할수록 배고플 때 먹고, 배부를 때 그만 먹기 때문에 원하는 대로 먹어도 살이 찌지 않는다. 음식을 먹어야 할 이유는 오직 신체적 배고픔뿐이다. 더는 다이어트 음식을 먹을지, 살이 찌는 음식을 먹을지, 몸에 좋은 음식을 먹을지, 몸에 나쁜 음식을 먹을지 고민할 필요가 없다. 지방 함량이 높은 음식을 먹는다면 우리의 몸은 지방을 소화시키는 데 시간이 더 오래 걸린다는 사실을 알고, 평상시보다 훨씬 늦게까지 배고프다는 신호를 보내지 않는다. 내 몸을 안내자로 삼으면 얼마 후에는 몸이 혀를 즐겁게 하는 음식보다는 영양가가 풍부한 음식으로 이끈다는 사실을 알게 될 것이다. 우리의 몸은 다른 사람이 좋다고 말하는 음식이 아닌, 정말로 내게 필요한 음식만 원하게 된다.

각각의 음식이 몸에 어떤 영향을 미치는지 이해하는 것도 신체적 식욕에 따라 먹으려고 노력하는 여성에게는 도움이 된다. 대부분의 학교나 직장은 배고플 때마다 먹을 수 있는 여건이 못 된다. 따라서 우리가 먹는 음식을 몸이 어떻게 처리하는지 조금은 알아둘 필요가 있다. 그래야 음식과 먹는 일을 삶의 중심에 두기보다는 바쁜 라이프스타일에 맞춰 음식을 선택할 수 있다.

예를 들어 젤리 도넛으로 아침을 때웠다면, 혈당치가 급격히 증가했다가 잠시 후에 급격히 떨어질 것이다. 젤리 도넛 속에 들어 있는 단당이 아주 빠른 속도로 소화되기 때문에 그녀는 얼마 지나지 않아 다시 배고픔을 느끼게 된다. 만약 젤리 도넛 대신에 통밀빵 한 조각에 잼을 발라 먹었다면 몸은 다른 반응을 보였을 것이다. 잼에 든 단당 때문에 이번에도 혈당치는 급격히 상승하지만, 떨어질 때는 서서히 떨어진다. 빵에 든 탄수화물은 소화하는 데 시간이 좀 더 걸리기 때문이다. 따라서 다시 허기를 느낄 때까지는 시간이 좀 더 걸린다. 만약 잼에 땅콩버터를 첨가했다면, 몸은 또 다른 반응을 보였을 것이다. 잼의 단당이 배고픔을 즉시 면하게 해주지만 땅콩버터에 든 지방과 단백질은 빵의 탄수화물보다 훨씬 더 천천히 소화된다. 따라서 다시 배고파질 때까지는 한층 더 시간이 걸린다.

특정한 음식을 소화하는 데 시간이 얼마나 걸리는지의 관점에서 먹는 음식에 주의를 기울일수록 우리는 그에 따라 식사를 계획하게 된다. 배가 고프지만 몇 시간 뒤에 나가서 저녁을 먹을 계획이라면 허기를 달랠 음식(사과처럼)을 고르되, 소화 시간이 오래 걸리는 음식(치즈 샌드위치처럼)은 고르면 안 된다. 아침에 입맛은 없지만 그렇다고 점심때까지 기다렸다가는 너무 배가 고플 것 같다면 나중에 먹을 가벼운 간식거리(과일 두세 쪽, 견과류, 크래커)를 가져가자. 점심시간까지 버틸 수 있게 해주면서 포만감은 주지 않는 것이 좋다. 아침에 눈을 떠서 오늘 하루는 눈코 뜰 새 없이 바쁘기 때문에 족히 다섯 시간 동안은 아무것도 못 먹는다는 걸 알고 있다면 아침으로 달걀을 먹어두는 것이 좋다. 그러면 단백질과 지방으로 버틸 수 있을 테니까. 반대로 친구와 이른 점심을 먹을 계획이라면 아침으로 과일이나 시리얼 같은 보다 가벼운 음식이 좋을 것이다.

의식적으로 먹고, 신체적 허기를 적의가 아닌 존중으로 대하는 법("대체 왜 또 배가 고픈 거야!"가 아닌 "왜 지금 배가 고픈 걸까?")을 배우는 것은 회복 과정에서 중요하다.

평생 섭식 장애에 시달려온 많은 여성에게 먹고 싶은 음식은 무엇이든지 먹는다는 생각만큼 두려운 것은 없다. 그들은 자신의 감각에 의존했다가는 스스로를 파괴할 거라고, 감히 신체적 식욕을 믿었다가는 통제 불능 상태에 빠지고 말 거라고 진심으로 믿는다. 이런 여성들은 자신을 과식하게 만드는 것이 신체적 식욕이 아닌 인생의 다른 측면에서 겪는 박탈감이라는 사실을 이해해야 한다. 음식 외의 다른 것으로 감정적 허기를 달래줄 수 있을 때 식욕은 더 이상 그렇게 위험해 보이지 않는다.

신체적 식욕에 따라 먹는 법을 배우려는 여성이 맨 처음 빠지는 딜레마는 이것이다. "너무나 맛있는 음식을 먹게 되었는데 다 먹기도 전에 포만감이 느껴지면 어떻게 하지?" 과거에는 아마도 "내일부터 다이어트하고 오늘은 실컷 먹자"라고 생각하며 서둘러 탐욕스럽게 먹었을 것이다. 그러나 신체적 허기에 적절히 반응하는 법을 배울수록 나중에 다시 배고플 때를 대비해 맛있는 음식을 남겨두거나, 다음에 배고플 때 그것을 또 먹는 편을 선택할 것이다. 결국 아이스크림을 절반만 먹고 나머지는 나중을 위해 남겨두거나, 오레오

쿠키를 한 통 다 먹지 않고 두세 개만 먹는 놀라운 행동을 하게 된다. 그렇게 되면 음식은 더 이상 금지되거나 죄스러운 것, 보상으로 얻어지는 것이 아닌 단순한 '음식'이 된다.

음식을 석으로 보지 않으면 오히려 음식을 통해 자신의 감정 상태에 대해 더 많이 알 수 있다. 우리가 즐겨 폭식하는 음식은 우리에게 뭔가를 보여주는 동시에 우리를 대변한다. 우리가 선택하는 음식에 귀 기울여 그들이 하려는 말을 해독할 수 있을 때 우리는 꽤 많은 정보를 얻을 수 있다. 예를 들어, 수프나 찌개처럼 따뜻한 음식에 열광하는 여성은 종종 자신의 삶에서 따뜻한 위안을 갈구한다. 달콤한 음식을 좋아하는 여성은 로맨스를 그리워하거나 더욱 사랑스러운 여자가 되고 싶어 한다. 매콤한 음식에 대한 열망은 지적 혹은 감정적 자극이나 인생에 톡 쏘는 맛을 첨가하고픈 욕구를 나타낸다. 바삭바삭하거나 짠 음식은 종종 절망감 혹은 분노를 표현하고픈 욕구와 연결된다. 또한 초콜릿은 사랑이나 금지된 성에 관한 이미지를 담고 있다.

음식의 상징적 이미지에 관심을 가지면 우리의 의식에서 밀려난 골치 아픈 감정들을 알아낼 수 있다. 만일 신체적으로는 전혀 배고프지 않은데 특정한 음식을 갈망한다면 그녀가 채워야 할 것은 하트 모양의 바구니다. 음식이 감정과 연결되어 있다는 사실을 알았다면 내가 느끼고 싶어 하지 않는 감정은 무엇인지, 날 성가시게 하는 것은 무엇인지, 내 인생에서 균형이 잡히지 않았다고 느껴지는 부분은 무엇인지 자문해보자. 이런 식의 자기 성찰이 어떤 해답으로도 이어지지 않는다면 그때는 자신이 갈망하는 음식에서 단서를 찾을 수 있다.

우선 특정 음식을 먹지 못하도록 금지하거나 죄책감을 빨리 떨쳐내기 위해 허겁지겁 밀어 넣지 말고 아주 천천히, 의식적으로 먹는다. 먹는 동안 마음속으로 질문을 던져보자. '나는 이 음식의 어떤 면이 그렇게 좋을까? 어떤 특질이 그토록 매력적일까? 내가 끌리는 것이 이 음식의 맛인가? 아니면 감촉? 이 음식은 내게 어떤 기억을 불러일으키지?' 그런 내면의 대화는 다음과 같이 진행될 수 있다.

Q 난 초콜릿 칩 아이스크림의 어떤 면이 그렇게 좋을까?

A 내가 이 아이스크림을 좋아하는 이유는 매끄럽고, 달콤하고, 부드럽기 때문이야.

Q 그렇다면 지금의 내 삶이 너무 거칠게 느껴지는 건가? 별로 달콤하지도 않고? 내가 매사를 매끄럽게 만들려고 하거나 나 자신을 좀 더 사랑스러운 여자로 만들려고 하나?

A 음, 요즘엔 결혼 생활이 힘들어. 남편이 그렇게 화를 내지 않았으면 좋겠어. 내가 좀 더 달콤하고 사랑스러운 여자였다면 남편이 그렇게 자주 화를 내진 않았을 거라는 생각이 들어.

Q 그 밖에 초콜릿 칩 아이스크림에서 내가 좋아하는 면은 또 뭐가 있을까?

A 매끄럽고 부드러운 아이스크림과 대조적으로 바삭바삭한 초콜릿 칩 식감이 너무 좋아.

Q 남편에게 느끼는 분노를 사랑스러운 여자가 되고픈 욕구로 무마
   하려는 걸까?

A 난 내 분노를 표현하는 게 정말로 불편해. 남편은 내가 심통을 부
   린다고 생각하거든.

음식이 가장 깊은 욕망과 근심을 어떻게 상징하는지 파악하면
회복의 여정이 단축될 수 있다. 음식에 대한 갈망과 그 음식이 불러
일으키는 이미지에 신경 쓸수록 자신이 씨름하고 있는 진짜 문제가
무엇인지 더 잘 이해하게 된다. 단순히 먹고 싶은 음식을 금지하는
방법으로는 결코 그런 이해를 얻지 못할 것이다.

상징적 허기와 신체적 허기를 구분하면 자신이 단지 음식을 원
하는 것이 아니라 마음의 욕구를 충족하고 싶어 한다는 사실을 깨
달을 수 있다. 환상의 본질을 파악할 수 있다.

18

식사 일지:

진실을 기록하기

: 식사 일지를 쓰면 자신이 '별다른 이유 없이', 별안간 알 수 없는 힘에 휘둘려 폭식한다는 잘못된 믿음을 몰아낼 수 있다. 폭식이 절망과 연결되어 있고 아이스크림이 외로움과 연결되어 있다는 사실을 알면 삶에서 불균형을 이루는 부분, 영양실조에 걸린 부분을 찾아낼 수 있다.

{{{{{{{{{ 다음은 남편이 막 전쟁터에서 돌아온 어느 여인의 이야기로, 한국의 오랜 민담이다.

남편은 전쟁 때문에 오랫동안 집을 떠나 있었기에 여인은 남편이 건강히 살아 돌아왔다는 사실에 너무나 행복했다. 그러나 남편은 그녀가 기억하는 예전 모습이 아니었다. 더는 쾌활하게 웃지 않았고, 종종 시무룩해지며 말이 없었다. 때때로 끼니를 거르는가 하면, 불같이 화를 내서 그녀를 놀라게 하곤 했다. 남편이 예전처럼 다시 웃고, 삶을 사랑하도록 하기 위해 그녀가 할 수 있는 일은 아무것도 없어 보였다.

절망감에 빠진 여인은 마을 외곽에 산다는 늙은 의원을 찾아가 도움을 청했다. 의원은 여인에게 남편의 성격을 고치고, 생기를 불어넣는 약을 만들 수 있다고 말했다. 그러나 약을 만들기 위해서는 꼭 필요한 재료가 있으니 바로 살아 있는 호랑이의 수염이었다. 여인은 그 불가능한 임무를 듣고 할 말을 잃었으나, 의원은 그 재료가 없이는 절대 약을 만들 수 없다고 주장했다.

여인은 집에 돌아와 심사숙고했다. 마을에서 가장 가까운 산에 호랑이 굴이 있다는 소문을 들은 기억이 났다. 어느 날 밤, 남편이 잠든 사이에 그녀는 그 산을 올라가 보았다. 소문대로 그곳에는 정말로 호랑이 굴이 있었다. 그녀는 마음속으로 계획을 세운 뒤, 동이 트기 전에 집으로 돌아왔다.

이튿날 밤, 이번에는 밥과 고기 한 덩어리가 든 그릇을 가지고 다시 그 산을 올라갔다. 그녀는 호랑이 굴 입구에 최대한 가까이 접근해 그릇을 놓아두었다. 그러고는 덤불 뒤에 숨어 지켜보았다. 이윽고 호랑이 한 마리가 동굴에서 나오더니 조심스럽게 그릇의 냄새를 맡은 후 음식을 먹었다. 이튿날 밤에도 그녀는 다시 그릇에 밥과 고기를 담아 동굴로 갔고, 멀찌감치 떨어져 호랑이가 그릇에 든 음식을 말끔히 먹는 모습을 지켜보았다.

여인은 밤마다 밥과 고기가 담긴 그릇을 가져다 두었고, 그때마다 그릇 가까이로 조금씩 다가가 부드럽게 달래는 목소리로 호랑이에게 말을 걸었다. 드디어 어느 날 밤, 그녀는 호랑이를 실제로 만질 수 있을 만큼 가까이 다가갔다. 그 순간 그녀는 민첩하게 주머니에서 가위를 꺼내 호랑이의 수염을 싹둑 잘랐다. 그러고는 걸음아 날 살려라 하고 산에서 내려와 의원이 있는 마을 외곽의 오두막으로 달려갔다. 거의 숨이 멎을 만큼 헐떡거리며 그녀는 호랑이 수염을 쥔 주먹을 자랑스럽게 들어 올리고 외쳤다.

"가져왔어요! 호랑이 수염을 가져왔어요! 이제 남편을 예전처럼 생기 있고, 사랑스러운 사람으로 되돌려줄 약을 만들어주세요."

의원은 수염을 들고 한동안 이리저리 뜯어보더니 냉큼 불 속으로 던져버렸다. 바스락 소리와 함께 수염은 흔적도 없이 사라져버렸다.

"이게 무슨 짓이에요? 이 수염을 얻으려고 내가 얼마나 고생했는데!"

여인은 소리를 지르고는 흐느끼면서 자신이 호랑이 굴을 찾아낸 일이며 매일 밤 산에 올라가 호랑이에게 먹이를 가져다주고, 호랑이가 음식을 먹는 동안 매일 조금씩 다가가 무서워서 다리가 후들거리는데도 호랑이를 어르고 달랜 일, 그리하여 마침내 그토록 바라던 수염을 잘라낸 일들을 이야기했다. "그런데 이제 그 모든 일이 헛수고가 됐잖아요." 여인은 그렇게 말을 마쳤다.

의원은 그녀를 바라보더니 부드럽게 미소 지었다. "헛수고가 아닐세. 자네는 아주 잘 해냈어. 호랑이를 길들이고, 호랑이에게 신뢰받기 위해 어떻게 했는지 잊지 말게나. 이제 남편에게도 똑같이 하면 되는 거야."

섭식 장애를 겪는 여성에게 음식, 몸무게, 다이어트에 집착하지 않는 삶이란 때로는 호랑이의 수염을 뽑는 일처럼 힘들고 불가능해 보인다. 설령 호랑이가 어디에 사는지 알고 있어도 실제로 수염을 뽑는 건 꿈도 꿀 수 없다. 음식에 집착하지 않는 삶은 환상 속에서나 가능할 뿐, 현실에서는 불가능하게 느껴진다. 그들은 살찔 염려 없이 원하는 음식을 자유롭게 먹으면서 살 수 있다는 사실을 믿지 못한 채 다이어트나 약, 운동처럼 아무 소용도 없는 대용품에 매달린다. 이런 것들로 몸무게를 줄일 수 있을지 몰라도 그들을 끊임없이 쫓아다니는 집착을 없애지는 못한다.

진정한 자유를 얻기 위해 꼭 필요한 재료는 '자각'이다. 이는 매 순간 내가 누구이며, 진정으로 바라는 것이 무엇인지 예리하게 인식한다는 뜻이다. 자신의 인생, 대인 관계, 직업에 대해 어떻게 느끼는지 대충 아는 것만으로는 부족하다. 매 순간 떠오르는 감정과 욕구를 인식해야 한다. 그리고 즉시 감정과 욕구를 존중하고 인정하는 데 필요한 일을 기꺼이 해야 한다.

나는 식사 일지를 쓰는 것이 이런 자각을 개발하고 유지하는 최고의 방법이라는 사실을 발견했다. 식사 일지 쓰기는 우리의 가장 깊은 곳에 존재하는 생각과 감정이 아직 세상에 공유될 준비가 덜 되고, 한창 형성되는 과정에 있을 때 그것을 따라가며 추적하는 방법이다. 또한 자기 확신이 없을 때 일지를 쓰면 타인들의 평가와 반응에 지친 마음을 달랠 수도 있다. 이런 일지는 생각과 감정이 식습관과 어떤 관계를 맺고 있는지 아주 분명하게 보여준다.

삶에서 일어나는 일, 생각, 감정이 식습관과 어떻게 연결되어 있는지 보여주는 식사 일지를 쓰면 자신이 '별다른 이유 없이', 별안간 알 수 없는 힘에 휘둘려 폭식한다는 잘못된 믿음을 몰아낼 수 있다. 폭식이 절망과 연결되어 있고, 아이스크림이 외로움과 연결되어 있다는 사실을 알아내면 섭식 장애의 숨겨진 이유를 발견할 수 있고, 따라서 삶에서 불균형을 이루는 부분, 영양실조에 걸린 부분을 찾아낼 수 있다.

내가 권하는 식사 일지에는 다음 정보가 포함되어야 한다.

1   날짜

2   먹거나 마신 시간

3   먹은 음식

4   먹기 직전에 하던 일

5   먹기 직전에 하던 생각

6   먹기 직전에 느낀 감정

7   배가 고팠는지의 여부

8   먹은 음식을 어떤 식으로든 몸 밖으로 내보냈는지의 여부

가능한 한 먹고 나서 곧바로 이 목록을 작성하는 것이 좋다. 너무 많은 시간이 흘러버리면 뭘 먹었는지 기억하기 힘들 뿐 아니라 먹기 전에 무슨 생각을 했고, 어떤 느낌이었는지도 기억하기 힘들다. 따라서 언제든 들고 다닐 수 있는 작은 수첩을 이용하면 효과적일 것이다.

세세하게 쓸 필요는 없지만 가능한 한 일관되게 써야 한다. 앞의 이야기 속 여인이 인내심을 가지고 꾸준히 노력해서 호랑이에게 접근했듯이, 음식에 대한 집착에서 자유로워지고 싶다면 섭식 장애의 배후에 숨겨진 진짜 문제를 끌어내기 위해 일관되면서도 꾸준히 노력해야 한다.

일지를 쓰다 보면 그동안 자신의 식습관을 부정적으로 평가하고 있었다는 사실을 발견하는 여성이 적지 않다. 그녀는 자신에게 "어쩌면 이렇게 많이 먹을 수가 있지? 완전 돼지야! 정말 역겨워!"

라는 식으로 말한다. 자신의 식습관에 수치심과 죄책감을 느껴 일지를 꾸준히 쓰기가 어려워지기도 한다. 그럴 때는 탐정이나 신문기자, 과학자의 자세로 일지를 쓴다고 생각하면 도움이 된다. 일지를 쓰는 순간에는 그저 지금은 자료를 모으기만 할 뿐이며, 이 정보를 판독하는 것은 나중 일이라고 생각하자. 설령 매일 폭식을 한다 해도 상관없다. 폭식 과정을 쓰다 보면 섭식 장애의 미스터리를 풀 수 있는 수많은 단서를 얻게 될 것이다.

일지 쓰기는 무의식을 의식으로 불러들이는 시도이기 때문에 쓰다 보면 상당한 거부감이 일어날 수 있다. 우리는 직면하기 두렵거나 고통스럽거나 혼란스러운 특정한 행동 패턴은 의식에서 몰아내는 경향이 있다. 이런 거부감은 '나쁜' 것이 아니며, 일지를 쓰지 않는다고 해서 '게으르거나' '완고한' 것도 아니다. 이런 거부감이 들 때 오히려 섭식 장애에 잠재된 요소를 발견할 수 있는 또 한 번의 기회로 삼자. 따라서 자신을 꾸짖거나 호통치지 말고, 평가가 아닌 호기심을 가지고 물어야 한다. "먹고 느끼는 걸 기록하는 일이 왜 이렇게 싫을까?" "내가 식습관에 주의를 기울이지 못하도록 방해하는 것이 무엇일까?" "내가 느끼지 않으려고 애쓰는 특정한 감정이 있을까?" "내가 제일 두려워하는 것이 무엇일까?" 앞의 이야기 속 여인처럼 우리는 부드럽게 달래는 어조로 두려움을 진정시키며 진실에 한 발짝씩 다가가야 한다. 그러고는 가만히 앉아서 귀 기울여야 한다. 부드러운 호기심으로 그런 질문을 던지면 우리 안에 있는 현명한 여성이 대답해줄 것이다.

식사 일지를 쓰다 보면 자신의 감정을 알아내기가 매우 힘들다는 사실을 알게 된다. 일지에는 자기가 먹은 음식만 기록되기 마련이다. 하지만 자신의 감정 상태를 인정하는 짤막한 글, 하다못해 '내가 어떤 기분인지 모르겠다'거나 단순히 '혼란스러운 기분' 정도라도 꾸준히 기록하다 보면 결국은 자신의 감정을 더 잘 인식하게 된다. "내가 지금 어떤 기분이지?"라고 더 자주 자문할수록 자신의 기분을 또렷하고 정확히 알아낼 수 있을 것이다. 이야기 속 여인이 깨달았듯이 오로지 산을 오르고 또 올라야만 목표를 이룰 수 있다. "먹기 직전에 내가 어떤 기분이었지?"라고 자문하고 또 자문해야만 감정을 더 쉽게 알아차릴 수 있게 된다.

몇 주간 일지를 쓰다 보면 패턴이 나타날 것이다. 그 패턴을 찾아내려면 하루 중에서 특별히 스스로 먹지 못하게 하는 때가 있는지 살펴봐야 한다. 폭식할 확률이 더 높은 때가 있는가? 오랫동안 먹지 않고 버티다가 폭식하는 편인가? 배가 고프지 않은데도 먹고 싶은 욕구를 유발하는 활동이나 감정이 있는지, 배고픈데도 스스로 먹지 못하게 하는 상황이 있는지 찾아보자.

예를 들어, 한 여성은 자신이 종종 오후 4시에 과식한다는 사실을 알게 되었다. 자세히 관찰한 결과, 그때가 아무도 없는 빈집으로 돌아오는 시간이라는 걸 알았다. 외로움을 느끼고 싶지 않았기에 그녀는 배가 고픈지 아닌지 생각해보지도 않고 곧장 냉장고로 직행했던 것이다. 또 다른 여성의 경우에는 아주 바쁘고 정신없는 날들이 계속될 때 음식으로 자신을 달래기 위해 저녁이 폭식으로 이어진다는 걸 알았다. 어떤 여성들은 피곤한 날이면 연료를 재충전하려는 차원에서 끊임없이 군것질을 하게 된다는 사실을 깨닫기도 하고, 폭식과 구토의 반복이 남자 친구나 부모와의 다툼과 관계가 있음을 알아내기도 한다. 대부분의 여성은 자신이 얼마나 자주 감정적인 이유로 먹는지 깨닫는다. 외롭고, 화나고, 권태롭고, 불안하기 때문에 먹는 것이다.

일지를 검토하다 보면 몸의 신진대사도 더 잘 이해하게 된다. 어떤 여성은 네 시간 이상 먹지 않고 버텼다가는 과식하게 된다는 사실을 알게 되었다. 또 다른 여성은 식사할 때 탄수화물 양을 줄이려고 했다가는 나중에 반드시 '탄수화물 폭식'을 하게 된다는 걸 깨달았다. 그런가 하면 하루에 세 끼를 푸짐히 먹기보다 조금씩 여섯 번에 나눠서 먹는 편이 더 낫다는 걸 알게 된 여성도 있다.

식사 일지를 쓰면 도저히 해결할 엄두가 안 나는 문제를 극복하는 데 필요한 기술과 자질이 개발된다. 이야기 속 여인은 남편을 치료하겠다고 굳게 결심하고, 호랑이를 찾을 수 있는 자신의 능력을 믿고, 용감하면서도 부드럽고 인내심 있는 태도로 호랑이를 구슬려 자신이 원하는 것을 얻어냈다. 그와 마찬가지로 섭식 장애를 치료하겠다고 마음먹은 여성은 중압감이 느껴져도 자신의 결심을 확고히 하고, 끈질기게 숨겨진 감정을 탐색하며, 진실에 조금씩 다가갈 때마다 마주치는 거부감을 견뎌내고, 가장 무서운 감정을 끌어낼 때조차도 자신을 부드럽게 대해야 한다. 매일 꼬박꼬박 자신의 생각과 감정을 끈질기게 추적하는 일지를 쓰는 과정이야말로 호랑이 수염 같은 특별한 재료를 얻는 길이다. 당신이 그토록 바라던 치유를 가져다줄 내면의 진실을 얻는 길이다.

감정과 식습관 간의 특정한 관계를 알아내면 결국 섭식 장애를 치료할 명약을 얻게 될 것이다. 그러나 자기 자신과 소통하는 법, 자신의 생각과 느낌에 주의를 기울이는 법, 적대심이 아닌 호기심으로 자신의 식습관을 살펴보는 법, 몸의 안내를 따르는 법 역시 익혀 둬야 할 기술이다. 이야기에 나오는 현명한 의원이 알고 있듯이, 섭식 장애 문제가 해결된 후로도 평생 동안 당신을 이끌어줄 내면의 지혜를 신뢰할 수 있는 방법은 오로지 인내와 끈기를 가지고 자신을 관찰하는 길뿐이다.

19

회복:

나 자신과
화해하는 길

: 회복의 미궁을 여행하던 여성이 자기 존재의 한가운데 도달하면
  자신이 누구인지 깨닫게 되면서 타인들 또는 자신이 규정해놓은
  자아상을 놓아버린다. 잊히거나 버려진 자신의 일부분을 회복해
  온전한 자아를 만들어나간다.

섭식 장애에서 벗어나는 일은 곧 자기 존재를 온전히 받아들이는 것이다. 나의 모든 면, 내 모든 감정과 생각, 욕구, 심지어 마음에 들지 않거나 날 거북하게 만드는 것까지도 모조리. 또한 문제점이라고 생각했던 어떤 특질이 실은 자산임을 인식하고, 민감한 성품이 내가 가진 아름다움의 일부임을 깨닫고, 독특한 개성이 고립, 거부, 외로움으로 이어지지 않는다는 것을 이해하는 과정을 거친다.

한스 크리스티안 안데르센의 「미운 아기 오리」 이야기는 바로 이런 경험을 말하고 있다.

○○○○○○○○○○ 바야흐로 온 나라가 가장 아름다워지는 계절인 여름이 되었다. 깊은 수로에 둘러싸인 낡은 농가 위로 햇살이 부드럽게 쏟아졌다. 수로에는 우엉이 어찌나 높이 자랐는지 아이들이 그 아래 설 수 있을 정도였다. 깊은 숲속처럼 사람의 손이 닿지 않고 쓸쓸한 바로 그곳에

어미 오리가 둥지를 틀었다. 알을 하도 오래 품고 있다 보니 처음에 느꼈던 즐거움도 이젠 거의 사라져버렸다.

마침내 알이 하나둘 갈라지더니 아기 오리들이 처음으로 세상을 내다보았다. 어미 오리는 아기들이 너무나 사랑스러워서 지나가던 다른 오리들에게 얼마나 예쁜지 보라고 자랑했다.

아기 오리가 모두 부화했다고 생각할 무렵, 아직 둥지에 남아 있던 제일 큰 알 하나가 어미 오리의 눈에 들어왔다. 어미 오리는 지친 한숨을 내쉬며 다시 둥지로 돌아가 알을 품었다. 그때 늙은 오리가 뒤뚱거리며 다가와 그 알을 자세히 살펴보더니 그건 칠면조의 알이 틀림없다고 단언했다. 그러면서 어미 오리에게 그 알은 내버려 두고, 다른 아기들에게 헤엄치는 법이나 가르치라고 충고했다.

그러나 어미 오리는 계속 알을 품었고, 한참이 지난 후에 마침내 거대한 알이 깨지며 새로운 생명이 세상 밖으로 굴러 나왔다. 어미 오리는 속으로 생각했다. '어머나, 어쩜 저렇게 크고 못생겼을까. 크고 튼튼한 걸. 다른 아기들하고 전혀 닮지 않았잖아. 이게 대체 뭘까?'

이튿날 어미 오리는 새로운 식구들을 데리고 헤엄치러 나갔다. 아기 오리들은 모두 물속에 뛰어들어 유유히 헤엄쳤다. 크고 미운 아기 오리도 마찬가지였다. '분명 칠면조는 아니야. 다른 아기들처럼 예쁘지는 않아도 나름대로 귀여운 구석이 있네. 내 아기로 생각하고 세상 사는 법을 가르쳐야겠다.' 어미 오리는 생각했다.

그러나 다른 오리들은 어미 오리와 달리 너그럽고 관대하지 못했다. 그들은 불쌍한 아기 오리를 마구 물어뜯고, 발로 차고, 부리로 쪼며 괴롭혔다. 심지어 미운 아기 오리의 친형제자매마저도 늘 "고양이한테 확 먹혀버려, 이 못난이야"라고 말하며 심술을 부렸다. 마침내 어미 오리도 미운 아기 오리로 인해 벌어지는 소란에 지쳐서 차라리 아기 오리가 어디론가 가버렸으면 하고 바라게 되었다.

가여운 아기 오리는 모두에게 미움받는 데 지쳐서 무작정 도망쳤다. 어디로 가야 할지 몰랐지만 이런 구박을 피할 곳이 절실히 필요했다. 피로와 슬픔에 지친 아기 오리는 들오리들이 사는 넓은 황무지에 도착했다. 들오리들이 말했다. "넌 정말 못생겼구나. 하지만 우리 식구와 결혼할 생각만 없다면 얼마든지 여기 머물러도 좋아." 가여운 아기 오리는 결혼은 생각도 해본 적이 없었다!

얼마 후, 기러기 두 마리가 황무지로 날아왔다. 그들은 이상하게 생긴 아기 오리를 훑어보며 빈정거리는 어조로 말했다. "넌 못생겨서 마음에 든다. 우리랑 함께 요 옆에 있는 황무지로 가지 않을래? 운이 좋으면 너랑 결혼해줄 오리를 만날 수도 있어." 아기 오리가 어떻게 할지 생각하는데 갑자기 주위에 총성이 요란하게 울리더니 기러기들이 땅에 떨어져 죽고 말았다. 덤불에서 기러기 무리가 일제히 날아오르자 사냥개를 대동한 사냥꾼들이 황무지로 첨벙첨벙 뛰어들었다.

겁에 질린 아기 오리 앞에 사납게 으르렁거리는 사냥개가 코를 들이밀었다. 사냥개는 아기 오리를 물끄러미 바라보더니 공격하지 않고 첨벙거리며 가버렸다. "천만다행이야." 아기 오리가 안도의 한숨을 내쉬며 말했다. "내가 너무 못생겨서 개도 날 물려고 하지 않는구나."

이윽고 아기 오리는 폭풍우를 예고하는 세찬 바람을 헤치고 들판과 초원을 넘어 달리고 또 달렸다. 해질 무렵이 되어서야 금방이라도 허물어질 듯한 낡은 오두막에 도착했다. 지친 아기 오리는 점점 거세지는 폭풍우를 피하려고 오두막 안으로 살며시 들어갔다.

오두막에는 할머니가 수고양이와 암탉을 데리고 살고 있었다. 할머니는 그 둘을 자식처럼 아끼고 사랑했다. 이튿날 아침, 낯선 손님을 보자 고양이는 야옹거렸고 암탉은 꼬꼬댁 울었다. 할머니는 눈이 좋지 않았기 때문에 몸집이 큰 아기 오리를 길 잃은 살찐 오리로 착각했다. "이게 웬 횡재야! 만약 이게 암컷이면 이제부턴 오리알을 먹을 수 있겠네. 두고 봐야겠군."

고양이는 자기가 집주인이라고 생각했고, 암탉은 자기가 주인마님이라고 생각했다. 그러고는 자신들이 진실의 수호자라고 믿었다. 아기 오리가 그들과 다른 시각을 내놓을 때마다 암탉은 적대적으로 나왔다.

"너 알 낳을 줄 알아?" 암탉이 물었다.

"아니."

"그럼 입 다물고 있어!" 암탉이 경멸조로 말했다.

"너 목으로 가르릉거리는 소리 낼 수 있어?" 이번에는 고양이가 물었다.

"아니."

"그럼 네 생각은 아무짝에도 쓸모없어." 고양이가 잘난 척하며 말했다.

"하지만 난 수영하는 걸 좋아해. 시원한 물속에 머리를 들이밀고 자맥질하는 게 얼마나 즐거운데!"

"참 별 희한한 즐거움도 다 있네. 넌 미쳤어." 암탉이 대꾸했다.

"너희들은 날 이해하지 못해." 아기 오리가 말했다.

"뭐라고? 그럼 네가 우리보다 잘났다는 거야? 넌 그동안 우리가 베풀어준 은혜에 감사해야 해. 게다가 우리 같은 친구를 둔 사실을 고맙게 여겨야 마땅하지. 네가 아무리 듣기 싫어해도 우린 진실만 말해주니까."

아기 오리는 이 집 또한 머물 곳이 못 된다는 생각에 다시 길을 떠났다. 가을이 오자 나뭇잎이 온통 금색과 갈색으로 물들었다. 낙엽은 바람을 타고 뱅글뱅글 춤을 추었고, 공기는 점차 싸늘해졌다. 어느 날 저녁, 아기 오리가 추위와 외로움에 떨며 호수에서 쉬고 있는데 한 무리의 새가 수풀에서 날아올랐다. 저 얼마나 아름다운 새인가! 길고 가느다란 목에 온몸은 눈부시게 새하얀 새, 바로 백조였다. 백조들은 큰 소리로 울어대며 멋진 날개를 활짝 펴고 날아가 버렸다. 그 모습을 보고 울음소리를 듣자 아기 오리는 이상한 감정에 휩싸였다. 그들은 순식간에 사라졌지만 우아한 새들의 모습은 아기 오리의 기억에 남았다.

겨울이 되자 날씨가 매섭게 차가워졌다. 가여운 아기 오리는 얼어 죽지 않도록 쉴 새 없이 호수 주위를 돌며 헤엄쳐야 했다. 그러나 호수가 밤마다 얼어붙는 탓에 헤엄칠 수 있는 공간은 점점 줄어들었고, 마침내 아기 오리도 지쳐 쓰러졌다.

이튿날 아침, 호숫가를 지나가던 농부가 반쯤 죽어 있는 아기 오리를 발견했다. 그는 얼음을 깨고 아기 오리를 집으로 데려가 아내에게 보살피도록 했다. 아기 오리가 건강을 회복하자 아이들은 함께 놀고 싶어 했지만, 아기 오리는 아이들이 괴롭히려는 줄 알고 놀라서 도망쳤다. 처음에는 우유 항아리로, 다음에는 버터가 든 통으로, 그다음에는 밀가루 통으로 뛰어들자 농부의 아내는 신경질적으로 소리를 질렀다. 아기 오리는 겁에 질려 황무지로 도망쳐버렸다.

황무지에는 따뜻한 햇살이 비치고, 새들이 지저귀고, 사과나무 꽃이 한창이었다. 봄이 돌아온 것이다. 만물이 사랑스럽고 산뜻하고 활기차 보였다.

그때 덤불에서 아름다운 백조 세 마리가 나타났다. 그들은 자랑스럽게 깃털을 내보이며 가볍게 수면 위를 헤엄쳤다. 아기 오리는 작년 가을에 처음으로 그들을 보았을 때와 같은 기분을 느끼고 마음속으로 생각했다. '저 아름다운 새들에게 가보자. 비록 저들은 내가 못생겼다고 공격할 테지만.'

백조들은 미운 아기 오리가 다가오는 것을 보고, 겁에 질린 가여운 오리를 맞이하려고 몸을 돌렸다. 아기 오리가 고개를 숙인 순간, 물에 비친 또 다른 백조를 보고 깜짝 놀랐다. 그것은 포동포동하고 미운 아기 오리가 아니라 아름다운 백조였다!

백조들은 곁으로 다가와 부리로 새 친구를 쓰다듬었다. 미운 아기 오리, 아니 백조는 한없이 행복했다. 그때 아이들이 호숫가로 달려와 백조들에게 빵 조각을 던지며 말했다. "저기에 새 백조가 있어요. 제일 어리고, 제일 예뻐요."

어린 백조는 가슴을 두근거리며 생각했다. '사람들에게 경멸받던 미운 아기 오리였을 때는 이렇게 행복한 날이 올 줄은 꿈에도 몰랐어.'

섭식 장애에 시달리는 여성은 미운 아기 오리처럼 아웃사이더로 산다는 것이 어떤 느낌인지 너무나 잘 알고 있다. 어렸을 때 그들은 종종 어디에도 속하지 못하는 느낌, 남들과 다르다는 느낌, 소외되는 느낌을 받아왔다. 매우 직관적이고 본능적인 그들의 성향은 종종 이 사회의 가치관과 마찰을 일으켰고, 가족들은 '잔잔한 호수에 돌을 던지려고 하는' 이 조숙하고 호기심 많은 아이를 어떻게 다뤄야 할지 몰랐다. 이런 아이들은 대부분 너무도 절실히 소속감을 원하는 나머지 자신의 독특함을 부인하거나 숨기면서 가능한 한 제일 훌륭한 '오리'가 되려고 한다. 그와 반대로 외부 세상에 반항하며 자신을 이해하지 못하는 가족에게서 벗어나려는 아이들도 있다. 어느 쪽이든 그로 인해 치러야 할 대가는 만만치 않다. 자기 내면의 본성을 부인했던 사람들은 음식으로 진짜 감정을 억누르는 데 중독된다. 또는 자신의 직관을 외면하는 방법으로 까다로운 다이어트에 끌리기 마련이다. 은밀하게 반항하는 사람들은 음식을 거부하는 방식으로 분노를 표현해 종종 생존이 위태로워진다. 반면 대놓고 반항하는 사람들은 강박적으로 먹어대거나 음식에 집착하는 방식으로 외로움과 거부당한 심정을 상징적으로 위로받으려 한다. 결국에는 그 방법이 자신을 옭아매리라는 걸 모른 채.

섭식 장애에서 벗어나려면 자기 존재의 독특함과 화해해야 한다. 미운 아기 오리처럼 나 자신을 찾아 나서는 여행, 이 세상에서 내가 있어야 할 자리를 찾아가는 여행을 떠나야 한다. 오리가 된다고 해서 나쁠 것은 없지만, 사실은 백조인데 오리처럼 행동하려고 애쓰는 일은 절망스럽고 고통스럽다. 무슨 일을 하든 늘 자신에게 맞지 않는다는 느낌이 들고, 결국에는 좌절감이나 자신이 부족하다는 느낌만 남는다.

일단 이 여정에 나선 사람은 미운 아기 오리처럼 역경 앞에서도 꿋꿋이 버텨야 한다. 학대낭하는 상황에서 벗어나고, 창피나 조롱을 당하는 곳도 떠나야 한다. 고양이와 암탉이 오로지 자신의 세계관이 옳다고 우겨댔을 때 미운 아기 오리가 그 집을 떠날 수밖에 없었듯이, 자아를 찾아 나선 여성도 오로지 자신의 의견만 따를 것을 요구하는 사람들과 어울려서는 안 된다. 나 자신을 받아들이지 않는 대가로 안정을 얻어 스스로를 배반해서는 안 된다. 진정한 나 자신을 인정하고 받아들여주는 사람들, 내 감정의 물살 속으로 깊이 다이빙하는 즐거움을 공유할 수 있는 사람들을 만날 때까지는 계속 앞으로 나아가야 한다. 물에 비친 내 모습에서 아름다움을 볼 수 있을 때까지 참고 견뎌야 한다.

회복의 미궁을 여행하던 여성이 자기 존재의 한가운데 도달하면 내가 누구인지 깨달으면서 타인들 혹은 자신이 규정해놓은 자아상을 놓아버린다. 잊히거나 버려진 자신의 일부분을 회복해 온전한 자아를 만들어나간다. 이제 그녀의 임무는 미궁의 중심에서 다시 바깥쪽으로 굽이굽이 돌아가면서 세상에 존재하는 새로운 방식과 이 새로운 자아상을 엮어나가는 것이다. 새롭게 태어났지만 아직 풋내기인 그녀는 이 두 번째 단계의 여행을 시작하면서 처음 미궁에 들어왔을 때처럼 열심히 출구를 찾아야 한다. 이리저리 방향을 틀고, 돌아가고, 급커브를 틀다 보면 가끔씩 자신이 원점으로 돌아가는 듯하고, 사태가 나아지기는커녕 악화되는 것으로 보일 때도 있다. 생각만큼 쉽고 능숙하게 출구를 찾아내지 못한다는 사실에 좌절할 수 있고, 기대했던 것만큼 빨리 '좋아지지' 않는 자신을 보며 초조해질 수도 있다.

감정을 억눌렀던 여성이 점점 더 많은 감정을 자각하게 될 때, 다시 말해 분노, 슬픔, 외로움을 온전히 느끼도록 허락할 때 그녀는 자신이 점점 더 악화된다고 생각할 수도 있다. 예전보다 기분이 '나빠지기' 때문이다. 그녀는 자신이 단지 더 '많은' 감정을 느낄 뿐이라는 사실을 모르고 있다. 맨 처음 표면화되는 감정들은 주로 우리가 가장 불편해하는 감정 그리고 우리가 자각하고 표현해야 할 필요성이 제일 높은 감정들이다. 그런 감정들이 올라올 때는 스스로 가혹하게 평가하거나 다른 사람의 평가를 구하지 말아야 한다. 그 감정들은 느끼고 받아들이고 표현할 필요가 있다. 그렇게 하면 걸림돌이 되지 않고 저절로 지나간다.

강박적으로 먹거나 음식에 집착함으로써 오랫동안 감정을 억눌러 온 습관이 있는 여성은 오래전에 묻어두었던 감정이 일어나면서 그 어느 때보다 폭식하거나 굶고 싶을 수 있다. 그럴 때면 겁이 덜컥 나고, 회복 과정을 포기하고픈 유혹을 느낄 것이다. 그러므로 심리 상담가나 집단 상담처럼 자신의 감정을 마음껏 표현할 수 있고, 그런 표현이 존중받는 안전한 곳에서 도움을 받는 것이 좋다.

자신의 감정을 경험하고 수용하고 표현하는 데 필요한 지지를 얻을 곳이 있다면, 음식이나 먹는 것에 대한 집착이 심해질까 봐 걱정할 필요가 없다. 가끔은 감정이 올라오고, 그런 감정을 다루는 새로운 기술을 개발할 때까지 시간이 걸릴 수 있지만 감정에 새로운 방식으로 반응하는 법을 익히다 보면 폭식, 단식, 다이어트 혹은 강박적인 운동에 대한 욕구는 점점 줄어든다.

회복되는 과정에서 여성들은 생각과 행동이 별개이며 두 가지 모두를 존중하고, 변화할 시간을 줘야 한다는 사실을 배운다. 예를 들어, 자신이 어떤 식으로 음식을 이용하는지는 금세 파악했다 해도 감정적 문제에 예전과 다르게 대응하기란 여전히 불가능할 수 있다. 감정에 다르게 대응하는 법을 익히려면 많은 시간과 연습이 필요하기 때문이다. 모든 여성은 그 사실을 유념해야 한다. "난 겨우 이것밖에 안 되나?" "대체 뭐가 문제지?" 같은 가혹한 자기비판은 전혀 도움이 되지 않는다. 오히려 방해만 될 뿐이다. 목적지를 향해 비틀거리며 나아가는 지금이야말로 그 어느 때보다 자신에게 친절과 연민을 베풀어야 한다.

회복의 과정을 완수하려면 여자들은 반드시 자기 인식의 단계를 거쳐 새로운 기술을 배워야 한다. 아기 오리가 세상에서 자기 자리를 찾는 데 필요한 힘과 성숙함을 기르기 위해 사계절을 견뎌냈듯이.

섭식 장애에서 벗어나기 위해 미궁을 빠져나가다 보면 자신이 나선형 길을 따라 뒤로 걷고 있다는 사실을 발견하게 될 것이다. 그녀는 자신의 생각과 감정에 반응해 먹었던(또는 굶었던) 순간들을 찾을 때까지 걸어온 길을 계속 되짚어가야 한다. 음식과 감정 간의 관계를 이해한 후, 섭식 장애를 유발한 구체적인 사건에 점점 더 다가가야 한다. 한 걸음씩 되짚어갈 때마다 다른 차원의 깨달음을 얻게 된다.

첫째로 패턴을 볼 수 있게 된다. 예를 들어 몇 주간 식사 일지를 쓰고 나면 대개 엄마와 전화 통화를 한 후에 폭식한다는 사실을 알아차린다. 이런 패턴은 일정한 기간 동안 자신의 행동을 관찰하고 기록한 후에야 비로소 분명해진다. 이제는 무엇이 폭식을 유발하는지 알게 되었지만, 어느 정도 시간이 흘렀기에 가능한 일이다.

회복이 진행될수록 점점 더 빨리 알아차리게 된다. 그래서 이제는 일지를 쓰는 도중에 '왜 내가 방금 전에 폭식을 했는지 알아. 엄마에게 화가 났기 때문이야'라는 것을 깨닫는다.

그러다 마침내 폭식하는 바로 그 순간에 자신이 밀어 넣으려는 감정이 무엇인지 인식하게 된다. 그녀는 엄마와 통화했고, 엄마가 한 말에 화가 나서 전화를 끊은 뒤 폭식하기 시작했다. 한참 폭식하는 도중에 '내가 왜 이러는지 알아. 엄마에게 화가 났기 때문이야'라고 깨닫는다. 그러나 폭식하는 행동은 멈출 수 없다. 이미 바퀴는 돌아가기 시작했고, 그것은 추진력이 너무도 세기 때문이다. 이럴 때는 폭식을 멈추지 못하는 자신을 비난하지 말고, 자신이 얻은 새로운 깨달음을 감사히 여길 필요가 있다.

더욱 예리한 자기 각성을 향해 끈기 있게 나아가다 보면 폭식하기 바로 직전의 감정까지 인식하게 된다. 그녀는 엄마와 통화하고, 분노와 좌절감을 느끼며 전화를 끊고, 뭔가를 먹으러 간다. 그러나 바로 그 순간에 자신이 먹고 싶어 하는 이유가 배가 고파서가 아니라 엄마에게 화가 났기 때문임을 인식한다. 물론 그걸 알고도 폭식할 수는 있지만, 이제는 자신이 갈망하는 것이 신체적 자양분이 아니라는 사실은 충분히 인식한다.

이럴 때도 자기를 비난하는 것은 바람직하지 않다. '난 왜 이렇게 생겨먹었지? 난 지금 배가 고픈 게 아니란 말이야!'라고 자신을 나무라지 말자. 대신 이제 나는 폭식하기 직전의 느낌이 무엇인지 알아차리는 단계까지 와 있음을 깨달아야 한다. 스스로를 꾸짖기보다 자신이 얼마나 발전했는지 인정해주자. 마침내 갈림길에, 선택권을 갖는 지점에 도달한 것이다. 엄마에게 분노를 표현하는 대신 먹기를 선택한다 해도 상관없다. 자신의 분노를 다른 방식으로 다루는 기술이 아직 미흡한 것이다. 최소한 이제는 자신의 감정에 어떤 식으로 반응하고 싶은지 의식적으로 선택할 수 있는 지점에 와 있다.

이 단계를 벗어나려면 시간이 좀 걸릴지도 모른다. 자신이 어떤 감정 때문에 먹는지 충분히 인식하고 있어도 '알게 뭐야. 어쨌든 난 먹을 거야'라고 생각하는 순간이 많을 것이다. 자신의 감정을 좀 더 받아들이고, 그런 감정을 직접적으로 표현하는 법을 더 많이 배우다 보면 지금까지 줄기차게 써왔던 방법인 먹기 외에도 선택권이 즐비하다는 사실을 알게 된다.

시간이 흐르면서 감정을 표현하는 다양한 방법을 개발할 수 있다. 친구에게 전화해 자기 감정을 말하거나, 엄마에게 편지를 쓴다 생각하고 종이에 자신의 감정을 발산할 수도 있다. 샤워를 하면서 심한 욕을 퍼부을 수도 있다. 엄마에게 다시 전화를 걸어 16장에 나와 있는 자기표현 공식을 이용해, 엄마의 발언이 자신에게 어떤 영향을 미쳤는지 말할 수도 있다.

마침내 어느 시점이 되면 엄마와 말하는 도중에 자신의 분노를 자각하게 된다. 내면에서 "지금 뭔가를 말하지 않으면 이 전화를 끊자마자 나는 폭식하고 싶어질 거야"라는 작은 목소리가 들린다. 만일 자신의 감정을 단호하게 표현해온 경험이 풍부하다면 감정이 느껴지는 바로 그 순간에 그에 반응하는 방법을 알게 된다. 그리하여 아마 이렇게 말할 것이다. "있잖아, 엄마가 그렇게 말하면 난 화가 나. 엄마가 날 얕보는 기분이 들거든."

그렇게 해서 이제는 폭식을 방지할 수 있다. 감정이 생기는 순간에 그것을 바로 느끼고, 직접 표현하기 때문에 그 감정은 지나간다. 더는 자신의 의식에서 감정을 차단하기 위해 폭식할 필요가 없는 것이다.

이것이 바로 뒤로 계속 뱅글뱅글 돌아가는 나선형 미궁에서 빠져나와 음식에 대한 집착에서 벗어나기까지 일어나는 일이다. '감정을 억누르면 강박적인 섭식으로 이어진다'는 사실을 아는 것만으로는 부족하다. 초콜릿 칩 쿠키나 남은 피자 한 조각을 먹으려고 손을 뻗는 바로 그 순간에 어떤 감정이 드는지 자각하는 법을 배워야 한다. 과도한 다이어트의 뿌리에 감춰진 갈등의 이름을 알아내는 것만으로는 부족하다. 그것을 해결하기 위한 조치를 취해야 한다.

폭식과 구토를 일으키는 감정이 무엇인지 알아내는 것만으로는 부족하다. 자신이 갈망하는 양분이나 안식을 제공하는 식으로 그 감정을 해소해야 한다.

회복의 여정을 이어가다 보면 느린 속도에 낙담하게 된다. 자신이 나아지고 있다는 물리적 증거도 없고, 외모나 식습관에 즉각적인 변화도 없기 때문에 아무런 진척도 없는 듯하다. 자신이 성취한 것들은 대부분 감정과 정신의 영역이며, 따라서 물질적인 세상에는 아직 구현되지 않았음을 염두에 두어야 한다. 그렇게 되기까지는 시간이 필요하다.

건축 공사가 진행되는 길을 자주 지나다닌다고 상상해보자. 몇 달간 당신은 매일 그 길을 지나지만 공사 현장은 늘 공터처럼 보인다. 그러던 어느 날, 느닷없이 발판이 세워지는가 싶더니 금세 거대한 빌딩이 나타난다. 마치 하룻밤 사이에 우뚝 솟아난 듯이.

섭식 장애에서 회복되는 과정도 이와 다르지 않다. 아주 오랫동안 마치 아무 일도 일어나지 않는 듯하고, 어떤 진전도 없는 듯하다. 그러나 사실은 아주 많은 일이 일어나고 있다. 다만 눈에 보이지 않는 영역에서 이뤄지고 있을 뿐이다. 빌딩을 지을 때와 마찬가지로 기초적인 준비를 하고, 설계도를 그리고, 건물을 오래도록 튼튼하게 받쳐줄 토대를 마련하기까지 많은 시간이 필요하다. 섭식 장애의 원인을 이해함으로써 일단 기초를 마련하고, 살면서 겪게 되는 스트레스에 대응할 기술을 개발했다면 그다음에는 반드시 음식과 새로운 관계를 정립해야 한다.

서둘러서는 안 된다. 서서히 자기 내면으로 들어가야 몸이 적응할 시간을 갖는다. 자신의 감정을 자각하고 수용하고 표현하는 법을 배워야 한다. 언제 배가 고프고, 무엇을 먹고 싶으며, 언제 운동하고, 언제 쉬고 싶은지 몸이 내게 말하게 해야 한다. 그러면 몸은 느리지만 꾸준히 자신에게 맞는 몸무게, 자연스러운 여성미를 충분히 표현하는 몸무게를 찾아갈 것이다.

20

음식에 대한 강박에서
벗어난 사람들

： "사람들은 걸핏하면 '넌 애가 왜 그 모양이냐? 얘를 어쩌면 좋지?
널 고쳐서 더 나은 사람으로 만들어보자'라고 말했어요. 난 늘 뭔
가 잘못된 사람이었던 거예요. 그런데 불현듯 나를 고치는 대신
'대체 왜 그런 일이 생겼는지 살펴보자'로 바뀌었죠."

이야기꾼들은 신화와 은유의 언어로, 글자 그대로가 아닌 상징적인 진실을 말한다. 따라서 몸의 귀에는 터무니없는 거짓말처럼 들리지만, 마음의 귀에는 아주 사적인 차원에서 이해하고 받아들일 수 있는 진실이 들린다. 그렇게 우리는 내면의 세계, 우리만의 신화적 현실과 연결된다.

　이야기 속에 담긴 지혜는 내면의 진실을 전달하는 상징의 언어다. 이런 상징과 은유의 언어를 통해 우리는 더 깊은 의미와 진실의 존재를 깨닫는다. 내면의 진실이 종종 표면의 현실에 의해 흐려지며, 겉으로 드러나는 충동 뒤에 더 깊은 갈망이 숨겨져 있다는 사실을 이해한다. 음식이 감정적이고 정신적인 자양분을 상징하며, 먹는다는 것이 관심, 인정, 애정을 갈구하는 내면의 허기에서 비롯된 반응임을 알게 된다.

　살면서 자주 겪은 일이 곧 우리의 인생이므로 섭식 장애에서 벗어나고자 하는 여성들은 인생사를 반추하고, 자기 자신과 자신의 행동을 새롭게 이해하면서 그 이야기를 재구성해야 한다. 자신의 이야기를 들려주다 보면 표면에 드러난 세세한 사실들 뒤로 내면의 신실이 떠오르며 그 소리를 들을 수 있다. 마른 몸매에 대한 집착, 초콜릿에 대한 허기, 배를 가득 채우고픈 욕구가 상징하는 바를 언뜻 볼 수 있다. 그리하여 이성의 냉엄한 빛이 아닌 부드럽고 다정하게 진실을 비추는 달빛 아래서 자신의 갈등과 정체성, 욕구와의 투쟁을 말할 수 있다.

다음은 섭식 장애를 극복한 세 여인의 이야기이다. 결함 있는 가정과 화목한 가정의 이야기이며 엄청난 불행과 놀라운 재능의 이야기이다. 마음의 귀로 당신의 이야기와 공명하는 진실을 들어보라.

엄마에게 인정받고 싶었어요

현재 상담가로 활동하고 있는 30대 초반의 이 여인은 사람들에게 인정받고 받아들여지기 위해 오랫동안 고군분투했다. 미운 아기 오리와 달리 어린 시절 그녀의 '독특함'은 불행의 씨앗이 아니었다. 그녀의 입양은 공공연한 사실이었으며, 그녀는 자신이 너무도 '특별한' 아이였기에 현재의 가족 구성원으로 '선택'되었다는 말을 들으며 자랐다. 하지만 어릴 때부터 그 '특별함'은 오로지 엄마의 눈에 찰 만한 훌륭한 성과를 이뤄야만 유지된다는 사실을 배웠다. 그러려면 단지 존재해서는 안 되고 행동해야 했다.

그녀는 승부욕이 강한 수영선수가 되었고, 주 챔피언까지 차지했다. 수영하는 동안에는 온갖 근심을 날려버릴 수 있었다. 뿐만 아니라 승리에 방해가 되는 감정을 모두 제거하고, 최근에 유방암 판정을 받은 엄마 그리고 자신이 엄마를 기쁘게 해줄 만큼 뛰어나지도, 특별하지도 않다는 사실을 외면할 수 있었다.

"제가 열네 살 때부터 어머니는 시한부 인생이었어요. 그 때문에 엄마에게 어떤 분노도 표현할 수 없었죠. 어떻게 그럴 수 있겠어요! 늘 이렇게 생각했죠. '불쌍하고 아픈 우리 엄마. 당장 내일 돌아가실지도 모르는데 엄마에게 내 진짜 생각과 감정을 말할 수는 없어.' 평생 그런 심정으로 살았어요."

수영으로 장학금을 받고 집을 떠나 대학에 가게 되면서 가끔씩 발생했던 폭식과 구토 증상이 본격화되었다. "처음에는 너무나 자유로웠어요. 얼마든지 내가 원하는 사람이 될 수 있을 것 같았죠. 그런데 방법을 몰랐어요. 어떻게 해야 내가 될 수 있는지를요."

어디에서 자신의 진정한 자아를 찾아야 할지 몰랐기에 그녀는 외모에 초점을 맞췄고, 몸무게에 집착했다. "52킬로그램밖에 안 나갔는데도 몸무게를 줄이기 위해 미친 듯이 강도 높은 운동을 했어요. 마치 내가 저지해야 할 무언가가 있는 듯한 기분이었어요. 그냥 내버려 두었다가는 뭔가 나쁜 일이 날 덮칠 것 같았죠."

돌이켜보건대 당시에는 이해하지 못했던 그 희미한 '무언가'가 여성으로서의 성욕의 발현이었음을 그녀는 깨달았다. 음식을 박탈하는 것만이 자신을 삼켜버릴 듯한 그 강렬한 본능을 통제할 수 있는 유일한 방법이었다.

"전 아주 강한 성적 충동을 느꼈어요. 잘생긴 남자만 보면 자고 싶었죠. 하지만 무엇보다도 힘이 있다는 느낌을 갖고 싶었어요. 어디서부터 꼬였는지 모르겠지만, 전 성적 매력으로 누군가를 '소유'할 수 있다고 생각했어요. 남자들처럼 말이에요. 성적 매력을 이용해 힘을 얻고, 상대를 굴복시키는 거죠. 전 남자들에게 끼를 부리며 섹스에 대해 얘기했어요. 마치 내게는 섹스가 별거 아니라는 듯이요. 그런 행동에 남자들은 절 스스럼없이 대했고, 전 그들과 연대감을 느꼈죠. 마치 내가 그 무리의 일원인 것처럼요. 섹스를 하면서부터 섭식 장애는 한층 더 심해졌죠.

여학생 클럽이 아닌 남학생 클럽에 가입한 여자는 제가 처음이었어요. 전 제 여성성의 본질을 거부했죠. 남성성에만 힘이 있다고 생각했고, 힘이 있는 곳으로 가고 싶었으니까요. 그렇게 자신을 거부하면서 스스로에게 심한 상처를 주었죠."

그녀는 우울함의 어둠 속으로 빠져들었다. 용감하게 독립적인 자아를 찾아 나섰지만 길을 잃고 말았다. 그녀를 안내해줄 달빛도 없었고, 자신의 여성적 본질을 존중하는 방법도 몰랐기에 그것은 행동, 성취, 경쟁, 성공 같은 남성적 특질에 함몰되고 말았다. '다른 사람 위에 군림하는 힘', 이것만이 그녀가 아는 힘의 정의였다. 그녀는 필사적인 심정으로 상담을 받기 시작했고, 미궁으로의 여정이 시작되었다.

"전 제 섭식 장애가 복잡하게 얽힌 엄마와의 관계와 상관있다는 사실을 알았어요. 또한 제가 그렇게 행동했던 이유가 그토록 싫어하는 여성성과 분리되고 싶어서였다는 것도요. 당시 전 엄마에게 화가 많이 난 상태였기에 제게 엄마는 세상에서 제일 닮고 싶지 않은 사람이었어요. 엄마는 너무나 간섭이 심했고, 매정했어요. 제게 사랑을 베풀다가도 제가 마음을 여는 순간, 그 사랑을 거둬가 버렸죠. 엄마와 가까워지려고 했다가는 엉덩이를 걷어차일 것만 같았어요. 그래서 어떻게 해야 엄마를 기쁘게 할 수 있을지 정말로 열심히 연구했지만 전 늘 부족한 아이였죠. 언제나요. 엄마는 절 한 번도 믿어주지 않았고, 존중하지도 않았어요. 제가 그토록 여성성에 어긋나게 행동한 이유도 그것 같아요."

미궁으로의 여정을 계속 이어가며 자신의 잃어버린 부분과 의절했던 부분을 회복해가던 그녀는 마침내 자기 존재의 가장 어두운 부분으로 내려가야 할 지점에 이른다.

"전 어렸을 때 겪었던 근친상간을 파고들었어요. 제가 아홉 살에서 열한 살이던 무렵에 오빠는 고등학생이었죠. 당시 오빠는 사춘기였고, 친구가 하나도 없어서 절 성적으로 학대했어요. 그 3년간 오빠에게 정말 화가 많이 났고, 열두 살이 되던 해 제 분노가 폭발하자 마침내 오빠도 그런 행동을 멈췄죠. 그런데 흥미롭게도 그로부터 1년 후에 섭식 장애가 시작되었어요. 전 늘 그 일을 생각했어요. 그 사건은 제 마음 뒤편에 머무르면서 절대 사라지지 않았죠. 하지만 부모님께는 말하지 않았어요. 그러다 상담을 하면서 처음으로 말씀드렸고, 오빠도 모든 사실을 인정하고 제 치료비를 내주었죠."

미궁으로 들어갔다 나오기를 계속하면서 그녀는 은유의 언어를 배웠다.

"섭식 장애가 일어나는 이유는 제게 뭔가를 알려주기 위해서라는 사실을 깨달았어요. 내가 토할 때마다 미처 말로 표현되지 못한 뭔가가 있다는 걸요. 너무도 귀중한 깨달음이었죠. 전 집 안을 서성거리며 이렇게 중얼거렸어요. '좋아, 그런데 대체 하고 싶은 말이 뭐야!' 큰 소리로 그렇게 외치면서 집 안을 서성거리고 서성거리고 또 서성거렸어요. 그러다가 제가 늘 단 음식을 폭식한다는 사실을 깨달았어요. 아이스크림이나 케이크, 쿠키처럼 달콤하고 부드러운 음식이요. 항상 원했지만 실제로는 가지지 못했던 상냥하고, 나를 보살펴주는 엄마의 상징이죠."

그녀는 몸에 귀를 기울이고, 마음을 가라앉히기 시작했다.

"전 의식적으로 먹으면서 몸에게 상태가 어떤지 묻는 법을 배웠어요. 매사에 속도를 늦추고 자각하는 법도요. 전 늘 서두르곤 했거든요. 명상도 시작했어요. 고요한 마음이 무엇인지 상상도 할 수 없었죠! 제 마음은 한시도 조용한 적이 없었거든요. 전 늘 스스로를 꾸짖었어요. '또 가게에 가서 아이스크림을 사 오다니 정말 미치겠다. 다시는 그러지 않겠다고 했잖아.' 그런데 명상을 시작하자 천국을 한 조각 맛보는 기분이었어요. 그리고 그 한 조각은 파이나 케이크 한 조각보다 훨씬 큰 포만감을 주었죠.

전 여신의 개념, 여성성과 단순히 존재하고 느끼는 침묵에도 힘이 있다는 생각에 끌렸어요. 예전에는 늘 뭔가를 해야만 했어요. 남들과 경쟁해야 했고 반드시 이겨야 했죠."

직관적이고 감정이 예민한 자신의 천성을 좀 더 받아들이면서 그녀는 엄마와의 갈등에도 접근할 수 있었다. 엄마는 그녀보다 감정을 잘 드러내지 않았으며 좀 더 실용적이고, 조직적이고, 직선적인 방식으로 살아왔다.

"물론 엄마와의 관계를 개선하기는 힘들었어요. 엄마가 날 거부하거나 통제하려 한다고 느낄 때마다 전 제 감정을 표현했고, 엄마에게 계속 맞섰어요. 그 '고장 난 레코드' 작전을 반복해서 써야 했죠. 돌아가시기 석 달 전, 그러니까 무려 17년이나 암과 투병한 후에 마침내 엄마가 이렇게 말씀하시더군요. '난 이제 네 걱정은 안 해.' 그건 엄마가 제게 주신 가장 큰 선물이었어요. 전 엄마의 모든 분노의 원인이 무엇인지 알 수 있었어요. 엄마가 절 신뢰하지 못한 이유는 제가 매사를 대하는 태도가 엄마와 너무 달랐기 때문이에요. 엄마는 절 보호해야 한다고 느꼈고, 제가 제 방식으로 일을 처리할 때 무척 화가 났던 거죠."

회복의 여정에서 이 여성은 자신의 여성적 본질을 인정하고, 존중했으며, 자신의 섹슈얼리티를 받아들이고, 오빠 그리고 엄마와의 문제를 해결하고, 진정한 자아를 찾았다.

"그리고 전 해냈어요! 7년 전에 이 문제들을 해결했을 때 전 많이 좋아진 상태였죠. 그리고 다시 예전으로 돌아가지 않았어요.

제가 완전히 회복되었다는 사실을 알게 된 사건이 있어요. 최근에 엄마가 돌아가셨는데 예전처럼 음식을 이용해 감정을 극복하거나 억누르지 않았죠. 오히려 음식을 이용했어요. 전 초콜릿 칩 쿠키를 먹었어요. 쿠키나 케이크를 굽던 엄마가 생각나서였죠. 하지만 예전처럼 미친 듯이 먹거나 절박하게 매달리지는 않았어요. 이제 엄마가 없다는 사실에 어찌할 바를 몰랐고, 다른 생각은 아무것도 할 수 없었지만 그건 당연한 현상이었죠. 예전에는 정말로 스트레스를 받는 일이 생기면 제가 다뤄야 할 감정을 다루지 않고 음식으로 몽롱한 상태를 만들곤 했어요. 이젠 감정을 직접 다스리고, 음식을 수단 삼아 감정을 부인하려 하지 않는다는 점에서 전 대단한 승리를 거뒀어요."

나는 늘 이상한 아이였다

젊은 엄마인 또 다른 여성은 이름조차 알 수 없는 자신의 허기 그리고 자신을 죽음 직전으로 몰아갔을 만큼 강렬했던, 관심과 인정의 욕구에 대해 이야기했다.

"우리 가족은 개인주의 성향이 강했어요. 집에 있을 때 전 늘 혼자였죠. 방에 있거나 텔레비전을 봤어요. 부모님과 뭔가를 함께한 기억은 없어요. 부모님이 내 곁에서 이것저것 묻는 일은 상상도 할 수 없었죠. 정말로 외로웠어요. 하지만 외로움에 익숙해졌죠. 제가 유일하게 친근감을 느낀 사람은 저보다 한 살 많은 오빠였어요. 우린 늘 많은 이야기를 나눴죠."

어렸을 때부터 그녀는 음악에 대한 열정을 키워나갔다.

"전 이웃집에서 피아노를 치면서 독학으로 피아노를 배웠어요. 기회가 있을 때마다 피아노를 쳤죠. 아기를 봐주러 간 집에 피아노가 있다거나 하는 경우처럼요. 가끔은 밤에 교회에 가서 헤드폰을 쓰고, 제가 좋아하는 노래를 들으며 모든 음을 완전히 파악할 때까지 듣고 또 들었어요.

하루는 밴드부에서 빌린 플루트를 집에 가져갔어요. 아주 고급 플루트여서 족히 100달러는 나갈 거라고 생각했죠. 방에서 플루트를 연습했더니 솜씨가 점점 더 좋아졌고, 그래서 점점 더 크게 연주했어요. 누군가 이 아름다운 선율을 들어주길 바랐거든요. 그런데 그때 엄마가 '그 문 좀 닫지 못하겠니!'라고 외치더군요."

벌거벗은 임금님의 동화에 나오는 소년처럼 그녀는 통찰력이 매우 뛰어나고 예민한 아이였다. 그러나 사람들은 결코 그녀의 생각을 인정해주지 않았다. 그리하여 그녀는 자신이 뭔가 잘못되었고, 생각하고 느끼는 방식이 잘못되었다고 여겼다.

"전 늘 제가 이상하다고 생각했어요. 세상에 잘 적응하지 못하는 이상한 사람이요. 부모님은 매우 좋은 분들이었고, 행복해 보였어요. 두 분은 한 번도 잘못된 말을 한 적이 없었지만, 전 늘 우리 가족은 뭔가 이상하다고 느꼈어요. 아버지가 조용하고 시무룩한 분이기는 했지만 제게 섭식 장애를 일으킬 만한 특별한 사건은 없었어요. 부모님은 늘 자기들이 아무 짓도 하지 않았다고 말했고, 그 말이 옳아요. 그분들은 아무 일도 하지 않으셨어요. 제 생각엔 그게 문제였던 것 같아요.

그냥 늘 뭔가가 잘못된 것처럼 보였어요. 그러다 몇 년 전에야 당시에 여동생이 어떤 남학생에게 성추행당했다는 사실을 알았어요. 부모님도 그걸 아셨는지 모르겠지만, 전 너무 예민해서 뭔가를 눈치챘던 거죠.

학교에서도 제가 다른 사람들과 다르다고 느꼈고, 제게 일어나는 모든 일이 재앙 같았어요. 등교 첫날에 복도에서 길을 잃어버리는 것 같은 평범한 사건에도 쉽게 이성을 잃었어요. 전 패닉에 빠졌죠. 제가 정상이 아니라고 생각했어요. 수줍음도 많았고, 학습 장애도 약간 있었던 것 같아요. 중학교에 입학한 뒤로는 저만의 작은 세상에서 사는 듯했어요. '난 이상한 아이야'라고 수없이 생각했던 기억이 나요. 너무 내성적이었기 때문에 아이들에게 인기도 별로 없었고, 다른 사람들과 어울리려고 하지도 않았죠. 전 늘 아이들에게 상냥했어요. 제게 못되게 구는 아이들에게도요."

소속감이 없었기에 그녀의 외로움은 커져만 갔다. 그리고 소녀의 몸이 여성의 몸으로 변화하면서 유일하게 가까웠던 오빠와도 점점 멀어졌다.

"이 무렵에 오빠와 사이가 멀어졌어요. 우리가 열세 살 무렵이었을 때 아빠는 오빠에게 남성용 스포츠 팬티jock strap(운동할 때 남성 성기를 보호하기 위해 착용하는 팬티-옮긴이)를 사주셨고, 엄마는 제게 브래지어를 사주셨죠. 우리는 이 둘을 비교하면서 킥킥거렸어요.

둘이 밤늦게까지 비디오를 보며 이야기도 하고, 시리얼도 먹곤 했죠. 부모님이 상관하지 않으셨으니까요. 우린 얼마든지 늦게 잘 수 있었어요.

하지만 그 무렵에 상황이 달라졌죠. 오빠에게 친구가 생긴 거예요. 전 다시 제가 이상한 아이라는 기분에 사로잡혔어요. 우린 여전히 함께 놀았지만, 속마음을 터놓는 얘기는 하지 않았어요. 영화도 보고, 쇼핑도 하러 다녔지만 전과 같지는 않았죠.

바로 그때 섭식 장애가 시작되었어요. 아마도 텔레비전을 통해 알았을 거예요. 〈페임〉이라는 드라마에 섭식 장애에 걸린 소녀가 나왔는데 그 애가 모든 관심을 독차지하는 거예요. 그때부터 전 그냥 아무것도 먹지 않았어요. 원래부터 말랐지만, 가능한 한 바싹 마르고 싶었어요. 제가 아프다는 사실을 사람들에게 알리고 싶었죠."

그녀는 타인에게 관심받고 싶었지만 그 방법을 몰라 다급했다.

"전 2년간 제 자신을 굶겼어요. 하지만 아무 관심도 얻지 못했죠. 그러던 어느 날, 학교에서 돌아와 침대에 쓰러져 있는데 엄마가 저랑 얘기하려고 방으로 들어왔어요. 알고 보니 그날 학교에서 제 친구 둘이 엄마에게 전화를 한 거예요. 제가 통 먹지 않아서 아프다고요. 엄마는 제게 괜찮냐고 물었어요. 제가 아무 대답도 하지 않자 엄마는 제 코밑에 손가락을 갖다 댔고, 제가 숨을 쉬지 않는다는 걸 알았어요. 엄마는 겁에 질려 구급차를 불렀죠. 제 심장이 멎어서 아빠가 심폐소생술을 했어요.

그 후로 한동안 입원했다가 정신 병동으로 옮겼죠. 부모님은 면

회를 자주 오셨고, 전 정말로 기분이 좋았어요. 이제야 관심을 받는 기분이었죠. 의사들은 제게 질문을 퍼부어댔지만 별 효과가 없었어요. 왜냐하면 전 계속 아프려 했고, 그러면서도 그런 속마음을 들키지 않았거든요. 전 계속 아프고 싶었기 때문에 질문에 솔직하게 대답하지 않았어요. 한두 번은 상담 시간에 우리 가족이 전부 참석하기도 했지만 아무런 성과도 없었죠. 그걸로 끝이었어요. 병원에서는 제 체중을 정상으로 되돌려놓았고, 곧 퇴원시켰어요."

그때 그녀는 운명처럼 사랑에 빠졌다.

"병원에서 퇴원한 직후에 데이비스를 만났어요. 저보다 두 살 많았죠. 우리 사이에서 데이비스는 언제나 대장이고, 전 늘 그가 원하는 대로 했어요. 하지만 당시 제게 필요한 게 바로 그거였어요. 데이비스는 제게 관심이 많았거든요. 언제나요."

하지만 행복한 시간은 오래가지 못했다. 대신 그녀는 친밀한 관계에서 생기는 갈등과 감정을 다루는 데 자신이 너무 서투르다는 사실을 깨달았다.

"전 거식증을 포기하고, 대신 폭식증 환자가 되었어요. 거기다 토하는 습관까지 생겼죠. 평생을 그렇게 살았어요. 그것 말고는 제 안에서 솟아나는 감정을 다룰 방법을 몰랐거든요. 배고플 때 먹을 줄 몰랐고, 배부를 때 그만 먹을 줄도 몰랐어요. 데이비스와 첫 섹스를 했고, 제가 섹스하고 싶은 남자는 데이비스뿐이었는데도 섹스가 불편했어요. 당시 섭식 장애는 제가 불편하게 느끼는 모든 것을 차단하는 역할을 했고, 섹스도 그중 하나였죠."

데이비스가 군대에 가자 그녀는 그와 결혼하기 위해 학교를 중퇴하고 고향인 작은 마을을 떠났다. 오빠가 자동차 사고로 사망했다는 소식을 들은 것도 그 무렵이었다. "전 완전히 정신이 나가 소리를 지르며 울었어요. 도저히 믿을 수가 없었죠." 그러나 장례식을 치르러 집에 갔을 때는 '아무렇지도 않은 듯'이 행동했고, 울지도 않았다. 자신의 감수성을 불신하고, 감정을 부인하게 된 것이다. 그녀는 고통에 무감각해지는 법을 알고 있었다. 더는 오빠에 대해 한 마디도 하지 않았고, 다시는 그의 이름조차 언급하지 않았다.

그로부터 얼마 지나지 않아 임신을 했고, 그녀는 깊은 절망의 나락으로 떨어졌다. 그녀는 아무런 감정도 느낄 수 없었다. 슬픔도, 분노도, 기쁨도, 즐거움도, 사랑도 없었다. 그저 피곤할 뿐이었다.

"밤새 집 안을 쓸고 닦고 설거지를 했어요. 그러고도 잠이 오지 않았죠. 몸은 완전히 녹초가 되었는데도요. 주위에는 절 도와줄 사람이 없었어요. 전 제가 미쳐가고 있다고 생각했어요. 이러다간 피곤해서 지쳐 죽을 거라고 생각했죠. 가족들에게는 말할 수 없었어요. 내 말을 믿지 않으니까요. 또 관심을 끌려고 거짓말을 한다고 생각할 게 분명했어요.

안도감을 느끼기 위해서 전 먹기 시작했어요. 그래야 토할 수 있으니까요. 예전처럼 실컷 먹고 배부르면 토하던 때와는 달랐죠. 데이비스는 제 이런 증상을 전혀 몰랐어요. 전혀요. 결혼한 지 6년이 되었는데도 제가 계속 숨겼거든요."

그녀는 진실을 말하면서, 다시 말해 말할 수 없었던 진실을 말로 표현하면서 회복을 향한 첫걸음을 떼었다고 회상한다.

"어느 날 아침, 데이비스와 전 산책을 나갔어요. 그런데 뭔가가 끓어오르더군요. 마치 저 아닌 다른 사람이 말하는 것 같았어요. 분명히 제 목소리였지만 제가 아닌 것 같았죠. 전 이렇게 말했어요. '아무래도 내가 치료를 받아야 할 것 같아.' 남편이 묻더군요. '왜?' 그래서 말했죠. '내가 좀 아파.' '아프다니?' 남편이 말하자 전 '먹는 데 문제가 좀 있어'라고 말했죠. 남편은 되물었어요. '먹는 게 어때서? 지금 못 먹고 있어?' 전 대답했어요. '엄청나게 먹고는 다 토해.' 제가 그 말을 하다니 믿을 수가 없었어요! 산책을 하며 데이비스는 계속 이런저런 질문을 했고, 전 남편에게 모조리 얘기했어요. 입이 저절로 움직이는 듯했죠. 일단 남편에게 말하면 내가 치료받으리라는 걸 알고 있었어요."

그녀는 자아를 재정의함으로써, 자신의 직관적이고 감각적인 본질을 받아들이는 동시에 보다 깊이 이해하는 관점에서 자신의 인생 이야기를 재검토함으로써 치료의 여정을 시작했다.

"제가 자신을 이상하다고 생각하는 이유를 상담사에게 전부 이야기했어요. 사물을 이런 식으로 보고, 저런 식으로 느끼기 때문에 정상적인 사람이 될 수 없다는 말도 했고요. 상담을 하면서 그런 점이 하나씩 설명이 되었고, 전 제가 이상하거나 혐오스럽지 않다는 사실을 알게 됐죠. 제게 섭식 장애가 있다는 사실을 알았지만 계속 그럴 이유가 없다고 생각했어요. 우리 가족은 너무나 정상이었으니까요."

자신을 받아들이면서 그녀는 자신의 진실을 담은 아름다운 노래를 부르기 시작했다.

"데이비스와 이야기하는 건 정말로 큰 도움이 되었어요. 그는 마음이 열려 있고 진실한 사람이었거든요. 제가 힘들게 제 감정을 얘기하면 데이비스는 조용히 듣거나 몇 가지 질문을 한 후에 '좋아, 이제 알았어. 그럼 내가 어떻게 할까?'라고 말했어요. 전 마음에 거슬리는 걸 전부 다 이야기하고, 그에게 상처 주지 않으려고 애쓰는 짓을 그만뒀어요. 제가 소홀해서 우리 딸아이의 발육이 느려진 것은 아닌가 하는 두려움 그리고 남들보다 더 힘들게 아이를 키워야 하는 데서 오는 분노를 표현했어요. 가끔씩 남편이 옳지 않다고 느낄 때면 그에게 맞서기도 했죠."

회복을 향해 나아가는 동안 그녀는 가끔씩 자신이 억눌러왔던 감정과 해결해야 할 문제들을 대면하며 중압감을 느꼈다. 그러나 한 발 한 발 내디디며 계속 전진했다.

"처음 상담을 시작했을 때는 무서워서 죽을 것만 같았어요. 날 짜증 나게 하는 그 문제들을 해결할 엄두가 나지 않았죠. 무거운 짐을 진 기분이었어요. 제겐 온갖 문제가 있었고, 가만히 앉아서 그걸 생각하는 것만으로도 벅찼어요. 그런데 뭐가 잘못되었는지 어떻게 알아내겠어요? 절 성가시게 하는 문제는 한둘이 아니었죠. 하지만 이제는 뭐가 잘못되었는지 생각하는 게 조금도 부담스럽지 않아요. 해묵은 감정들을 모두 처리했기 때문에 파헤쳐야 할 문제가 그리 많지 않거든요. 이 문제를 해결하고 나면 다음 문제를 해결해야 하고, 그러면 또 다른 문제가 생길 거라고 걱정하지도 않아요. 이젠 그냥 그때그때 생기는 문제들만 해결하고, 뒷일은 생각하지 않아요."

그녀는 자신의 직관을 믿었으며 감정이 가져다주는 지혜의 진주를 받아들였다.

"자신과 타인에 대한 제 통찰력을 신뢰하게 되었어요. 이젠 나 자신이나 내 감각, 예감, 내가 느끼는 어떤 감정도 의심하지 않죠. 그걸 신뢰할 수 있어요. 왜냐하면 지금까지 전 늘 옳았으니까요. 내가 아는 사실을 외면하거나 나 자신에게 내가 잘못되었다는 사실을 심어주기 위해 음식을 이용할 필요가 없어요. 그리고 또렷한 의식 속에서 하루를 보내죠. 늘 깨어 있고, 다른 사람들이 제게 뭐라고 하는지 정확히 들려요. 감수성은 제 힘이고, 전 그걸 이용해서 날 홀대하는 사람들에게서 자신을 보호할 수 있죠.

그리고 알게 된 사실이 하나 있어요. 사람들이 '넌 너무 예민해'라고 말할 때 그들은 제게 화가 나 있다는 걸요. 제가 통찰력이 뛰어나기 때문이죠. 지나치게 예민하다고 해도 상관없어요. 때로는 그게 좋은 일이니까요. 저의 예민한 면을 존중하기 때문에 이젠 누가 그런 일로 날 비난할까 걱정하지 않아요. 따라서 이젠 누군가가 '넌 너무 예민해'라고 말해도 상관없어요. 그건 사실이고, 전 그게 자랑스럽거든요. 덕분에 날 안전하게 보호하고, 아주 솔직해질 수 있으니까요.

제가 느끼는 모든 감정이 아무 문제도 없다는 걸 알았어요. 그 모두가 제 감정이니까요. 그리고 전 감정을 통제할 수 없어요. 단지 느끼고 표현하기만 하면 되죠. 전 내가 누군지 받아들이고, 한계를 정하고, 나 자신을 표현하는 법을 배웠어요. 그건 말로는 쉽지만 매우 힘든 일이에요."

그녀가 자아의 중심으로 깊이 들어갔다가 다시 세상 밖으로 나오는 동안 식사 일지는 매우 믿을 만한 벗이 되어주었다.

"식사 일지를 쓰는 일은 감정을 자각하고, 자아를 인식하는 데 정말 여러모로 도움이 되었어요. 일지를 쓰는 동안 전 오직 제 생각과 감정에만 초점을 맞췄죠. 지금까지 제가 진정한 나 자신과 단절된 삶을 살아왔다는 걸 깨달았어요. 내 자신과 연결되지 않았던 거죠. 내가 누군지 자각하지도 못했어요. 말로 설명하기는 어렵지만 전 내면의 목소리, 내면의 깨달음에 귀 기울이지 않은 채 행동하고, 생각하고, 느끼도록 설정된 셈이었죠. 마치 방관자처럼요. 내가 누구인지, 무엇을 원하는지 인식하지 못한 상태에서 기계적으로 행동하고, 먹고, 토했어요.

일지를 쓰면서 생각하고 느끼는 연습 그리고 거기에 주의를 기울이는 연습을 할 수 있었어요. 예를 들어, 어린 시절에 사랑을 많이 받지 못한 일을 쓰다 보면 슬픔이 느껴졌어요. 그러면 슬픔이 어떤 감정인지 배우게 되죠. 또 어떤 때는 스트레스를 받고 그 감정에 대해 써요. 케이크나 피자를 먹는 대신에요. 피자는 제게 매우 의미 있는 음식이에요. 피자가 먹고 싶을 때마다 제가 사람들에게 관심을 받고 싶어 한다는 걸 알았거든요."

신체 감각에 주의를 기울임으로써 그녀는 몸이 주는 타고난 지혜를 이해하게 되었다.

"신체적 허기를 찾아내는 법을 배웠어요. 한두 입 정도 먹고 나서 몸 상태를 체크한 다음, 위장이 더 먹으라고 말할 때까지 기다리는 거죠. 그건 엄청난 깨달음이었어요. 위가 먹으라고 말할 때까지 기다렸다가 먹을 수 있게 된 거예요! 처음으로 그걸 느꼈던 순간이 지금도 기억나요. 꼬르륵 소리가 나지는 않았지만 위장에서 희미한 감각이 느껴졌죠. 이젠 위장이 '난 배고파'라고 말해도 스트레스를 받지 않아요. '세상에! 또 배가 고프단 말이야?'라고 말하면서 걱정할 필요도 없어요. 이젠 먹는 걸 즐길 수 있어요. 정상적인 체험이니까요.

요즘에도 가끔씩 배가 고프지 않은데 음식을 생각할 때가 있어요. 그러면 전 곧바로 '잠깐만, 배에서 전혀 소리가 나지 않는데 왜 음식을 생각하는 걸까?' 하고 자문하죠. 그럼 다른 문제가 있다는 걸 쉽게 알아낼 수 있어요. 이건 신체적 허기가 아니라 감정적인 허기인 거죠."

자기 자신과 자신의 몸, 감정을 새롭게 신뢰하게 된 그녀는 다시 학교에 돌아가 G.E.D.(고등학교 졸업과 동등한 학력이 인정되는 시험-옮긴이)를 통과하고, 섭식 장애를 주제로 한 여성들의 집단 상담에 참여했다. 거기서 그녀는 사람들에게 거부당하는 두려움과 대면한다.

"처음에 집단 상담을 시작했을 때는 너무나 두려웠어요. 전 그다지 사교적인 성격이 아니니까요. 사람들과 이야기하는 데 익숙하지 않거든요. 그 모임에 나가야겠다고 결심하기까지도 대충 6개월이 걸렸어요. 하지만 막상 집단 상담에서 말하기 시작하자 두려움이 점점 사라졌어요. 그곳 사람들은 절 비웃지 않았어요. 그들은 내가 이상하게 말한다며 날 바보라고 생각하지도 않았어요. 전 언제나 제가 이상하게 말하고, 멍청한 말이나 행동만 한다고 생각해왔거든요. 평생 매일 제 자신에게 그렇게 말해왔어요. 정말 끔찍하죠. 집단 상담을 통해서 전 제가 꽤 멋진 여자라는 걸 깨달았어요."

미궁 밖으로 이어지는 길을 따라가면서 그녀는 생각했다. '좋아, 이젠 상담도 받고 음식을 이용하지 않는 법도 배웠어.' "하지만 여전히 가끔 토했어요. 구토를 멈출 만한 동기가 필요했죠. 상담에서 여러 방법을 배운 후에도 가끔씩 토했거든요. 너무나 오랫동안 토해서 그 습관을 버리기가 두려웠어요. 그래서 날짜를 정하기로 했죠. 사춘기 시절에는 언제나 그 방법이 효과가 있었거든요. 물론 당시에는 '오늘부터 몸무게를 이만큼 빼겠어' 하는 식이었지만요. 하지만 지금은 제가 익힌 새로운 기술들을 가지고 이 접근법을 다른 목적에 이용할 수 있었죠.

1월 1일 오전 12시 01분을 기점으로 삼았어요. 그 무렵에는 토하는 빈도가 줄어들었지만 그래도 결심했죠. '오늘부터는 토하는 걸 완전히 그만두겠어.' 하지만 그날 11시 59분에 막대 사탕 먹은 걸 토해버리고 말았어요. 도루묵이었죠.

토한 뒤에 책상에 앉아 일지를 썼어요. 전 혼자였어요. 제가 이 일지를 쓴다는 사실은 저 말고는 아무도 몰랐죠. 전 평생 남을 위해 살아왔어요. 하지만 일지만큼은 완전한 내 소유였죠. 마치 저만의 특별한 의식 같았어요. 전 제 자신을 위해 일지를 썼고, 어느 누구에게도 일지에 대해 말할 필요가 없었죠."

그녀는 음식을 갈망하는 환상을 꿰뚫어보고, 그런 갈망이 주는 메시지를 해독하는 법을 배웠다.

"다시 학교로 돌아가 공부를 시작하기 전에 가끔씩 배고프지 않을 때도 먹었어요. 네 가지 음식이 동시에 먹고 싶었고, 동시에 그 욕구를 만족시키려 했죠. 나중에서야 당시 제가 집에 남아 하루 종일 아이를 돌볼지, 다시 공부를 시작할지, 직장을 얻을지, 아니면 아이를 더 낳을지 고민하던 중이라는 사실을 깨달았죠. 네 개의 갈림길이 네 개의 다른 음식으로 이어진 거예요. 뭘 먹을지 고민하는 일이 실은 앞으로 어떻게 살아야 할지 고민하는 거였어요. 그러면서 이젠 그런 문제를 혼자 힘으로 해결할 도구가 있다는 걸 깨달았죠."

그녀는 미궁을 빠져나와 전문대에 입학했다. 회복의 여정에서 그녀는 자신을 새로운 시각으로 보게 되었는데 그 안에는 자신의 가장 깊은 곳에 있는 생각, 감정, 욕망을 존중하는 것도 포함되어 있었다. 그리고 그녀는 평생 동안 굶주려왔던 관심도 찾았다.

"매일 내가 누구인지에 주의를 기울이고, 내가 좋아하는 것은 무엇인지 깨달아가며 하루를 보냈어요. 다른 사람이 어떻게 생각할지는 걱정하지 않았죠. 내게 초점을 맞추는 동시에 타인에게도 신경 쓰는 법을 배웠어요.

이건 전혀 음식에 관한 문제가 아니었어요. 그때까지 전 한 번도 내가 정말로 원하는 것이 무엇인지 생각하는 시간을 가져본 적이 없었어요. 지금도 예전처럼 케이크가 먹고 싶을 때가 있어요. 하지만 먹지는 않아요. 제가 원하는 건 포옹이거든요. 이제는 그 차이를 구분할 수 있어요."

'성공'한 인생에 집착하다

세 번째는 홍보와 광고업계에서 커리어를 쌓아가고 있는 여성의 이야기이다. 이 사례는 앞에 나왔던 공주와 여왕의 이야기와 비슷하다. 그녀 역시 열두 살에 어머니를 잃었다. 그러나 그녀에게서 어머니를 빼앗아간 것은 죽음이 아닌 알코올이었다.

"엄마가 알코올 중독자가 되면서부터 제 감정은 성장을 멈췄어요. 그전까지는 꿈같은 어린 시절을 보냈죠. 전 매우 조숙한 아이였어요. 아주 똑똑했고, 내가 똑똑하다는 사실도 알고 있었죠. 외모는 관심 밖이었어요. 제게는 겉모습을 꾸미는 일이 조금도 중요하지 않았죠.

그러다 엄마가 술을 마시기 시작했고, 술만 취하면 절 들볶았어요. 엄마는 자기 감정을 어떻게 다뤄야 할지 몰랐기 때문에 제게 온갖 분노를 퍼부은 거죠. 매일 저녁이 되면 엄마가 술을 마시고, 식사 시간에 그날 있었던 일로 절 들볶는 것이 일과가 돼버렸어요. 제가 문법에 안 맞는 말을 했다거나 4시까지 귀가하지 않은 일을 물고 늘어졌죠. 하나같이 사소한 일들이었어요. 숙제를 안 했다든가 하는 그런 중요한 일이 절대 아니었다고요. 그냥 제 말꼬리를 잡고 늘어지거나, 낮에 웃으면서 제대로 악수하지 않았다는 뭐 그런 하찮은 일들이었어요. 엄마는 밤새 그런 일에 집착하면서 절 쫓아다녔어요. 정신 나간 사람의 표정을 하고 절 쥐 잡듯이 잡았죠. 전 원래 아주 조용한 성격이었는데 엄마는 제가 폭발할 때까지, 매일 밤 화가 나서 엄마의 얼굴에 대고 악을 쓸 때까지 절 괴롭혔어요."

동화는 끝났다. 그녀의 엄마는 더는 상냥하고 사랑스러운 여왕이 아니었고, 그녀도 더는 공주가 아니었다.

"엄마는 저의 모든 점을 못마땅하게 여겼어요. 엄마의 머릿속에는 자신이 원하는 딸의 이미지가 있었고, 전 거기에 들어맞지 않았던 거죠. 만일 제가 죽도록 노력했다면 엄마를 만족시켰을지도 몰라요. 하지만 있는 그대로의 내 모습으로는 엄마에게 받아들여질 수 없었죠."

한때 자신에게 있었던 자애로운 어머니를 잃은 슬픔을 달래기 위해 그녀는 음식에 매달렸다.

"부엌에서 레몬주스와 설탕, 생크림을 섞은 정말 이상한 음료를 만들어 먹었던 기억이 나요. 그리고 음식을 잔뜩 챙겨가지고 몰래 내 방으로 갔죠."

그녀는 가족 안에서 소외감과 외로움을 느꼈다. 그리고 분노를 느끼고 표현했다는 이유로 가족들에게 비난과 창피를 당했다.

"엄마는 오빠들에게는 절대 그러지 않았어요. 아빠에게는 가끔씩 그랬지만 그냥 시무룩하게 대하거나 빈정대는 정도였죠. 하지만 저에게만은 아주 노골적이었어요. 엄마는 가족들이 모두 보는 앞에서 절 공격하고 들볶았죠. 그런데도 누구 하나 '엄마, 그만하세요'라든가 '여보, 그만해'라고 말리지 않았어요. 그러다 불현듯 제가 폭발하면 '아, 너 또 시작이구나. 넌 왜 그리 통제 불능이니'라고 말했죠.

제 분노가 너무 두려웠어요. 분노를 적절히 표현하는 법을 배운 적이 없으니까요. 사람들은 늘 제게 너무나 상냥하고 온순하다고 말했어요. 그럼 전 속으로 이렇게 생각했죠. '그건 날 몰라서 하는 소리야. 난 할복자살도 할 수 있다고.'"

벌거벗은 임금님의 이야기에 나오는 아이와 달리 가족들은 그녀가 말하는 진실을 받아들이지 않았다.

"전 계속 말했어요. '말도 안 돼! 엄마는 취했어. 통제 불능인 사람은 엄마잖아.' 그럼 식구들은 이렇게 말했죠. '그건 어쩔 수 없는 일이잖아. 우리가 참아야지 어쩌겠니.' 전 아주 예민한 성격이었기 때문에 뭔가 잘못되었다는 걸 알았어요. 우리 가족이 이상한 집안이고, 서로에게 상처를 주고 있다는 사실도요. 하지만 제가 그런 사실을 입 밖에 꺼낼 때마다 다들 제가 문제를 일으킨다고 나무랐어요. 그리고 지금까지도 가족들은 절 이상한 사람으로 취급해요.

전 그런 소리들을 듣지 않으려고 음식을 이용했어요. 음식과 텔레비전에 중독되었죠. 프렌치프라이나 피자 같은 몸에 해로운 음식을 옆에 두고 텔레비전 앞에 앉는 게 습관이 되었어요. 그것만이 제가 찾은 유일한 평화였죠. 언제나 정크 푸드만 먹었어요. 그러다 고등학교에 입학한 후로는 정반대로 거의 먹지 않았어요."

그녀는 자신이 착한 아이가 아니라는 수치심과 괴로움을 멀리
하려고 굶기 시작했다.

"어렸을 때는 건강한 아이였지만 사춘기 시절 말라깽이가 됐죠.
아침은 늘 안 먹었고, 점심도 안 먹었어요. 어쩌다 먹을 때면 드레싱
을 치지 않은 샐러드만 먹었죠. 그러고는 집에 와서 저녁에 폭식을
하곤 했어요. 음식을 제한하면서부터 외모와 몸매에 집착하게 되었
어요. 늘 제 자신을 남과 비교했어요. 제가 다니는 고등학교는 경쟁
이 치열해서 압박감이 상당했죠. 전 열심히 제 자신을 남과 비교했
어요. 늘 제가 더 말라야 한다고 생각했죠. 그래서 운동도 열심히 하
고, 죽도록 달리고, 한시도 몸을 가만히 두지 않았지만, 늘 제 자신
이 거구처럼 느껴졌어요. 집을 떠나 대학에 갈 무렵에는 다이어트
계획이 성공해서 몸무게를 꽤 잘 유지하고 있었어요. 엄마의 곁을
떠난다는 게 꿈만 같았죠."

그러나 그녀는 자신이 부족한 사람이라는 데서 비롯되는 수치
심에서 벗어날 수 없었다.

"직장을 다니면서 동시에 강박적인 섭식 장애도 시작되었어요.
전 늘 제가 멍청하다고 생각했죠. 고등학교 때는 물론 대학 때도 열
심히 공부하지 않았거든요. 머리가 멍한 기분이었어요. 친구들은
다 학점이 높았는데 전 간신히 턱걸이하는 수준이었어요. 제 지적
능력이 심히 의심스러웠죠. 학점이 너무나 창피했는데 그 점수로
넓은 직업 세계에 뛰어들어야 했어요. 제겐 그게 가장 큰 수치였고,

그래서 '성공'이란 단어에 열등감을 느꼈어요. 그때부터 강박적으로 먹었는데 그 증상은 한층 심해졌죠. 제가 무능력한 존재라는 기분을 극복하려고 음식에 집착했어요.

1, 2년 동안 직장 생활을 한 후에는 대학원에 진학하기로 했어요. 과거의 실수를 보상해 완벽한 사람이 되리라 마음먹고, 우리 주에서 가장 훌륭한 커뮤니케이션 학교를 선택했죠. 섭식 장애가 정말로 심각해진 것도 그때부터였어요.

속으로는 너무나 무섭고 수줍었지만, 겉으로 다른 모습을 보이면 사람들도 그렇게 믿을 거라고 생각했어요. 그래서 사람들에게 자신감 넘치고 똑똑한 인상을 줬어요. 그리고 그런 제 겉모습에 의지했죠. 괜찮은 척, 아주 좋아 보이는 척하고, 많은 것을 이룬 사람처럼 행동하는 데 선수가 됐어요. 그때부터 제 내면과 외면이 어긋났어요. 자신감에 넘치는 겉모습과 어울리지 않는 내면의 부끄러움 그리고 불안을 억누르기 위해 음식에 집착했죠."

그녀가 바깥세상에 자신의 한쪽 면만 보여주려 할수록 어두운 부분, 즉 열등감, 수치심, 고통처럼 그녀가 의절한 감정들을 지하 세계에 가두기가 힘들어졌다. 보이지 않는 곳에 숨어 있는 것을 견디지 못한 어둠의 자매는 힘을 얻었고, 그녀의 인생을 차지하겠다고 위협했다. 어떻게든 어둠의 자매를 떨쳐내려는 절박한 마음에 식료품 가게나 맥도날드로 달려가곤 했다. "한번은 밤늦게 소파에 앉아 땅콩 가루를 뿌린 맥도날드의 캐러멜 선디를 먹을지 말지 고민했죠. 딱히 좋은 동네에 살지는 않았지만 자리에서 일어나 우범지

대로 차를 몰았어요. 그곳의 맥도날드가 가장 가까웠거든요. 거기서 프렌치프라이와 선디를 사 왔죠. 집에 돌아와서 본격적으로 미친 짓을 했어요. 통제력을 완전히 상실한 기분이 들었고, 도저히 멈출 수가 없었죠.

먹는 양도 엄청나게 늘었어요. 전 완전히 방황했지만 매일 멀쩡한 척하면서 출근했어요. 제 자신에게 엄청난 스트레스를 안겨준 셈이었죠. 그러다 마침내 대학에 있는 상담 센터로 찾아갔어요.

그때부터 회복을 향한 여정이 시작되었죠. 비록 당시에는 섭식 문제에 중점을 두진 않았지만요. 전 엄마의 알코올 중독에 제가 깊이 상처받았다는 사실을 깨달았어요. 알코올 중독자 부모 밑에서 자란 자녀들의 고유한 특질, 이를테면 낮은 자존감이나 자신이 부족한 사람이라는 느낌, 여러 가지 뒤범벅된 감정을 다뤘는데 그동안에도 강박적인 식습관은 계속되었어요.

대학원을 졸업하고 다시 직장에 다녔어요. 이젠 그 비싼 석사 학위를 가지고 있었는데 그로 인한 죄책감이 엄청났어요. 전 일을 통해 제 가치와 자긍심을 높이기로 결심했죠. 그 과정에서 식습관은 점점 악화되었고, 늘 폭식을 했어요. 술도 마시고 담배도 피웠죠. 하지만 술보다는 음식을 통제할 수 없었어요. 술은 자제할 수 있었죠.

대학원을 졸업한 후로 상담을 더 많이 받았어요. 대개는 일에서 느끼는 좌절감을 극복하기 위해서였죠. 부모님의 강력한 반대를 무릅쓰고 남편과 결혼하는 데 도움을 받기도 했고요. 그 사건만 봐도 부모님이 절 얼마나 통제하려고 하는지 알 수 있어요. 그분들은 절

좌지우지하려고 해요. 내가 이 남자를 사랑한다는 사실과 여생을 그와 함께 보내고 싶다는 사실은 부모님에게 아무 의미도 없어요. 어이가 없죠. 정말로 손톱만큼의 의미도 없다니까요."

그녀의 여정은 끝이 보이지 않았다. 그러나 그녀는 포기하지 않고 미궁의 가장자리를 맴돌며 출구를 찾았다. 음식과 몸무게에 대한 집착에서 벗어날 출구를. 그녀는 자신의 진실을 말함으로써, 먹는 것에 대한 고통과 수치심을 남편에게 털어놓으면서 마침내 출구를 찾아냈다.

"당시 전 남편에게 우리 사이에는 어떤 비밀도 없기를 바란다고 말했어요. 그래서 제가 끔찍한 섭식 장애를 가지고 있다고 고백했죠. 그때부터 남편에게 전부 다 털어놓았어요. 먹을 당시에는 뭘먹는지 말하지 않더라도 나중에 이야기했죠. 남편은 아주 놀라워했어요. 스스로를 파괴하는 나를 지켜보기란 가슴 아픈 일이었죠. 그는 날 너무도 염려해서 어떻게든 돕고 싶어 했지만 결국은 제가 알아서 하도록 내버려 뒀어요. 절 고치려 들지 않았고, 전 그 점이 너무나 고마웠죠. 왜냐하면 그 문제는 저 혼자 직면해야 했고, 그의 도움도 어디까지나 제가 필요로 하는 한도 내에서 소용이 있었으니까요. 전 그가 너무 깊이 관여하는 걸 원치 않았어요."

잘못된 식습관을 바로잡기 위해 그녀는 몸무게를 줄이는 프로그램을 시작했다. 그리고 굴러가는 떡을 쫓아가던 일본인 할머니처럼 그녀도 오니가 살고 있는 동굴로 향했다.

"식사량을 대폭 줄이고, 몸에 좋은 음식을 먹고, 운동을 한 결과 얼마 후에 18킬로그램 정도를 뺄 수 있었어요. 하지만 전 아직 괴물이 거기 있다는 걸, 근본적인 치유는 일어나지 않았다는 걸 알았죠. 그 무렵에 전 제 자신이 그렇게까지 형편없는 사람은 아니지만 내면의 아주 깊은 곳에 상처가 있다는 걸 알았어요. 그 상처가 뭔지는 몰라도 그곳에 도달하기 전까지는 섭식 장애가 결코 사라지지 않으리란 건 알았죠. 전 하느님께 그곳에 도달할 수 있게 해달라고 기도했어요."

직장을 구하던 7개월 동안에는 몸무게를 유지할 수 있었다. "하지만 직장에 출근하는 첫날부터 살이 찌기 시작했어요."

그녀는 다시 상담을 받았고, 여성들의 섭식 장애를 다루는 집단 상담에 참가했다. 집단 상담을 받으며 그녀는 괴물들이 살고 있는 어두운 통로로 내려갈 수 있었다. 그 길을 따라가며 그녀는 강박적인 식습관과 자신의 경력 사이에 관계가 있음을 발견했다.

"제게 엄마는 악몽 그 자체였기 때문에 전 아주 어렸을 때부터 아빠에게 의지했어요. 그리고 아빠의 가치관을 그대로 받아들였죠. 전 제가 아빠의 딸이기보다 아들이 되려고 애썼다는 사실을 깨달았어요. 아빠의 꼬마 '심복'이 되고 싶었죠. 우리 아빠는 아주 성공한 사람이었고, 전 너무도 절실하게 그런 아빠의 인정을 받고 싶었어요. 그래서 엄마가 아닌 아빠처럼 되고 싶었죠. 대학을 졸업하고, 대학원에 진학해서 커리어 우먼이 된 이유도 그 때문이었어요. 아빠는 늘 제가 나중에 했으면 하는 일을 말하곤 했는데 하나같이 쟁쟁한 직업이었죠. 그게 바로 아빠가 제게 원한 거예요. 살림이나 하면서 집에 틀어박혀 있는 건 우리 아빠에겐 있을 수 없는 일이었어요. 아빤 그런 여자들을 무시했어요. 저를 향한 기대가 사랑에서 비롯되었다고 할지라도 그건 정말 잘못된 거였어요. 그리고 아빠는 제가 특정한 방식으로 보일 때만 좋아하셨죠. 제가 미용실에 가서 머리를 손보고 왔을 때나 석사 학위를 땄을 때처럼요. 그럴 때만 아빠에게 높은 점수를 땄어요. 전 제 모든 노력이 아빠의 사랑을 얻고 아빠와 동일한 노선을 걷기 위해서라는 걸 깨달았어요. 그곳만이 안전한 장소였으니까요. 그래야 살아남을 수 있었죠."

자기 존재의 한가운데 지점에 도달했을 때 그녀는 자신이 부족한 사람이라는 공포, 자신이 무가치한 사람이라는 괴로움, 자신이 느낀 고통을 수치스러워하는 마음과 직면했다.

"상담을 받으면서 가장 끔찍한 진실을 말했고, 제 섭식 장애에 어떤 이유나 가치가 있다는 사실을 알게 되었어요. 단순히 제가 정신이 이상하다거나 불량품이라서 그런 게 아니었죠. 사람들은 걸핏하면 '넌 애가 왜 그 모양이냐? 얘를 어쩌면 좋지? 널 고쳐서 더 나은 사람으로 만들어보자'라고 말했어요. 전 늘 뭔가가 잘못된 사람이었던 거예요. 그런데 불현듯 나를 고치는 대신에 '대체 왜 그런 일이 생겼는지 살펴보자'로 바뀌었죠.

마침내 상처받은 부위에 도달했고, 어린 시절의 제가 지독한 수치심과 무가치하다는 기분에 사로잡혀 있었다는 사실을 알았어요. 그나마 겉모습만 조금 나았죠. 전 지독한 수치심에 사로잡혀 있었고 제 가치는 오로지 외모에, 타인의 기준을 얼마나 만족시키는지에 달렸다는 말을 들었죠. 우리 가족은 제 통찰력이나 눈에 보이지 않는 것을 보는 능력, 감수성을 전혀 인정하지 않았어요."

어둠의 자매는 그녀가 스스로 의절한 여성적 자아에 관심을 쏟도록 무자비하게 노력했고, 그녀는 자신이 그 여성적 자아에 지독한 수치심과 혐오감을 느낀다는 사실을 발견했다.

"상담을 통해서 제 내면의 남성적 에너지와 여성적 에너지가 불균형을 이루고 있다는 중요한 사실을 알았어요. 이제야 비로소 아주 어릴 때부터 제가 여성적인 것들을 끔찍이 싫어했다는 사실을 깨달았어요. 전 남자아이들이 타는 자전거와 테니스 신발을 원했어요. 사내아이가 되고 싶은 건 아니었지만 대담하게 남자들의 세계로 들어가 그 세상을 주무르는 여자가 되고 싶었어요. 커리어를 향한 제 집착에 불을 붙인 연료가 바로 그것이었고 또한 그 때문에 가정을 이루기를 꺼렸던 거죠.

내면의 여성적 자아를 알기 전까지는 저만의 속도와 욕구가 무엇인지 전혀 몰랐어요. 제게 완전 낯선 개념이었죠. 매일 해야 할 일이 있었고, 조정해야 할 스케줄이 있었어요. 매일 주어진 일을 해내야 했고, 해내지 못하면 자책했어요. 지금에서야 제가 제 여성적 측면, 리듬, 직관과 전혀 조화를 이루지 못했다는 사실을 깨달았어요. 그 모든 것과 차단되어 있었죠. 제가 그토록 혼란스러워하고 허기를 느낀 것도 당연해요. 그토록 절박했던 것도요. 이제는 분명히 알수 있어요."

자신의 여성적 본질을 이해하고 수용하면서 그녀는 꿈의 가치를 이해했고, 꿈을 내면의 지혜가 깃든 광대한 보물 창고로 인정했다.

"모든 게 꿈을 통해 분명해졌어요. 전 꿈을 바라보고, 그것을 이용하는 법을 배웠죠. 특히 내면의 남성적 자아와 여성적 자아를 배우는 데 유용했어요. 꿈을 분석하는 일은 너무도 중요했죠. 꿈이 제게 엄청난 정보를 준다는 사실을 거듭 깨달았어요. 이젠 꿈을 꾸는 일이 기다려져요. 전 언제나 아침에 발딱 일어나지 못하는 제 자신이 싫었어요. 지금도 여전히 발딱 못 일어나죠. 하지만 이제는 그런 몽롱한 순간이 위대한 깨달음의 순간이란 걸 알아요. 제 정신과 영혼이 자신을 드러내는 때죠. 이젠 그런 제 습관이 너무나 감사해요. 그리고 침대에 비몽사몽 상태로 누워 있는 게 너무 좋아요. 정말 귀중한 순간이거든요."

아울러 그녀는 여성의 몸의 지혜를 인식했다.

"월경이 멈췄을 때 그것이 어떤 의미인지 알 수 있었어요. 제 남성적인 면과 여성적인 면이 얼마나 불균형을 이루고 있는지 보여주는 거죠. 회복의 여정에서 중요하게 작용한 조각들 중 하나는 제 월경 주기의 가치를 배우고, 월경이 제게 정보를 준다는 사실에 감사하게 된 거예요. 월경을 통해 제 직관적인 면을 알게 됐어요. 직관은 정말 강력하고 또 정말 완벽한 형태를 갖추고 있는데 전 지금까지 한 번도 거기에 주의를 기울이지 않았어요. 전 직관을 신뢰하게 되었고, 제게 월경 주기가 있다는 사실이 기뻐요. 월경이 중단되었던 사건은 제게 일어난 최고의 행운이에요. 덕분에 회복의 여정을 걷게 되었으니까요."

알코올 중독자인 엄마와 화해할 수는 없었지만, 대신 강한 내면의 어머니상을 만들 수는 있었다. 그 내면의 어머니는 그녀를 보살펴주었으며, 그녀의 감정을 이해하고 받아들이는 쪽으로 그녀를 인도해주었다.

"폭식하고 싶은 충동을 느낄 때면 제가 삶에서 일어나는 일들을 외면하고 있다는 걸 알았어요. 제 자신에게 감정을 느끼도록 허락하지 않는 거죠. 감정에는 옳고 그름이 없고, 감정이 절 인도해주기 위해 찾아온다는 사실을 이해하기까지 오랜 시간이 걸렸어요. 어떤 감정이 느껴지는데 그걸 무시하면 사태가 악화되기만 한다는 사실도요.

이 모든 게 배고플 때만 먹는다는 개념의 일부죠. 그리고 배가 고플 때는 정크 푸드를 먹고 싶지 않아요. '지금 케이크나 사탕이 먹고 싶니?' 하고 물어보면 '아니, 난 균형 잡힌 식사를 원해'라는 대답이 들려요. 정크 푸드가 먹고 싶을 때는 배가 고프지 않을 때예요. 그럼 전 제가 음식으로 때우려는 감정적인 허기가 있다는 사실을 깨닫죠. 우스운 건 제가 요리를 더 자주 한다는 거예요. 음식에 강박적으로 매달리는 사람이 늘 요리할 것 같지만, 사실은 그 반대예요. 예전엔 한 번도 요리한 적이 없었답니다. 이젠 시간을 할애해서 맛있는 저녁 식사를 준비해요."

자신의 잃어버렸던, 버림받았던 부분을 발견하면서 그녀는 미궁에서 나올 수 있었다.

"그건 정말 대단한 여행이었어요. 이젠 제 자신이 좋아요. 제 자신을 존중하죠. 일단 가짜 겉모습이나 석사 학위, 화려한 커리어에 의지하지 않자 인생에서 벌어지는 일을 모두 받아들이게 됐어요. 전 제가 제 의사를 표현할 수 있고, 강하고, 용감하며, 똑똑한 여자라는 사실을 알았어요. 세상에 보여주려고 애썼던 그 모습이 실은 이미 내 안에 잠재되어 있다는 걸 깨달았죠. 정말 아이러니하죠?

전 일곱 살 때로 돌아간 기분이었어요. 열여섯 살 때의 미치광이 소녀나 스물여섯 살 때의 겁먹은 밤비 같은 여자 말고요. 물론 그 모습은 모두 제 안에 있죠. 하지만 머리카락을 나부끼며 씩씩하게 걸어가는 어린아이가 된 기분이에요. 자기 자신을 믿고, 상처받지 않으려고 레이더를 끊임없이 작동시킬 필요 없이 씩씩하게 살아나가던 아이로요. 전 그때로 돌아갔어요.

지금까지 온갖 시도를 해왔지만 이번에야말로 진정으로 회복되었음을 알았어요. 내면의 가장 상처받은 곳까지 들어갔으니까요. 그곳에 주파수를 맞추고, 귀를 기울이고, 자신을 통제할 수 있었어요. 비로소 온전해진 나를 느끼고, 자긍심이 들었죠. 마침내 목적지에 도달했다고 뼈저리게 느꼈어요."

지금까지 여러분은 회복의 미궁에 들어갔던 세 여성의 이야기를 들었다. 그들의 치유 여정은 보물을 찾아 바깥세상으로 떠나는 것이 아닌, 자기 존재의 한가운데로 들어가는 것이었다.

내면으로 향하는 이 여행은 극심한 고통과 혼란 속에서 자신을 괴롭히는 집착에서 벗어나려 하며 시작됐다. 그들은 매일 느끼는 감정을 충실한 벗으로 삼아 자신만의 속도로 여행하면서 이 빙빙 돌아가는 원형의 길을 걸어갔다. 그러면서 자기 몸의 감각, 본능, 자연스러운 리듬에 의존하는 법을 배웠다. 가끔은 터벅터벅 걷기도 했고, 달리기도 했고, 기다리기도 했고, 쉬기도 했다. 길을 따라 나아가며 새로운 기술을 습득했다. 관계를 끊고, 하찮게 여겼던 자신의 일부를 발견하면서 예전의 힘을 되찾기도 했다. 굶주린 도깨비와 게걸스러운 용을 만나기도 했는데 이들을 만나면 죽이지 말고 잘 먹여야 했다. 그런 후에 여행을 계속할 수 있었다.

가끔씩은 길고 까다로운 이 여행을 하며 짐을 줄이기 위해 낡은 자아 개념과 낡은 인간관계 방식을 버려야 했다. 까마득한 옛날에 도움받았던 낡은 섭식 습관을 버릴 용기를 내야 했다.

자기 존재의 중심에 도달한 그들은 사랑스럽고 자애롭고 현명한 여성을 만나게 되었다. 그 여성은 우리 안에 살면서 상냥하면서도 강한 목소리로 우리에게 말을 걸고, 마음속 소망을 이루는 법을 가르쳐주었다.

부드럽고 사색적인 달빛의 인도를 받아 다시 세상으로 돌아오면서 여성들은 점점 더 강해졌다. 발걸음은 점점 가벼워지고, 자기 자신으로 산다는 사실에 점점 더 편안해졌다. 거듭해서 자신의 진실을 말할 용기를 갖게 되고, 재차 한계를 정할 힘이 생겨났다. 그리하여 타인은 그들이 발견한 새로운 자아를 짓밟지 못했다.

그렇게 여성들은 스스로 집에 가는 길을 찾아냈다.

‖ 출전 ‖

* 매장된 달
  조지프 제이콥스 지음,『영국 동화집More English Fairy Tales』, 1904.

* 벌거벗은 임금님, 미운 아기 오리
  한스 크리스티안 안데르센 지음, 진 허숄트 옮김,『안데르센 전집: 168가지
  이야기The Complete Andersen: All of the 168 Stories』, 1949.

* 나무의 이름
  실리아 바커 로트리지 지음,『나무의 이름The Name of the Tree』, 1989.

* 밤하늘의 별
  조지프 제이콥스 지음,『영국 동화집More English Fairy Tales』, 1904.
  에설 존스턴 펠프스 지음,『북쪽 나라의 아가씨The Maid of the North』, 1981.

* 할머니와 떡
  케이트 D. 위긴스 지음,『재미있는 이야기Tales of Laughter』, 1908.
  에설 존스턴 펠프스 지음,『북쪽 나라의 아가씨The Maid of the North』, 1981.

* 투투새
  애너벨 윌리엄스-엘리스 지음,『고전과 현대 동화Old World and New World Fairy
  Tales』, 1966.

* 엘사와 사악한 마법사
  안나 발렌베리 지음, A. DeC. 패터슨 옮김,『스웨덴 고전 동화Old Swedish Fairy
  Tales』, 1925.
  에설 존스턴 펠프스 지음,『북쪽 나라의 아가씨The Maid of the North』, 1981.

* 공주와 여신
  루나이아 웨더스톤 지음,『슬기로운 여인 매거진Sage Woman Magazine』, 1989, 봄.

* 류트 연주자
앤드루 랭 지음,『잔인한 동화책The Violet Fairy Book』, 1901.
에설 존스턴 펠프스 지음,『누더기 두건과 다른 이야기들Tatterhood and Other Tales』, 1978.

* 신기한 진주
제임스 라이어든 지음,『달 속의 여인The Woman in the Moon』, 1985.

* 시레나
라그리마스 P. 레온 게레로 지음,『괌 기록기The Guam Recorder』, 1933, 10월.

* 장사꾼의 꿈
캐서린 브리그스 지음,『영국 전래동화British Folk Tales』, 1977.

* 마법의 배나무
모스 로버츠 지음,『중국 동화와 환상적인 이야기들Chinese Fairytales and Fantasies』, 1979.

* 여자가 가장 원하는 것
제프리 초서 지음,『캔터베리 이야기』, 1300년대.
하워드 파일 지음,『아서왕과 원탁의 기사 이야기The Story of King Arthur and His Knights』, 1903.

* 호랑이의 수염
해럴드 코어랜더 지음,『호랑이의 수염The Tiger's Whisker』, 1959.

* 이난나의 하강
실비아 브린튼 페레라 지음,『여신에게로 내려가기』, 1981.

|| 참고문헌 ||

Bolen, Jean Shinoda. *Goddesses in Everywoman: A New Psychology of Women.* San Francisco, CA: HarperCollins, 1984.

Butler, Pamela E. *Self-Assertion For Women.* New York: HarperCollins, 1992.

Chernin, Kim. *The Obsession: Reflections on the Tyranny of Slenderness.* New York: HarperCollins, 1981.

____. *The Hungry Self: Women, Eating & Identity.* New York: HarperCollins, 1985.

Costin, Caroline. *The Eating Disorder Sourcebook: A Comprehensive Guide to the Causes, Treatment, and Prevention of Eating Disorders.* Lincolnwood, IL: NTC Publishing, 1996.

Duerk, Judith. *Circle of Stones: Woman's Journey to Herself.* San Diego, CA: LuraMedia, 1989.

____. *I Sit Listening to the Wind: Woman's Encounter Within Herself.* San Diego, CA: LuraMedia, 1993.

Eisler, Riane. *The Chalice and the Blade.* San Francisco, CA: HarperCollins, 1987.

Estes, Clarissa Pinkola. *Women Who Run With the Wolves: Myths and Stories of the Wild Woman Archetype.* New York: Ballantine Books, 1992.

Gawain, Shakti. *Living in the Light: A Guide to Personal and Planetary Transformation.* San Rafael, CA: New World Library, 1986.

Gimbutas, Maria. *Goddesses and Gods of Old Europe, 7000-3500 B.C.* Berkeley: University of CA Press, 1982.

Gray, John. *Mars and venus in the Bedroom: A Guide to Lasting Romance and Passion.* New York: HarperCollins, 1995.

Harper, Linda R. *The Tao of Eating: Feeding Your Soul Through Everyday Experiences with Food.* Philadelphia, PA: Innisfree Press, 1998.

Lerner, Harriet. *The Dance of Anger: A Woman's Guide to Changing Patterns of Intimate Relationships.* New York: HarperCollins, 1985.

Northrup, Christiane. *Women's Bodies, Women's Wisdom: Creating Physical and*

Emotional Health and Healing. New York: Bantam Books, 1994.

Mann, Judy. *The Difference: Growing Up Female In America.* New York: Warner Books, 1994.

Orbach, Susie. *Fat is a Feminist Issue: the Anti-Diet Guide to Permanent Weight Loss.* New York: Berkley Books, 1982.

Orenstein, Peggy. *SchoolGirls: Young Women Self-Esteem, and the Confidence Gap.* New York: Doubleday, 1994.

Owen, Laura. *Her Blood is Gold: Celebrating the Power of Menstruation.* New York: HarperCollins, 1993.

Radcliff, Rebecca Ruggles. *Body Prayers: Finding Body Peace.* Minneapolis, MN: EASE, 1999.

___. *Enlightened Eating: Understanding and Changing Your Relationship with Food.* Minneapolis, MN: EASE, 1996.

___. *Dance Naked in Your Living Room: Handling Stress & Finding Joy.* Minneapolis, MN: EASE, 1997.

Roth, Geneen. *Feeding the Hungry Heart: the Experience of Compulsive Eating.* New York: Penguin Putnam, Inc, 1982.

___. *Breaking Free From Compulsive Eating.* New York: Penguin Putnam, Inc., 1984.

___. *When Food is Love: Exploring the Relationship Between Eating and Intimacy.* New York: Putnam, Inc., 1991.

___. *Why Weight? A Guide to Ending Compulsive Eating.* New York: Penguin Putnam, Inc., 1989.

Schwartz, Bob. *Diets Don't Work: the Secrets of Losing Weight Step-By-Step When All Else Fails.* Houston, Texas: Breakthru, 1982.

___. *Diets Still Don't Work: How to Lose Weight Step-By-Step Even After You've Failed at Dieting.* Houston, Texas: Breakthru, 1990.

Shuttle, Penelope and Redgrove, Peter. *The Wise Wound: Myths, Realities, and Meanings of Menstruation.* New York: Bantam Books, 1990.

Sjoo, Monica and Mor, Barbara. *The Great Cosmic Mother: Rediscovering the Religion of the Earth.* New York: HarperCollins, 1987.

Signal, Karen A. *Wisdom of the Heart: Working with Women's Dreams*. New York: Bantam Books, 1990.

Stone, Merlin. *When God Was A Woman*. New York: Harcourt Brace Jovanovich, 1976.

Sward, Sharon Norfleet. *You Are More Than What You Weigh: Improve Your Self-Esteem No Matter What Your Weight*. Denver, CO: Wholesome Publishers, 1998.

Vanzant, Iyanla. *Yesterday I Cried: Celebrating the Lessons of Living and Loving*. New York: Simon & Schuster, 1998.

Walker, Barbara. *Feminist Fairy Tales*. San Francisco, CA: HarperCollins, 1996.

Williamson, Marianne. *A Woman's Worth*. New York: Ballantine Books, 1993.

Wolf, Naomi. *The Beauty Myth: How Images of Beauty Are Used Against Women*. New York: HarperCollins, 1991.

Woodman, Marion. *Conscious Femininity*. Toronto, Canada: Inner City Books, 1993.

옮긴이 노진선

숙명여자대학교 영어영문학과를 졸업했고 전문번역가로 활동하며 존 그린의『거북이는 언제
나 거기에 있어』, 요 네스뵈의『스노우맨』『레오파드』『레드브레스트』『네메시스』『아들』, 피터
스완슨의『죽여 마땅한 사람들』『아낌없이 뺏는 사랑』, 엘리자베스 길버트의『먹고 기도하고
사랑하라』『결혼해도 괜찮아』등을 우리말로 옮겼다.

먹을 때마다 나는 우울해진다

1판 1쇄 펴낸 날 2020년 3월 30일

지은이 | 애니타 존스턴
옮긴이 | 노진선

편　집 | 안희주
경영지원 | 진달래

펴낸이 | 박경란
펴낸곳 | 심플라이프
등　록 | 제2011-000219호(2011년 8월 8일)
주　소 | 경기도 파주시 광인사길 88 3층 302호 (문발동)
전　화 | 031-941-3887, 3880
팩　스 | 031-941-3667
이메일 | simplebooks@naver.com
블로그 | http://simplebooks.blog.me

ISBN 979-11-86757-56-7　03180